"十二五"职业教育国家规划教材
中国轻工业"十四五"规划立项教材
高等职业教育药品与医疗器械类专业教材

药品营销原理与实务

（第四版）

张春晖　章　蓉　主编

中国轻工业出版社

图书在版编目(CIP)数据

药品营销原理与实务／张春晖，章蓉主编. — 4版. — 北京：中国轻工业出版社，2025.1
ISBN 978-7-5184-4250-8

Ⅰ. ①药… Ⅱ. ①张… ②章… Ⅲ. ①药品—市场营销学 Ⅳ. ①F724.73

中国国家版本馆 CIP 数据核字(2023)第 029206 号

责任编辑:贺　娜
策划编辑:江　娟　　责任终审:李建华　　封面设计:锋尚设计
版式设计:砚祥志远　　责任校对:宋绿叶　　责任监印:张京华

出版发行:中国轻工业出版社(北京鲁谷东街5号，邮编：100040)
印　　刷:三河市国英印务有限公司
经　　销:各地新华书店
版　　次:2025年1月第4版第2次印刷
开　　本:720×1000　1/16　印张:14.75
字　　数:300千字
书　　号:ISBN 978-7-5184-4250-8　定价:45.00元
邮购电话:010-85119873
发行电话:010-85119832　010-85119912
网　　址:http://www.chlip.com.cn
Email:club@chlip.com.cn

250166J2C402ZBQ

本书编委会

主　　编　张春晖(深圳职业技术学院)

章　蓉(深圳职业技术学院)

副 主 编　林素静(深圳职业技术学院)

李江志(国药控股大连鹏润有限公司)

参编人员　刘晓溪(沈阳药科大学)

罗国生(深圳技师学院)

李　彬[默沙东(中国)投资有限公司]

姜素芳(浙江医药高等专科学校)

第四版前言

《药品营销原理与实务》(第三版)于2019年12月出版至今,公众的健康意识、对健康产品的消费心理以及行为习惯、医药及大健康产业的宏观经济环境发生了较大的变化,企业加大了对健康产业生产经营技术的研发投入。《药品营销原理与实务》(第四版)编写组不断追踪药品生产经营行业的动态发展变化趋势,收集第三版在使用过程中的反馈意见,对第三版进行全面修订后形成第四版。

聚焦目前医药营销岗位工作任务内涵的变化,编写组与行业企业共同对药品营销岗位技能培养目标和内容进行了整合重构,第四版内容在第三版"项目导向、任务驱动"模式基础上进行了精简,将药品行业从业人员敬畏生命、诚信、友善、求真的职业伦理道德观与思政教育紧密结合,将思政教育与专业技能培养有机融合,对每个项目的具体内容进行全面重构;将教材多年使用过程中积累的案例、技能训练等资源转化为数字资源嵌入教材中,满足在校学生、社会人员翻转课堂差异化学习的需求,充分发挥数字化工具的作用。因此,本教材不仅可作为高职高专教材,还可供企业营销人员培训和自学使用。

《药品营销原理与实务》(第四版)由深圳职业技术学院张春晖组织高职院校的专业教师和广东省及深圳市等地药品生产经营企业的营销人员分工编写而成,其中,深圳职业技术学院林素静和国药控股大连鹏润有限公司李江志任副主编。具体分工为:姜素芳负责项目一的编写,刘晓溪负责项目二的编写,张春晖负责项目三的编写,林素静负责项目四的编写,章蓉负责项目五的编写,罗国生负责项目六的编写,张春晖负责项目七的编写,李彬负责项目八的编写,章蓉负责项目九的编写。全书的框架与结构策划以及修改定稿由张春晖、章蓉完成。

在本教材的编写过程中,编写组成员实地走访了许多深圳市的药品生产经营企业,奋战在药品营销第一线的各类人士为编者们提供了大量的一手资料和素材,使编者们能根据这些素材编写出大量生动活泼的案例,同时为教学视频的创作提供了场地等支持。编写组对此表示衷心的感谢。除了第三版的参考书目外,我们还参阅了最近几年的文献资料,在此向这些文献资料的作者致以衷心的感谢。

由于时间仓促和编者水平所限,书中不足甚至错误之处在所难免,竭诚欢迎广大读者提出宝贵意见。

编　者

2023年5月

第三版前言

《药品营销原理与实务》(第二版)自 2013 年 2 月出版以来,药品营销环境及行业技术一直在发生变化,尤其是随着移动互联网技术的普及与深化发展,网购、微商等新营销渠道开始占据市场主流,微博、微信等新的沟通平台对消费者购买行为产生了重大影响,移动医疗、问药 APP 等新型健康产品开始取得一定的营销效果。在第二版教材使用过程中,编写组成员一直与药品行业保持着紧密的联系,不断追踪药品营销理论与实践中出现的新思路和新方法,收集第二版在使用过程中的反馈意见,并于 2019 年对第二版进行全面修订后形成第三版。

充分对接职业标准和岗位要求、注重内容的鲜活性是本教材的一贯特色。第三版仍然保持第二版的体例结构,但对具体内容尤其是各种案例进行了全面更新;以帮助掌握技能为主要任务,将理论与移动互联网时代出现的新方法、新案例分析充分结合,通过各种实践训练项目设计课后讨论和实操空间。因此,本书对企业开展营销活动具有直接的指导意义和实用价值。它不仅可作为高职高专教材,还可用于企业营销人员的培训和自学。

第三版由深圳职业技术学院章蓉组织高职院校的专业教师和广东省药品生产经营企业的营销人员编写而成。其中,深圳职业技术学院章蓉任主编,深圳职业技术学院林素静和深圳智行合壹投资管理有限公司吴小智任副主编。具体编写分工如下:章蓉负责项目四、项目五、项目六的编写;林素静负责项目三、项目九的编写;吴小智负责项目十二的编写;张春晖负责项目二的编写;段文海负责项目十三的编写;姜素芳负责项目一的编写;陈建平负责项目七的编写;吕桂旋、吴小智负责项目八的编写;高岩、吴小智负责项目十的编写;林素静、段文海负责项目十一的编写。全书统稿由章蓉完成。

在本书的编写过程中,编写组成员实地走访了广东省的许多药品生产经营企业,从事药品营销行业的相关人员为编者提供了大量的第一手资料和素材,使编者能根据这些素材编写出大量生动活泼的案例,编写组对此表示衷心的感谢。除了第二版的参考书目外,我们还参考了最近几年的文献资料,在此向这些文献资料的作者表示衷心的感谢。

由于时间仓促和编者水平有限,书中不足甚至错误之处在所难免,竭诚欢迎广大读者提出宝贵意见。

编　者

2019 年 10 月

第二版前言

《药品营销原理与实务》(第一版)自2006年7月出版以来得到了全国相关院校师生、同行的厚爱和肯定。近年来,我国的医药卫生管理体制、消费者的药品消费观念和方式等都出现了不少变化,为适应这些变化,药品生产经营企业在不断进行各种营销实践的探索。通过追踪药品营销理论与实践方面的新思路和新方法,并根据读者在使用过程中的反馈意见,编者对本书进行了全面的修订。

本书第二版对内容进行了较大的调整,以不同类型药品营销人员的岗位职责为导向,注重强调理论与企业营销实践的紧密结合,有针对性地提出了各种切实有效的营销策略与技巧;同时,通过大量鲜活的案例进行深入说明,通过各种实训题进行技能训练。因此,本书对企业开展营销活动有直接的指导意义和实用价值,它不仅可作为高职高专教材,还可供企业营销人员培训和自学使用。

本书第二版由深圳职业技术学院章蓉组织高职院校的专业教师、药品生产经营企业的营销人员编写而成。其中,深圳职业技术学院林素静和广东一致药店有限公司刘辉为副主编。具体编写分工:章蓉负责第二章、第六章、第七章、第九章的编写;林素静负责第一章、第五章、第十三章的编写;刘辉负责第八章、第十一章、第十二章的编写;郑州大学药学院王青宇负责第四章、第十四章的编写;深圳职业技术学院张幸生负责第三章的编写;深圳市海王星辰健康药房连锁有限公司郭雅玲负责第十章的编写。全书由章蓉担任主编。

在本书的编写过程中,编者实地走访了深圳市、香港地区许多药品生产经营企业,药品营销第一线的各类人士为编者提供了大量的第一手资料,使编者能根据这些素材编写出大量生动活泼的案例,编者对此表示衷心的感谢。本书第一版出版至今,编者在实地走访时会拍摄一些图片,在第二版第十一章中使用较多,因时间久远,未能注明拍摄的时间、地点,只能说明这些图片是在深圳及香港的药店所摄,在此向深圳、香港两地的医药零售行业从业人员表示感谢。此外,本书还从一些企业官方网站及广告中截取了部分产品图片,在此一并表示感谢。除了第一版的参考书目外,编者还参阅了近几年的文献资料,在此向这些文献资料的作者致以衷心的感谢。

由于时间仓促和编写水平所限,书中不足甚至错误之处在所难免,竭诚欢迎广大读者提出宝贵意见。

编　者

2012年8月

第一版前言

在现代市场经济条件下，随着我国医药卫生管理体制改革的不断深化，我国广大消费者在药品消费观念、消费内容和消费方式上发生了极其深刻、巨大的变化，与此相适应的是，药品经营领域中各种新的营销实践经验和理论研究成果层出不穷。为满足高职高专院校药品营销专业教学和药品生产经营企业营销应用的需要，我们撰写了这本教材。

本书立足于充分吸收和借鉴国内外市场营销原理研究及经营应用的基本理论和最新成果，博采众家之长加以发展和创新，对近年来药品营销领域出现的许多新现象、新问题进行了真实反映和探索性的研究，力求反映出药品营销研究领域发展的最新水平。在内容编排上，本书以不同类型药品营销人员的岗位职责为导向，注重强调理论与企业营销实践的紧密结合，有针对性地提出了各种切实有效的营销策略与技巧；同时，通过大量鲜活的案例进行深入说明，通过各种实训题进行技能训练。因此，本书对企业开展营销活动有直接的指导意义和实用价值，它不仅可作为高职高专教材，还可供企业营销人员培训和自学使用。

本书由章蓉主持编写，拟订编写提纲，进行全书的汇总修订，并负责编写第一章、第六章、第十一章、第十三章；副主编肖浩东负责编写第十二章、第十五章、第十六章，副主编张幸生负责编写第四章、第八章、第十章。参加本书编写的还有刘洪波（第二章），罗国生（第三章），易平贵（第五章），杨楠（第七章），吴长兴（第九章），武爱军（第十四章）。张俊松副教授审阅全稿，并提出许多宝贵意见。

在本书的编写过程中，我们参阅了大量的论著与资料，在此向这些论著与资料的作者致以衷心的感谢。同时，众多企业界的药品营销专家对本书提供了大量案例，在此一并致谢。

由于时间仓促和编写水平所限，书中不足甚至错误之处在所难免，竭诚欢迎广大读者提出宝贵意见。

编　者

2005 年 10 月

目　录

项目一　认知药品市场营销

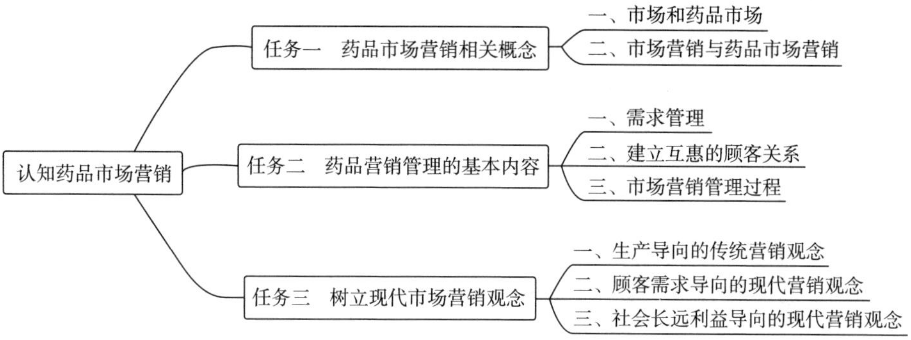

任务一　药品市场营销相关概念

一、市场和药品市场

（一）交换

人类为了自身的生存和发展，天生具有各种需要，某些需要由大自然直接满足，如人类都需要的阳光和空气就来自于大自然的赐予。但是，人类的绝大部分需要必须由人类靠自身的努力来得到满足，人类满足需要的方法和途径多种多样，仅以人类最基本的对食物的需要而言，就有自我生产、向他人乞讨等多种方法。随着社会生产力的发展，开始出现社会分工，且分工不断细化，交换成为人类获取产品以满足需要最常见的方法。随着社会分工和商品生产、商品交换的产生和发展，开始出现商品经济以及建立在商品经济基础上的市场营销行为。因此，交换是市场营销的核心概念。

（二）市场

市场随着交换的产生而产生，最早的市场概念就是指卖方和买方聚集以交换各自货物的场所，如农贸市场等。

随着社会生产力的发展，社会分工的不断细化，交换形式越来越复杂，此时市场的概念已不再局限于原有时间与空间的限制，内涵不断丰富和充实。管理学侧重于从具体的交换活动及其运行规律的角度去认识市场，认为市场是由一群拥有某种相似特性的顾客构成，他们愿意且有能力进行交换，以满足需要及欲望。交换过程能否顺利进行需要满足五个基本条件：①至少有两方；②每一方都有被对方认为有价值的东西;③每一方都能沟通信息和传送物品;④每一方都可以自由接受或拒绝对方的产品;⑤每一方都认为与另一方进行交换是适当的或称心如意的。按照美国市场营销专家菲利普·科特勒(Philip Kotler)的定义:“市场是由一切具有特定欲望和需求并愿意和能够以交换来满足这些需求的潜在顾客所组成。”从这一定义出发可以将市场理解为现实和潜在购买者对某种或某类产品需求的总和。

综合以上观点,一个现实有效的市场是人口、购买力和购买意向的集合,三个要素缺一不可,用简单的公式概括如下所示。

市场=人口+购买力+购买意向

1. 人口

人口是构成市场的最基本条件,没有人就不可能有市场存在。这里的人口不仅指个人,还包括企事业单位、机关团体等组织。

2. 购买力

购买力是消费者支付货币、购买商品或劳务的能力。消费者购买力由消费者的收入决定。

3. 购买意向

购买意向是指消费者主体购买商品或服务的动机、愿望或要求,是消费者把潜在购买力变成现实购买力的重要条件。

人口、购买意向、购买力这三个要素互相制约,缺一不可。只有这三个要素有机结合起来,才能使观念上的市场变成现实市场,才能决定市场的规模和容量。假如一个国家或地区人口虽多,但收入极低,则这个国家或地区的市场非常狭窄;相反,假如一个国家或地区居民收入很高,但人口很少,市场同样十分有限;有的国家或地区人口很多,居民收入又高,但若某种商品不能引起人们的购买欲望,对于该商品的销售者来说,也不可能成为现实的市场。所以说,市场是上述三因素的统一。企业在预测市场前景时,必须对三因素的每个细项指标进行深入的调查,分析每项指标能否经过努力得到改变,才能够准确判断市场的现实容量与未来前景。

案例 1-1

同样的市场,不一样的营销预测结论

美国某制鞋公司要寻找国外市场,公司派了几个业务员去非洲一个岛国,让他们了解一下能否将该公司的鞋销给岛国居民。A 业务员调查后得出结论:该岛国人口稠密,都不穿鞋,市场很大,建议公司大量生产。B 业务员的结论则是:该岛国人口虽多,但都穷得买不起鞋,没有销售前景。C 业务员调查后认为:该岛国居民受气候及习俗影响,根本没有穿鞋的观念,不管是穷是富都不会有市场前景。公司决策层看到这三份报告都不满意,这时 D 业务员的调查报告出来了,该报告认为:

该岛国的确人口稠密,但是人们都不穿鞋。岛国居民不穿鞋是由三个原因造成的:一是该岛国气候湿热,居民普遍有脚病,普通鞋不适用;二是受习俗影响,居民们以赤脚为美,没有穿鞋观念;三是该岛国经济不发达,居民购买力低下,买不起好鞋子。报告同时指出,该岛国虽然经济发展不佳,但自然资源丰富,尤其盛产一种独特口感的菠萝,公司如果能协助当地开发菠萝系列产品,同时利用公司在世界各国的分销渠道,将菠萝产品销入发达地区的连锁超市,将极大地促进当地经济发展,提升居民购买力。与此同时,设计舒适、防脚病的鞋子,并发动酋长试穿鞋子,开展各种活动使岛国居民意识到穿鞋是现代文明人的基本素养,最终公司的鞋子必将占领该岛国市场。D 业务员有理有据的分析最终被公司决策层采纳,三年后,该公司不仅鞋子销遍该岛国,且通过菠萝加工厂获得了丰厚的利润。

(三)药品市场

对药品的需求就构成了药品市场。我国按照《中华人民共和国药品管理法》的规定,药品是指用于预防、治疗、诊断人的疾病,有目的地调节人的生理功能并规定有适应证、用法用量的物质,包括中药材、中药饮片、中成药、化学原料药及其制剂、抗生素、生化药品、放射性药品、血清疫苗、血液制品和诊断药品等。

药品市场有多种分类方法,按照我国对药品分类管理的要求,药品市场可以分为处方药市场和非处方药市场。处方药是指必须凭执业医师或执业助理医师处方才可调配、购买和使用的药品。处方药英文为 Prescription Drug, Ethical Drug 或 Receptor X,国际通用的处方药英文缩写为 Rx。非处方药是指不需凭执业医师或执业助理医师处方即可自行判断、购买和使用的药品。消费者只要按照药品标签或说明书上列出的说明如药品的用法与用量、适应证、注意事项等,就能购买使用药品。非处方药在美国被称为"柜台药"(Over the Counter),简称 OTC 药品。OTC 药品现已成为国际上对非处方药的习惯简称。

医药健康产品
市场规模评估

除处方药、非处方药以外,许多药品企业还生产经营功能食品、功能性化妆品、医疗保健器械等。功能食品是指表明具有特定营养、保健功能的食品,即适宜于特定人群食用,具有调节机体功能,不以治疗疾病为目的的食品。

实践训练 1-1

感冒药市场现状简要分析

通过观察走访附近的实体药店、上网搜索药品销售网站、走访身边亲朋好友等方式,对以下内容进行简单调查。

(1)居民患感冒的人口比例。

(2)患感冒后有多少种治疗方式。

(3)目前市场上在售的感冒药有多少个品牌?每个品牌有多少种规格的感冒药?按一个规格一个品种推算市场上有多少种感冒药。

(4)以某个药店或网站为例推算当月不同规格感冒药的销售数量。

对以上四项数据进行汇总归纳后,从构成市场的三个要素出发分析形成感冒药市场现状的原因。

二、市场营销与药品市场营销

(一)市场营销

买卖双方的交换不仅是产品和货币的交换,还涉及信息交换等大量的工作。首先,卖方必须搜寻买方,找到他们的需要,然后才能根据买方的需要设计良好的产品和服务;同时,卖方还要为产品制订合理的价格,有效地开展各种促销活动,并高效率地进行存储和运输。只有这样,适合买方需要的产品才能迅速被其知晓、接受,最终实现交换。图1-1中内圈说明金钱和商品的交换,外圈则说明信息的交换。

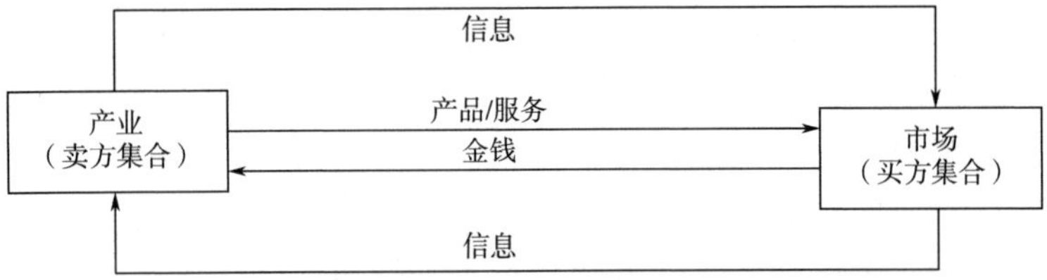

图1-1 市场的交换过程

为了促成交换所开展的一系列活动就是市场营销活动,因此,市场营销是一种经济行为和实践活动,根据美国市场营销专家菲利普·科特勒所做的定义:市场营销是个人或群体通过创造产品和价值,并同他人进行交换以获得所需所欲的一种社会及管理过程。

从以上概念可以看出,整个市场营销活动是从研究消费者需求开始,到满足消费需求为止的管理过程。这个过程是买卖双方互利的交换:卖方按买方的需要供给产品或服务,使买方得到满足;买方则付出相应的货币,使卖方也得到满足。双方各得其所,达到双赢,而不是一方获得盈利,另一方就必定亏损。

随着实践的发展,市场营销的内涵也越来越丰富。现代市场营销是以消费者需求为中心,适应和影响消费需求,提供满足这些需求的商品和服务,并从中使企业实现最大利润的整体性营销活动。要理解市场营销不能仅从"通过广告和推销劝说消费者购买"的角度去考虑,而是应该从满足顾客需要的新角度去考虑。如果企业能够很好地理解消费者的需要,开发出具有较高价值的产品,并能有效地进行定价、分销和促销，那么他们就很容易销售这些产品，而不需要过多的广告和推销。推销和广告只是市场营销众多功能中的两项，并且通常还不是最重要的两项。

（二）药品市场营销

药品市场营销是市场营销理论在药品生产经营行业的一个特定分支，其指的是个人和药品组织通过创造并同他人交换药品产品和价值，以满足需求和欲望的一种社会管理过程，是药品生产经营企业研究消费者对药品和药学服务的需求，综合运用各种科学的市场经营策略，为顾客提供药品销售和药学服务，尽可能地满足他们的需求，并最终实现企业自身的生存与发展目标。药品市场营销可从以下几个方面进行理解。

1. 个人、药品营销渠道与组织构成市场主体

个人、与药品相关的营利性组织和非营利性组织共同构成药品市场营销的主体，在完成药品市场营销活动的交换过程中发挥各自的作用。其中，药品组织主要是指各级、各类药品生产商、批发商与零售商。

认知药品
市场营销

2. 药品及其产品服务价值构成市场客体

在药品市场营销活动中交换的主要是以药品为载体的产品、产品价值以及相应的药学服务价值。

3. 有效地满足健康需求是药品市场营销的最终目的

市场营销的最终目的是满足需求，药品营销就是药品生产经营企业以多种科学的营销策略更有效地满足目标市场的各种医疗保健需求，最终实现企业经营目标。

4. 药品市场营销的实质也是一个关于人们疾病、健康的社会管理过程

药品市场营销是由药品市场调查、药品市场细分、药品目标市场选择和市场定位、医药产品研发、价格策略制订、药品渠道开发与管理、药品促销以及承担社会责任等活动构成的，是一个有计划地实施、控制的社会管理过程。

任务二　药品营销管理的基本内容

市场营销实质上是一种管理活动，其基本任务是通过市场调研管理目标市场的需求水平。因此，市场营销管理的实质是需求管理，针对不同的需求采取一系列策略，建立与顾客互惠的关系，实现企业的长期利益。

一、需求管理

（一）需求均衡管理

企业总是希望市场保持一个相对均衡的需求量，这样才能合理安排各项生产经营活动。需求太少，企业的产能无法得到正常发挥，既形成一定的浪费，也不能

获得利润;需求过量表面看来似乎对企业有利,实际上企业为满足过量需求必须加班加点,人员设备超负荷运转,不利于可持续发展;需求没有规律则企业更不好安排各方面工作。因此,营销管理就是要寻求适当的方式来影响需求水平、需求时间和性质,以便实现企业目标,它不仅涉及寻找和增加需求的问题,也涉及改变需求甚至减少需求的问题。

(二)需求层次管理

根据美国心理学家马斯洛的需求层次理论,人的需求分为五个层次,从低到高依次为生理的需求、安全的需求、情感和归属的需求、尊重的需求、自我实现的需求。患者到医院就诊或者到药店购药,一方面是来自生理上的需要,满足治病、防病和对医疗服务、医药产品的需要和欲望;另一方面还有社会学的目的,即期望恢复生病前的生活与工作,期望缓解与释放紧张、焦虑、恐惧、痛苦的情绪。当医药工作者认为患者只看病,而没有考虑他们同时还有情感需求时,患者的一些需求就无法得到满足,从而容易导致焦虑、恐惧,甚至愤怒的情绪,相应的纠纷就会随之发生。因此,药品相关工作人员在进行需求管理时,应该从多层面进行管理。对买方的真实需要、内心深处的欲望和实际需求进行区分,见图1-2。

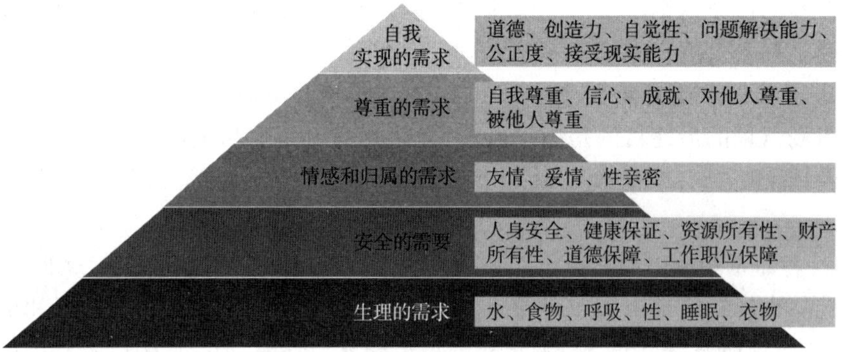

图1-2 马斯洛需求层次模型图

1. 需要

需要是指人们感到缺乏的一种状态,如人饿了要吃,生病了要治疗或用药等。需要不是营销人员创造的,而是人类自身本能的基本组成部分。

2. 欲望

欲望是由需要派生出的一种形式,它受社会文化和人们个性的限制。如人饿了要吃,一个美国人可能想到汉堡包,中国人可能想到一碗米饭;生病了需要治疗或用药,一个生病的美国人可能想到手术,而一个生病的中国人可能想到喝中药或针灸推拿。欲望是用可满足需要的实物来描述的。

3. 需求

人们的欲望没有穷尽,但是资源确实有限。当人们有足够的支付能力去实现自己的欲望时,才形成需求。许多人都想天天吃燕窝进补,但只有少数人才有能力支付并愿意购买。因此卖方不仅要预测有多少人喜欢自己的产品，更重要的是有多少人愿意并能够购买自己的产品。

杰出的企业都不遗余力地去调查顾客的欲望和需求，能准确地了解顾客的需求就能把握住现实市场，激发顾客内心深处未被满足的欲望则是着眼未来市场。在这些企业中，包括最高管理层在内的各个层次的成员都与顾客保持紧密联系。

案例 1-2

不断探测消费者欲望，开辟新的市场

不满足现状是人类的本性，因此，杰出企业即使在现有产品热卖的同时也不忘居安思危，通过专业研究不断发掘消费者心中的欲望，即使这些欲望连消费者本人也许都没有意识到。20 世纪 80 年代，中国人的生活水平较低，一瓶“蜂花”洗发水全家适用、老少皆宜。国外日化巨头进入中国市场后，带来去头屑、营养头发、宝宝专用等功能各异的洗发水，中国的消费者突然意识到原来不同的头发要用不同的洗发水，一瓶“蜂花”全家用再也不能吸引消费者了。时至今日，烫发专用、染发专用等洗发水新产品在不断出现，各种功能的洗发水既满足消费者清洁头发头皮的基本需要，也满足了消费者引起他人好感的社会需求。消费者的欲望没有尽头，新产品的开发就永无止境，持续经营的企业总是在不断进行市场调研，探测消费者的欲望变化，开辟新的市场。

（三）药品市场的需求特征

药品既是一种商品，又是一种涉及人体生命安全的特殊商品，药品作为一般商品的普遍性及其特殊性共同构成药品市场需求的特征。

1. 药品需求的刚性

由于药品使用范围的特殊性，消费者对药品的需求缺乏弹性，药品市场需求受价格变动的影响比较小。当面临多种需求无法同时满足时，消费者往往会通过压缩其他方面的需求来满足药品需求。虽然由于突发性、季节性和流行性疾病等原因，相关药品在一定时期的需求量会有所波动，但相对于其他商品的需求而言，药品的需求具有更强的刚性。当然，不同类药品的需求弹性会有区别，如治疗某种罕见病的唯一特效药几乎没有需求弹性，而一些具备滋补、预防作用的 OTC 药品和功能食品则需求弹性相对大一些。

2. 药品不得超限量更不得无限制使用

药品可以防病治病、康复保健，但多数药品又有不同程度的毒副作用。如使用合理，就可治病救人，保护健康。反之则危害人们的生命安全和身体健康，产生严重后果。这就是药品作用的两重性，它要求药品生产经营企业要以科学的态度引导消费者的用药行为。

3. 药品的使用需要专业人士的指导

药品具有很强的专业性,大部分药品只能在通过医生的检查、诊断后,并在医生的指导下合理使用,才能达到防病治病和保护健康的目的。同时,药品质量的优劣、真伪,一般消费者难以辨别,必须由专门的技术人员和专门机构,依据法定标准,应用合乎要求的仪器设备、可靠的方法,才能做出鉴定或评价。药品的专业性使药品生产者和消费者之间对产品信息的把握严重不对称,在很多情况下,消费者无法像购买其他商品一样随意选择,而只能听从专业人士的意见。

(四)需求管理中的伦理道德

药品营销中的道德边界

企业在开拓市场的过程中,需要调查消费者需求,并进行适当的引导。但这种引导不能制造消费主义陷阱,即企业不可以为了自身的利益,引导甚至诱导人们无节制、无顾忌地消费物质财富和自然资源,并把消费看作是人生最高目标,形成价值异化:个人变成了消费的奴隶,想通过消费证明自己的存在,体现自己的社会地位与身份。企业不能创造大众本不需要的需求,更不能通过各种宣传手段使用户对产品上瘾。一个有社会责任感的企业应该合理引导需求。

实践训练 1-2

不同类药品消费需求特征简要分析

分别对以下几种药品或相关商品的消费需求特征进行调查:

(1)治疗某个重症疾病的处方药,如治疗心肌梗死的处方药。

(2)治疗某种常见疾病的非处方药,如治疗消化不良的 OTC 药品。

(3)某种营养补充剂,如钙片或维生素。

对购买或使用以上几类药物类商品的消费者进行访谈,了解消费者购买这些药品的不同消费心态,对不同类型药品的需求特征进行比较分析,并形成分析报告。

二、建立互惠的顾客关系

需求管理实际上也是顾客管理。一个公司的需求无非来自两个群体:首次购买的新顾客群和重复购买的老顾客群。传统的营销理论往往把注意力放在新顾客群方面。然而,目前的市场形势已经发生了变化,不断变化的人口、经济和竞争因素意味着新顾客的减少,吸引新顾客的成本在不断增加。因此,尽管寻找新顾客仍是营销管理的主要任务之一,但营销管理的焦点已逐渐转移到维持并深挖老顾客的价值,并与之建立长期的互惠互信关系上。企业已经意识到失去一个老顾客不仅是失去了一次销售,而是可能失去该顾客的终身价值及日后的全部购买需求。

案例 1-3

海王星辰：顾客关系就是让顾客满意

中国海王星辰连锁药店有限公司（以下简称“海王星辰”），它在开设第一家现代化社会药房时就深信：药品是涉及生命安全的特殊商品，顾客选购药品时，满意的服务与信赖感是其首要考虑因素，价格与促销则退居其次。因此，海王星辰在全国医药零售业率先实行会员制及以“我们是您的家庭医生、健康顾问”“我们是您的社区好邻居”为宗旨的忠诚顾客计划，根据这个计划，海王星辰的老顾客除了享受到一定的价格折扣外，还可享受到执业药师建立用药档案、执业医师健康咨询、定期免费寄送健康刊物、体检、健康旅游等服务项目，更难得的是，这一切服务都是建立在对老顾客性格、爱好充分了解的基础上，因此，当老顾客享受到这些服务时，都倍感惊喜。

企业与顾客建立互惠关系的重点在于通过满足顾客需求达到顾客满意。所谓顾客满意，是指顾客将产品和服务满足其需要的绩效与期望进行比较所形成的感觉状态。满足顾客需要的绩效是企业供给顾客的产品（服务）价值或实际利益，顾客是否满意，取决于其购买后实际感受到的绩效与期望（顾客认为应当达到的绩效）的差异：若绩效小于期望，顾客会不满意；若绩效与期望相当，顾客会满意；若绩效大于期望，顾客会十分满意（图 1-3）。

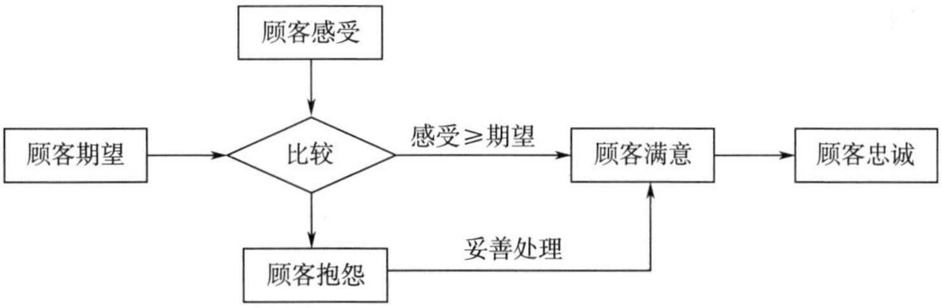

图 1-3　顾客感受状态与满意

三、市场营销管理过程

市场营销管理过程包括三个步骤：市场营销分析、选择目标市场、制定市场营销组合。这里先对这三个步骤做概括性介绍，以后各章节将详细进行论述。

（一）市场营销分析

市场营销分析主要通过市场调研对市场营销环境和消费者购买行为进行分析。

1. 营销环境分析

企业开展营销工作要受自身条件和外部环境的双重制约,关注并研究企业营销环境的变化,把握环境变化的趋势,是营销工作的首要任务。

2. 消费者购买行为分析

满足顾客需求是市场营销活动的最终目标,而要想满足顾客需求、提高市场营销效益,就必须深入研究顾客购买行为的规律性,掌握影响消费者购买行为的主要因素以及消费者做出购买决策的过程。

(二)细分并选择目标市场

顾客是一个庞大、复杂的群体,消费心理、购买习惯、收入水平、所处地理和文化环境等都存在很大的差别,因而不同消费者和用户对同一类产品的需求和购买行为具有一定的差异性。任何一个企业都无法满足整体市场的全部需求,因此企业需要根据某一类产品的不同需求,将顾客细分为若干群体,然后结合特定的市场环境和企业自身的资源条件,选择某些特定群体作为自己的目标市场;并根据企业现有产品的市场地位和顾客对产品属性的重视程度,对产品进行正确的市场定位。

(三)制订市场营销组合

市场营销组合是指企业可以控制的、用来影响市场需求的各种市场营销因素和手段的综合运用与最佳组合。市场营销组合是现代市场营销的主要概念之一,由美国哈佛大学商学院尼尔·恩·博登教授(N. H. Borden)于 1964 年首先提出来,市场营销理论界对构成营销组合的各种要素有不同的观点,现在使用最普遍的还是 4P 市场营销组合。4P 营销组合大致可分为四组变量,由于这四个因素的英文拼写第一个字母均为 P,所以简称为“4P”,即产品(Product)、价格(Price)、分销地点(Place)、促销(Promotion)。表 1-1 所示为市场营销“4P”组合及内部变量。

表 1-1　市场营销“4P”组合及内部变量

产品	价格	分销地点	促销
品质特点	基本价格	分销渠道	人员推销
外观附件	价格水平、幅度	渠道覆盖面	广告
品牌商标	折扣折让	中间商类型	营业推广
包装	支付期限	营业场所	公共关系
服务保证	信用条件	储存运输	

1. 产品(Product)

产品是指企业向目标市场提供的物品和服务的总称,包括产品的质量、功效、外观、款式、品牌型号、包装和服务等。

2. 价格(Price)

价格表示消费者购买产品时所支付价钱的一个总的概念,它包括价目表上所列价格、折扣、折让、支付方式、支付期限和信用条件等。

3. 分销地点(Place)

分销地点是指企业为使产品到达目标消费者手中所进行的各种活动,包括商品流通的途径、销售模式、仓储和运输等。

4. 促销(Promotion)

促销是指企业利用各种信息载体传达产品价值并且说服目标顾客购买的各种活动,包括广告、公共关系、人员推销和营业推广等。

任务三　树立现代市场营销观念

在企业的营销活动中,涉及企业、顾客和社会三方面的利益,通常这三者的利益是互相冲突的。如制药企业总希望药品价格高、成本低;消费者总希望在保证质量的前提下,药品越便宜越好;企业为降低成本采用的一些设备及工艺流程,可能对环境造成污染,从而损害社会利益。为了平衡三者的利益,企业在组织营销活动时,必须在一定的市场营销观念指导下进行。市场营销观念也称市场营销导向,它是指一个企业在市场营销活动中所遵循的指导思想,是企业处理自身、顾客和社会三者关系的根本原则。市场营销观念是否符合客观形势,是否正确,对于企业营销管理能否成功,企业的兴衰成败关系极大。市场营销观念随着生产力和科学技术的不断发展、市场供求变化、市场竞争的激烈展开而相应地发展演变,近百年来,市场营销观念大致经历了三个阶段。

一、生产导向的传统营销观念

(一)生产观念

生产观念是在生产力和科学技术还较落后,发展比较缓慢时产生的,在这种情况下,市场商品往往供不应求,企业产品销路不成问题。因此,生产观念认为企业应致力于提高生产效率和分销效率,扩大生产,降低成本以扩展市场。这种观念是从企业出发,企业生产什么,就卖什么。企业的一切经济活动都以生产为中心,口号是我能生产什么,就卖什么。

在20世纪20年代前,西方企业普遍奉行生产观念,如美国福特汽车公司的口号是“让每个人都坐上福特车”,采用流水线作业生产统一的黑色车而成为美国最大的汽车厂。生产观念在物质紧缺的年代也许能“创造辉煌”,但随着生产的发展、供求形势的变化,这种忽视消费者需求的观念必然导致企业陷入困境。

(二)产品观念

产品观念认为:顾客喜欢高质量、多功能和具有某种特色的产品,企业应致力于生产优质产品,并不断改进产品。产品观念是在生产力和科学技术进一步发展,市场产品供应仍不足,但已有企业竞争存在的情况下产生的。优质产品更能吸引消费者,企业以产品为中心,口号是“只要产品好,不愁卖不掉”,每开发一种新产品,都能引发一轮消费新热点。其经营管理的主要任务是在企业内部努力改进与提高产品质量,提高劳动生产率,增加产量,达到获取利润的目的。产品观念容易使企业在产品质量和性能改进上投入大量人力物力、忽视市场需求的变化,当市场发生变化时便陷入困境。

案例 1-4

执着产品观念,忽略市场需求变化

美国通用汽车公司在 20 世纪 40 年代致力于开发高档豪华轿车,受到高消费群体的热烈欢迎,从而一举战胜了福特汽车公司,成为美国最大的汽车工厂。但好景不长,随着 70 年代初石油危机爆发,通用轿车高油耗的缺点显现,消费者转而购买日本小巧、省油的轿车,致使通用销售陷入困境,公司受到很大冲击。

(三)销售观念

销售观念认为:消费者通常表现出一种购买惰性或抗衡心理,如果顺其自然发展的话,消费者一般不会足量购买某一企业的产品。因此,企业必须积极推销以刺激消费者大量购买。

随着生产力进一步发展,产品出现供过于求的状况,这就迫使企业不得不考虑产品的销售问题。企业设立销售部门,注意产品的推销和广告,重视运用推销技巧和艺术性强的广告,刺激或诱导顾客购买。企业间竞争体现在对顾客的争夺,通过增加销量达到获取利润的目的。至于顾客是否真正满意,则不是主要的。

奉行销售观念,虽然对企业的销售工作有积极的促进作用,但因为没有与顾客建立长期的互惠关系,所以,营销活动具有很大的风险。如果生产出的产品需求已饱和或质次价高,或不适销对路,即使大力推销也是无济于事的。

案例 1-5

三株口服液,成败皆推销

济南三株福尔制药有限公司(以下简称“三株”)是一家保健品生产企业,胃肠道保健品三株口服液是其主打产品。1994 年,三株创业初始,销售额就达 1.25 亿元,1995 年猛跳到 23 亿元,1996 年则达到惊人的 80 亿元。销售奇迹的诞生源于其推销手段。三株在全国各大城市注册了 600 个子公司,吸纳了 15 万名推销人员,一时间,三株的营销渠道遍布中国大江南北,连偏僻的农村都刷满了三株的宣传标语，三株成为家喻户晓的品牌。但随后，三株的销售业绩开始滑坡，到2000年，三株在市场已经默默无闻。三株的盛极而衰的原因是复杂的，其中三株狭隘的推销观念不容忽视。三株只注重花大量人力物力把生产出来的产品推销出去，而忽视了市场调查研究工作，致使公司产品与消费者日益变化的需求脱节。

生产观念、产品观念以及销售观念都是事先不调查和了解消费者需求就进行产品生产，是一种完全以企业为中心的观念。因此，这三种观念都被统称为传统营销观念。

二、顾客需求导向的现代营销观念

(一)市场营销观念

市场营销观念认为：实现企业目标的关键在于正确确定目标市场的欲望和需要，并比竞争者更有效地满足顾客的欲望和需要。诸如“顾客至上”“顾客需要什么，就卖什么”“哪里有消费者的需求，哪里就有我们的机会”等口号，就是市场营销观念的生动描绘。

市场营销观念大体上产生于第二次世界大战后，该观念的关键在于企业是否有效适应不断变化的顾客需要，采用正确的竞争对手策略。履行市场营销观念也不是简单地对顾客已表达出的愿望和明显的需求做出响应，在很多情况下，顾客并不知道自己想要什么，一个具备市场营销观念的企业，要比顾客更了解他们的需求，创造在目前以及将来都能满足现有需求和潜在需求的产品和服务。

(二)大市场营销观念

随着现代世界经济迈向区域化和全球化，企业之间的竞争范围早已超越本土，形成无国界竞争的态势，“大市场营销”观念也随着这种趋势的出现而出现。该观念认为企业为了进入有阻碍的特定市场，除了采用通常的营销组合策略外，还需运用政治、公共关系等手段，以取得各方面的合作与支持，主动影响和改变外部环境，从而达到预期的目的。在大市场营销观念指导下，企业的营销目标除了满足消费需求，还应引导、创造消费需求。大市场营销是对传统市场营销组合战略的发展，在市场营销4P组合的基础上加上政治力量(Political Power)与公共关系(Public Relations)，变成了(6P)组合，从而把营销理论进一步扩展开来。

三、社会长远利益导向的现代营销观念

社会长远利益导向的现代营销观念也被称为社会市场营销观念，它认为企业不仅要满足消费者的需要和欲望，还要符合消费者和整个社会的长远利益，要正确处理消费者利益、欲望和社会长远利益之间的矛盾。社会市场营销观念出现于20世纪70年代，是对市场营销观念的重要补充和完善。

社会市场营销观念的提出与全球政治经济环境的变化密切相关。由于环境污

染、资源短缺、人口迅速膨胀、世界范围的经济问题,以及被忽视的社会服务,人们怀疑理解和满足单个顾客的需要能否符合顾客和社会的最大利益,社会营销观念对此提出了质疑。以快餐为例,虽然它给消费者带来了方便,但高脂肪和高盐食品也损害了消费者的健康,造成政府医疗保险支出增加,包装也带来环境问题。上述情况和冲突导致了社会市场营销观念的出现。图 1-4 表明,社会市场营销观念要求营销者在制订营销政策时,要考虑企业利润、消费者欲望和社会利益三者之间的平衡。

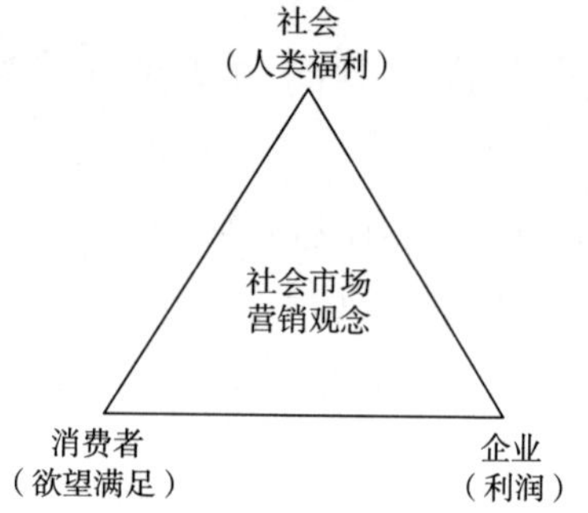

图 1-4　社会市场营销观念兼顾的三因素

案例 1-6

注重企业社会责任,做备受社会尊重的"好医生"

2022 年 7 月 12 日,中国医药健康产业共生大会召开,好医生集团连续四年入围"中国中药企业 TOP100 排行榜",持续位居前列。荣誉的背后,是好医生集团扎实的研发生产销售实力,也是强烈的企业社会责任使命感。好医生集团的企业文化就是"做好人、制好药",简单的 6 字诺言,好医生集团用 36 年的实际行动来兑现。

2012 年,"毒胶囊"事件爆发,好医生集团没有使用过一粒毒胶囊,"不掺假,不涉假",这得益于企业数十年如一日严格的质量把关,好医生集团每年生产的 30 亿粒胶囊采用医用明胶,仅此一项,一年就多付出近 3000 万元的成本。为了确保药品安全有效,制定的企业标准高于国家标准,投入大量人力物力致力于技术创新和研发,并与多个高校建立了产学研平台。2021 年,"好医生"牌康复新液获加拿大天然药物上市许可,成为国内唯一在加拿大注册成功的创面修复中药品种,持续对扶贫产品"附子"的研究也取得创新成果,不断兑现着"制好药"的承诺。在好医生集团,"做好人、制好药"的企业文化也延伸到了致力于乡村振兴、社会公益事业。在四川大凉山发展中药材种植,帮助当地农户脱贫致富,好医生不仅提供技术指导深入山间地头手把手教村民种植，还大量收购当地药材，兴办工厂，建设完整产业链。在革命老区仪陇等地大力发展金银花等特色中药材产业项目，继续为中医药产业发展和乡村振兴做出贡献。

强烈的社会责任感，让好医生集团一直走在一条备受社会尊重的道路上。好医生集团连续10年上榜我国工业和信息化部“中国医药工业百强”，成为“中国中药制药百强”，好医生集团商标获得“中国驰名商标”。好医生集团屡次被评为“国家级高新技术企业”“农业产业化国家重点龙头企业”“国家知识产权优势培育企业”“全国用户满意企业”等。

现代营销观念与传统营销观念相反，它采用的是由外向内的视角。它从一个界定明确的市场出发，以顾客需要为中心，协调所有影响顾客的营销活动，并通过建立基于顾客价值和满意之上的长期顾客关系来取得利润。在市场营销观念的指导下，企业生产消费者想要的产品，从而满足消费者的需要并获取利润。企业经营视角的演变意味着营销观念发生了本质的变化，因此市场营销观念及在此基础上衍生出来的社会营销观念被统称为现代营销观念。社会市场营销观念要求企业不仅要适应消费者的需要，还要考虑生态平衡、净化环境、社会福利等问题。同时，企业还要主动参与社会生活方式的设计，不能单纯根据消费者需要什么，企业就生产经营什么，不恰当地去迎合消费者过分的欲望，而是运用现有的生产能力、现有的科技，根据消费者的现有生活观、价值观和幸福观等变化趋势，主动地为消费者设计出新的生活方式。

实践训练1-3

药品企业社会责任现状调查

从药品生产企业、医药批发企业及经销代理机构、药品零售企业这几种企业类型中选取一个具体的企业，通过查询该企业官网、公开出版物、新闻报道、广告宣传素材、面向其客户和员工进行访谈等多种调查形式，了解该企业在处理与供应商、客户、员工关系，以及社会责任等方面采取的具体做法，判断该企业所采取的市场营销观念，并进行归纳总结。

在线测试及课后思考题

药品市场的
细分策略

项目二　药品市场细分

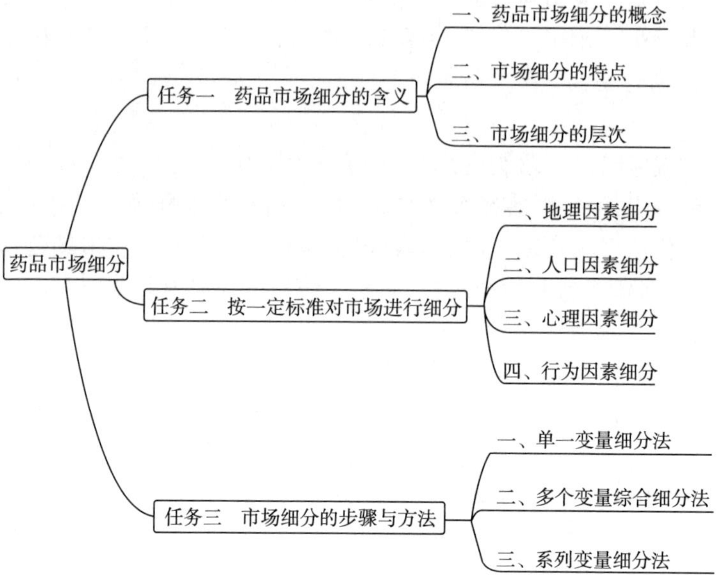

任务一　药品市场细分的含义

一、药品市场细分的概念

市场细分是由美国市场营销学家温德尔·斯密于1956年提出来的一个概念，是指企业在市场调研的基础上，按照消费者的需求特性差异，将某一种产品或服务的整体市场划分为两个或两个以上子市场的活动。其中任何子市场都是由有相似欲望和需求的消费者群组成，以便企业相应地用特定的市场营销组合去满足这些不同消费者组群的需要。

药品市场细分就是指按照消费者对药品的需求、购买行为、习惯等的差异性，把一个总体市场划分成若干个具有共同特征的子市场的过程。分属于同一药品细分市场的消费者，他们的需要和欲望极为相似；分属于不同药品细分市场的消费者，对同一产品的需要和欲望存在着明显的差别。

二、市场细分的特点

(一)个体消费者需求的差异性是开展市场细分的前提条件

从需求的角度可以将市场分为同质市场和异质市场。同质市场是指消费者对某种商品的需求和对企业营销策略的反应是一致的,如日常生活中的食盐,药品中某些原料药市场都属于同质市场。既然消费者的需求是相同的,企业就没有区分的必要。异质市场是指消费者对某种商品的需求和对企业的营销策略的反应差异明显,且不易改变。

现代企业面对的是一个消费者众多的市场,每个消费者的需求千差万别,随着社会消费水平的提高以及价值观念的改变,一些同质市场也在向异质市场转化,如食盐市场就曾经出现小包装的加钙盐、儿童营养盐等满足不同顾客需求的产品。因此,市场细分的核心是承认需求的异质性,即同一产品的消费者的需求具有明显的多样性。

(二)同类消费群具有需求的相似性是开展市场细分的基础

如果只承认需求的差异性,细分同样无法进行。因为这样企业就要面对每个个体消费者,分别满足他们的需求,进行一对一的营销,这样一来生产某个产品的成本会非常高,除了极少数的超级富豪,普通消费者会因为无法承担高昂的价格而牺牲自己的个性化需求,转而选择虽然没有那么个性化但价格更低廉的产品。但物以类聚、人以群分,背景相似的消费者在需求上也有相似性,因此企业通过考察相似需求的数量,核算成本,推出专门满足某部分消费者的产品或服务,这样既在一定程度上满足了消费者的个性化需求,价格又能为消费者接受。

(三)市场细分的实质是一个异中求同的过程

市场细分不是通过产品分类来细分市场,而是划分不同的消费者群体来细分市场。它不仅是一个分解的过程,也是一个聚集的过程,即企业把对某种产品特点最易做出反应的消费者集合成群的过程。这种聚集过程可以依据多种标准连续进行,直到寻找出其规模足以实现企业利润目标的某一个顾客群。如图 2-1 所示,不同形状分别代表具有不同特征的消费者,某些特征相似的消费者形成一个个族群,和具备其他特征的消费者族群形成明显区别。

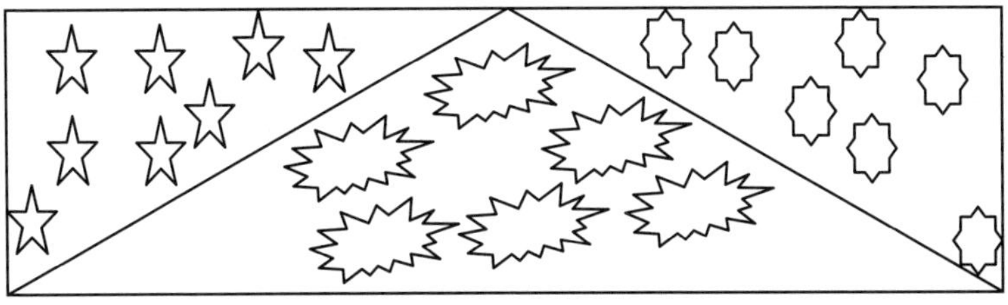

图 2-1　市场细分状态示意图(不同图形表示不同消费者族群)

通过异中求同的细分过程,企业就能将整体市场按消费者需求的差异性划分为若干细分市场,同时又将成本和价格控制在消费者可以接受的范围。将市场深度细分,小公司能将其有限的资源集中于大竞争者忽略的小市场上,从而获得与大公司竞争的机会;大公司也可通过细分,服务于更多的市场。

三、市场细分的层次

根据消费者群体大小的不同,市场细分可分为不同的层次。

(一)大众营销

以维生素产品为例,企业可以对所有的顾客采用同一种方法大批量生产、分销和促销同一种复合维生素产品,这样做可以使成本最小化,从而带来更低的价格。这其实是无市场细分的大众营销。

(二)细分营销

随着市场慢慢分化为无数更小的细分市场,企业发现已经很难用一种产品或者一种营销方案去迎合多样的购买群体,分销渠道和广告媒体的膨胀同样也使"以一应全"的营销方法变得很艰难,企业纷纷从大众营销转移到细分营销。施贵宝的维生素分为儿童、成年人、老年人三个细分市场,这些细分市场还可用一定的标准进一步划分,如将儿童维生素市场分为婴幼儿、学龄期儿童等细分市场。

(三)微市场营销

因为消费者具有独一无二的需要和欲望,因此每个购买者都代表着潜在的独立市场,市场细分到极致,就出现了微市场营销。微市场营销就是企业根据特定个人和特定地区的口味调整产品和营销策略,也被称为一对一营销、定制营销。

在生产力不发达的古代,消费者一直被单独服务。如中国的传统药店都是前店后厂,郎中坐堂为患者现场诊病,同时根据患者体质及病情,现场处方调配。随着社会化大生产的发展,一对一销售因效率低下逐渐被市场淘汰。然而目前,互联网技术的发展使得许多公司能够重新使用一对一营销。借助新技术,现在的一对一营销明显区别于古代,它是这样一个过程:企业与顾客群进行一对一的互相交流,并根据个人需求设计产品和服务,由生产部门快速生产。因此,现在的一对一营销也被称为"大规模定制"。现代定制营销针对的分市场是顾客个体,它将大规模生产与各个顾客的不同要求结合起来,同时兼顾批量生产与个别需求,使产品能更好地适应并满足每一位目标顾客的同时,做到成本最小化。如现在家庭装修中的橱柜、衣柜等就广泛采用定制营销,根据每个家庭的实际情况设计样式、板材等实行标准组合件的大规模生产。

案例 2-1

定制营销锁定目标客户

某生产工业洗涤剂的小公司为客户提供单独调制的肥皂配方。该公司的销售人员收集到的特定客户清洗需求的信息被输入客户数据库，然后公司的化学师们为客户研发特制的清洗配方，并为其编号，输入数据库。接下来，工人将客户配方的号码输入电脑控制的机器，在机器中合成出一批客户所需的产品。最后公司将其为客户特制的产品配送并安装在客户处的储藏罐。公司监视其使用情况，并在供应不足的时候自动充满储藏罐。定制服务提高了客户的满意度，客户持续购买扩大了销量，降低了定制成本，因此获得更大的利润。大规模定制营销还帮助公司躲避了竞争对手的冲击。没有人知道配方中到底有什么，甚至包括客户在内，这就使客户很难转向公司的竞争对手。

任务二　按一定标准对市场进行细分

在消费者市场上，每个消费者的生理特征、健康意识、产品知识、社会经济地位、心理性格都各不相同，他们对产品的信赖、品牌偏好、追求的利益、广告感受度、价格的承受能力和对销售渠道的信任程度也各不相同，因而消费需求存在很大的差异。消费者市场细分没有一个固定的模式，根据影响个人消费行为主要因素的不同，一般可以按照四类因素对消费者市场进行细分。

一、地理因素细分

地理因素细分是指按照消费者所处的地理位置、气候条件等来细分市场。这是一种传统的划分市场的方法。俗话说一方水土养一方人，由于地域环境、自然气候、文化传统、风俗习惯和当地经济发展水平等因素的影响，处在同一地理环境下的消费者的需求与偏好往往具有相似性，购买行为、习惯、对企业采取的营销策略与措施的反应也有相似性。通过市场地理细分，企业可以采用“营销方案地方化”策略，即实行产品、广告、销售地方化，以适应不同地区的需要。必要时甚至可以将经营点设在竞争尚未展开的城市和地区，以抢先占领这一市场。

（一）常用的地理因素细分变量

1. 国家和地区

处于不同国家以及在同一国家不同地区的消费者对许多产品的需求有着极大的差别。我国地域辽阔，各地的风土人情各异，人们的体质、饮食习惯不同，流行病学情况也不同，致使各地不同疾病的病患者人数差异较大，因此对药品需求的影响极大。以肿瘤为例，不同地区不同类别肿瘤发病率差异很大，如我国东北地区黑龙江省、辽宁省肺癌发病率高，河南省、甘肃省、新疆维吾尔自治区等地区的食管癌发病率明显高于全国平均水平，北京、上海、广州等经济发达地区的乳腺癌、直肠癌发病率则远远高过其他地区。

2. 城市和乡村

经过几十年的高速发展，我国的经济实力在不断增强，但仍然存在地域经济发展不平衡的问题。城市与农村市场在用药习惯、用药常识、购买能力等方面都存在明显的差异。如一般农村消费者受教育程度相对较低,因此其在购买药品过程中会更关注价格,也更易受到他人的影响。

3. 人口密度

各地的人口密度不同,其市场大小不同,进而表现出不同的消费习惯和市场需求特征。

4. 人口地区间的流动

人口在不同地区间的流动也会形成新的消费经济特征。目前我国人口流动主要体现在乡村人口向城市流动,欠发达地区人口向发达地区流动。人口流动使人们在衣、食、住、行以及医疗、教育等方面的消费结构和消费方式发生变化。这一因素既影响了药品需求的总量,又改变了需求结构。对于人口流入较多的地区,不但会引起用药需求总量的增长,同时外来人口增多,直接在药店购药的人口数量也会增多。

5. 地理气候条件

居住在不同地区的人们由于地理位置、气候条件、传统文化、生活习惯的不同,而表现出消费习惯和购买行为的差异,这些也是医药企业在选择目标市场时应当考虑的问题。我国南方北方消费者对健康产品的需求就存在很大的差异性。南方日照时间长,皮肤容易产生暗疮、色斑等问题,对于去痘、去斑等美容养颜类保健品的需求较大;天气潮湿闷热令人食欲不振,容易造成蛋白质摄入量不足,较易患有贫血等营养不良症状。而北方气候干燥、温差变化大,饮食方面喜欢大鱼大肉等高脂肪食物,故较易患有便秘、高血压、高脂血症类疾病,因此治疗便秘、调节血压血脂类保健品在该地区的需求较大。

6. 特殊的自然地理环境产品

不同地域因为特殊的自然环境,往往会有一些其他地方所没有的物产,对这种地理环境产品从选材、加工方法、质量标准、品牌注册等各方面进行有效经营,可以形成特殊的地理标识产品。如甘肃省岷县素有“中国当归之乡”之称,岷县当归又称“岷归”,在该地区生产的当归具有特定的种质、特定的生产技术和加工方法。该地区所生产的当归素有“中华当归甲天下。岷县当归甲中华”和“妇科圣药”之美誉。岷县当归远销东南亚、欧美及中国台湾、澳门、香港等 20 多个国家和地区,为中国国家地理标志产品。

(二)常用的地理因素调查方法

1. 资料调研

(1)各地的地方志资料　我国是一个重视历史的国家,从古到今,各地的地方政府都设立有专门修撰当地历史和地理信息资料的专门机构,对当地的历史沿革、地理气候变化、风土人情等进行详细的记载,这些由政府部门集中人力物力专门编纂的地方志资料可信度高,随着信息技术的进步,各地从古到今积累的地方志资料都在逐渐转换成数字形式，可以在政府官网、数字图书馆等处查询。

（2）各种公开媒体发表的相关资料　如国家地理杂志、各种公开发行的报刊资料等。

（3）各种自媒体　如旅行博客、相关公众号等。这些个人经历实时记载，细节丰富，除地理气候信息外，还可了解分析当地民俗、消费习惯等额外信息。

2. 实地调研

纸上得来终觉浅，绝知此事要躬行。企业要开发一个陌生的市场，必须深入了解当地各方面情况，通过到当地走访、观察，和路人攀谈等多种方式进行实地调研，并进行及时记录。

由于地理因素比较容易辨别和分析，所以，人们一般首先用地理因素进行细分。但因同一地理位置的消费者之间需求的差异，仅进行地理细分是不够的，还必须结合其他因素进行必要的市场细分。

地理因素市场细分案例解析

实践训练 2-1

本地地理细分特征分析

将学校所在城市或者家乡所在市县作为样本，按照市场细分地理因素标准，对样本地区的地理市场环境进行调研，结合具体情况提出不同类型药品的开发思路、不同药品经营形式的发展思路等，并形成一篇调研报告。

二、人口因素细分

人是市场营销活动的最终对象，也是造成市场需求差异的本质性动因。人口统计变量比较容易衡量，有关数据相对容易获取，因此，企业经常以它作为市场细分的依据。

（一）常用的人口因素细分变量

1. 人口规模及增长率

人口规模是指一个国家或地区人口数量的多少。人口增长率是指一个国家或地区人口出生率与死亡率的差，它反映了一个国家或地区人口增长速度的快慢。一个国家或地区的人口规模和增长率能够反映这个国家或地区市场规模的大小以及发展潜力。一般情况下，企业在决定投资方向和投资规模时，一定要考虑所进入市场人口数量的多少以及人口增长速度的快慢。国际医药大公司（如英国葛兰素史克公司、英国阿斯利康公司、百时美施贵宝公司等）看好中国大市场，其主要原因就是因为中国的人口基数大。随着中国经济的发展，收入水平的不断提高，中国已被视为世界最大的潜在市场。

人口规模及增长率是一个动态变化的数据，与经济发展水平、福利状态、生育文化偏好等变化息息相关,因此企业必须密切关注各种人口增长数据的此消彼长,决定产品所重点面向的地区。

2. 人口结构变化

(1)年龄结构及其变化　由于生理、审美、生活方式、价值观、社会角色、社会活动等方面存在差异,不同年龄段的消费者必然会有不同的需求特点。一方面,不同年龄段的疾病发生情况有很大差异,如高血压、骨质疏松为中老年人的多发病,而在青年人中较少见;另一方面,不同年龄段消费者的社会经历、价值观等都不同,其对药品的选择也有很大的差异。最近几年屡屡曝光的各种专门欺骗老年人的保健品会议营销,无良企业的欺骗行为理当受到法律的严惩,但骗子专盯老年人,也从一个侧面反映出老年人受到年纪大疾病增多、恐惧死亡、情感寂寞等多种因素的影响,客观上增大了对营养保健品、心理保健的需求。

2021年国家统计局在国新办发布会上发布了第七次全国人口普查关键数据,数据显示:全国人口中,0~14岁人口为25338万人,占17.95%;15~59岁人口为89438万人,占63.35%;60岁及以上人口为26402万人,占18.70%,其中65岁及以上人口为19064万人,占13.50%。同2010年第六次全国人口普查相比,0~14岁人口的比重上升1.35%,15~59岁人口的比重下降6.79%,60岁及以上人口上升5.44%。

国际上通常标准是,当一个国家或地区60岁以上老年人占人口总数的10%,或65岁以上老年人口占人口总数的7%,即意味着这个国家或地区的人口处于老龄化社会。按照该标准,我国已经进入典型的老龄化社会。随着老龄化问题出现,高脂血症、糖尿病、高血压、冠心病等老年慢性疾病的人口数量将会上升,降血脂药(如他汀类)、抗胃溃疡和十二指肠溃疡以及精神疾病(如抑郁症等)治疗药将会占据世界畅销药物排行榜的主导地位。药品、保健品、营养品等市场潜力巨大。

(2)性别特征及其变化　由于生理上的差别,男性与女性在产品需求与偏好上有很大不同,如补血养颜产品通常都是针对女性消费者的需求设计的。随着女性地位及各方面能力的提升,现代都市独立女性在传统上由男性主导的大件产品购买等各方面都有了更多的主导权,进而形成“她经济”,出现专门迎合女性意识的产品,如各种“大女主”影视作品等。在护肤保健产品中,“她经济”也开始出现。

3. 收入分层与市场细分

消费者收入是指消费者个人从各种来源所得到的货币收入,包括个人的工资、奖金、其他劳动收入、退休金、助学金、红利、馈赠、遗产、出租收入等。消费者收入是决定消费购买力最直接的因素,但消费者可能并不是把全部收入都用于购买商品和服务,消费购买力只是消费收入的一部分。因此,企业在研究消费收入时必须区分个人可支配收入与个人可任意支配收入、货币收入与实际收入。

(1)货币收入　是指消费者在一定时期内以货币表示的收入量。

(2)实际收入　是指消费者在一定时期内的货币收入扣除物价变动因素后的实际购买力。同样的货币收入,在不同地区因物价指数等的差异,可能会导致实际所能购买的商品的差异。因此,企业在考察不同地区市场潜力时必须关注当地的实际收入水平。

(3)个人可支配收入　是指个人收入减去直接负担的各项税款和非税负担后的余额。它是个人收入中可以用于消费支出和储蓄的部分。

(4)个人可任意支配收入　是指个人可支配收入减去用于购买生活必需品的支出和固定支出(食品、衣服、房租、水电费、燃料费、学费等)后剩余的部分。这部分收入是消费者需求变化中最活跃的因素,也是企业开展营销活动时所要考虑的主要对象。因为这部分收入主要用于满足人们基本生活需要之外的欲望,如名贵药材、度假旅游、奢侈品等,消费者对这些产品的消费极容易受到社会潮流、企业营销手段等的影响而发生改变。

用收入水平来细分市场是一种传统的做法,一般来说收入水平的高低会直接影响药品消费者的需求和购买行为。无论从宏观还是从微观层面上来看,收入的高低都会影响消费者的用药观念、用药习惯和用药结构。高收入阶层可任意支配收入多,选择药物时,较多考虑疗效,接受新特药的观念较强;而低收入阶层则用药水平较低,选用药时多考虑价格因素。追求疗效是药品消费共同的目标,但收入高的消费者更多考虑的是副作用和复发可能性等因素;而收入较低的消费者则偏重近期的治疗效果,所以他们在用药选择上也有较大的区别。因此,药品生产经营企业应当对收入这一细分市场的人口因素加以重视,从而能够为不同收入人群提供既具有良好的疗效又能满足其需求特点的药品。

4. 支出模式与市场细分

消费者支出模式是指对不同产品的消费状况和消费结构的变化模式。在研究一个国家或地区的总体消费模式时,往往利用"恩格尔系数"来评价。恩斯特·恩格尔(Emst Engel)是德国统计学家,他曾得出这样一个结论:一个家庭收入越少,用于食物方面的费用在家庭全部支出中所占的百分比越大,当家庭收入增加时,用于食物的支出在支出总额中所占百分比就会逐步减小。这一规律在各种消费领域中得到广泛证实,于是人们就把消费支出中用于食物的部分和全部消费支出之比称为恩格尔系数,恩格尔系数可以用来衡量一个国家或地区居民生活水平的高低,其计算公式见式(2-1)。

$$\text{恩格尔系数}=\frac{\text{家庭或个人食物支出总额}}{\text{家庭或个人消费支出总额}}\times 100\% \qquad \text{式(2-1)}$$

同一地区同样收入水平的群体,对不同商品的消费支出水平和模式可能完全不一样,因为消费支出模式和消费结构的变化既受收入水平的影响,也会受信贷、年龄、职业、价值观念、消费观念、社会风尚、生活负担等影响。因此,企业对同一收入背景人群,也必须考察其支出模式的区别,以确定或引导不同的细分市场。例如,同样是高收入群体,有些群体热衷于旅游、健身、观看演出和体育赛事等各种体验性消费,有些群体则热衷于购买滋补品、服饰等。企业一方面需通过市场调研发现各种支出模式,以满足该部分支出模式消费者需求,另一方面可以通过消费者教育、公共关系宣传等多种方式,影响消费者的支出模式倾向。例如,我国改革开放之初乍富起来的国人热衷于买国外名牌等进行虚荣消费,经过几十年的沉淀和引导,新一代消费者自信心增强,掀起了国潮风和体验消费浪潮,企业只有随时关注消费者动态变化,才能及时把握市场。

案例 2-2

忽略消费支出模式,某药店分店选址现波折

深圳市某医药连锁公司是国内最早的药品零售连锁企业之一,现已发展到门店几百家,年销售超5亿元的规模,但该企业取得今日的成就也经过了一些曲折。该连锁企业发展早期,大规模选址开店是重要任务,在深圳市蛇口片区的开店作业中,门店拓展人员通过对湾厦村的商圈调查发现:湾厦村与香港隔海相望,改革开放前不少村民迫于生计偷渡香港,改革开放后村民们在村长的带领下,成立村股份公司,大力发展来料加工等村办企业,每个村民年终都有大量分红,加上房屋出租及香港亲友汇款,村民们收入水平非常高,而整个湾厦村的药店都属于传统个体药铺,没有现代化连锁药店。决策层根据拓展员的市场调查结果决定在该村开设分店,预计本连锁企业良好的品牌形象、专业化的药学服务、高质量的产品一定能受到村民们的欢迎。但湾厦分店开业后却迟迟未能获得相应的经济效益,经过再度深入的市场调查才发现湾厦村民虽然收入水平高,但村民们因为早年生活困苦的原因,已养成俭朴的消费支出习惯,信奉少花钱多存钱,一见到店堂明亮的药店,下意识地认为肯定价格高而根本就不进店。找到原因后,市场营销部门走进社区,瞄准思想相对活跃的年轻人展开宣传,通过年轻人的影响才逐渐使企业效益慢慢回升。如果在选址开店时就开展这些消费者教育工作,相信湾厦分店能更早实现盈利。

5. 职业细分指标

根据职业的不同,消费者的消费需求与习惯也会有很大的差别。例如从事教师、歌唱等职业的消费者,在 OTC 药品需求上更多地体现为对治疗咽喉炎等产品的需要;办公室白领和学生等群体由于经常要伏案工作或使用电脑,会对治疗眼疾、颈椎病的药品有更多的需求。

人口因素指标非常庞杂,除以上因素外,还有受教育程度、家庭规模大小、民族等多种因素。例如消费者的受教育程度对其消费观念和购买决策会产生影响;家庭的规模及多少反映了一个国家或地区的市场规模的大小;不同的民族在其历史发展过程中会形成具有本民族特色的传统医学、治疗和用药方式，因此在实践中也可以作为市场细分的一类因素。

（二）常用的人口因素调查方法

1. 资料调研

（1）各级政府部门发布的人口统计资料　如中央和地方各级政府部门公布的人口普查资料、工商业普查资料、居民收入水平调查资料，定期公布的各类经济统计资料汇编、各种统计年鉴，政府有关部门发布的各种分析、预测报告等。

（2）各种第三方机构发布的调研报告　各类商业研究机构、人口经济研究机构、行业协会、专业调研机构、商业企业数据分析中心等第三方机构会经常发布各种形式的调研报告，其中许多内容涉及人口数据变化，可通过公开查阅、购买等各种形式获取这些研究资料，为判断细分市场现状与变化趋势做准备。

（3）各种网络自媒体、网上群组资料　移动互联网时代，人们通过微博、微信、抖音等各种平台自由发布生活状态、感悟等信息，同时有共性特征的人群在线上形成多个群组，如业主群、同学群、户外旅游群等，对这些信息进行大数据分析，均能归纳出不同背景人群的一些消费心态和规律，从而得到细分市场的启示。

2. 小组座谈

小组座谈通常是邀请数个顾客或有关的专家，就某个或几个特定的主题进行集体讨论，通过对讨论信息的研究分析，从而做出有价值的相关判断。该方法最基本的优点是易于实行，所需时间少以及成本不高，但也存在研究总体缺乏代表性，自由讨论容易导致讨论的内容偏离主题等缺点。要成功组织一次小组座谈调研活动，通常需要考虑以下几个方面。

（1）确定座谈主题和问题　事先准备一份提纲作为座谈的指导，主要包括讨论的题目与问题清单，产品样品或图片展示的顺序，对可能出现问题的解释等。

（2）人数控制在 6~12 人　人数过少易形成一两个人支配座谈的局面，人数过多则可能使参加者因发言机会太少影响参与讨论的积极性。

（3）选择合适的参加者。

（4）时间一般在 2 小时左右为宜。

（5）综合考虑成本、氛围营造等因素选择合适的座谈场所。

（6）选用高素质主持人。

小组座谈主持人的素质是影响座谈效果好坏的一个相当关键的因素。在座谈中，主持人的角色是在参加者之间创造一种融洽的气氛，鼓励参加者之间交流，并对座谈进行引导。

随着移动信息技术的发展，小组座谈也可以采取视频会议等在线小组讨论形式。

实践训练 2-2

人口因素市场细分案例解析

各种人口细分指标下的健康产品消费特征调研

选择各种人口背景因素,并对该类背景人群进行进一步细分,调查不同细分人群的健康产品消费特征。以下仅为示例,根据实际情况可进行增减。

(1)不同背景老年人的健康产品消费特征调研 对自己亲朋好友中的60岁以上老年人进行访谈调研,将访谈对象进一步按照年龄、性别、收入、职业等人口特征进行再细分,了解不同细分特征的老年人对健康产品的需求情况,以及对健康产品的消费期望等。结合调研情况提出在老龄化的社会大背景下,药品生产经营企业应如何开发新的产品或服务项目的思路,并形成一篇调研报告。

(2)25岁左右女性的健康产品消费特征调研 对自己亲朋好友中25岁左右的女性进行访谈调研,将访谈对象进一步按照年龄、收入、职业等人口特征进行再细分,了解不同细分特征的女性对健康产品的需求情况,以及对健康产品的消费期望等。结合调研情况提出健康意识增强的社会大背景下,药品生产经营企业应如何开发新的产品或服务项目的思路,并形成一篇调研报告。

三、心理因素细分

在实践中人们常常发现,即使是地理因素和人口因素相同的不同消费者,对商品的需求和偏好仍然会表现出较大的差异,这时就需要从消费者本身出发去寻找影响因素。比如消费者的生活方式、个性、自我概念、价值观等,这类因素称为消费心理因素,也会影响消费需求。按照这些因素将消费者划分为不同群体的过程,就称为消费心理细分。近些年的研究表明,越是经济发展水平高的社会,心理因素对需求及购买行为的影响越突出。

(一)常用的心理因素细分变量

1. 生活方式

生活方式就是指人如何生活。具体地说,它是个体在成长过程中,在与社会诸因素交互作用下表现出来的活动、兴趣和态度模式。体现在消费领域主要是指消费者对日常消费和娱乐等方面所具有的特定习惯和方式的选择性倾向。生活方式不同,对商品的爱好与要求就有差异。随着经济的发展,消费者的收入水平和生活水平有了很大的提高,生活方式的多样化成为一种趋势,这就要求企业从产品的包装、质量、功能、外观等多个方面去满足消费者的不同需求和偏好。例如,跳广场舞是许多中国大妈的一种生活方式,时间一长这些广场舞大妈自然而然形成了较为固定的人际关系圈,他们中多数人关注自身健康,有些因儿女不在身边有点寂寞,因而广场舞场就成为健康产品、保险等行业营销人员发掘客户的重要场所。

2. 个性

个性是指“决定和折射个体如何对环境做出反应的内在心理特征”。内在心理特征包括使某一个体与其他个体相区别的具体品性、特质、行为方式等多个方面的特征。因此构成个性的这些心理特征不仅会对消费者的产品选择产生影响，而且还会影响消费者对促销活动的反应以及何时、何地和如何消费某种产品或服务。消费过程就是消费者自觉和不自觉地展示个性的过程，因此，使用个性因素来细分市场日趋被企业所重视。但由于个性是比较复杂的因素，所以在实践中企业必须在充分的市场研究基础上进行细分，从而确定自己的目标市场。

3. 自我概念

消费者的自我概念与消费者的个性是紧密联系的。自我概念是指个体对自身一切的知觉、了解和感受的总和。每个人都会逐步形成关于自身的看法，它是个体自身经验和外部环境综合作用的结果。一般认为，消费者将选择那些与自我概念相一致的产品与服务，避免选择与其自我概念相抵触的产品或服务。正是在这个意义上，研究消费者的自我概念这一心理因素对企业尤为重要。但由于自我概念具有多样性，也就是说在不同的情境下，消费者可能选择不同的自我概念来指导其态度与行为。因此，在营销实践中要通过科学的调查和研究来确定与目标受众相匹配的有关企业、产品或品牌形象。

案例 2-3

赋予产品不同个性，锁定不同心理的消费群体

同一品牌的啤酒，赋予其不同个性，可锁定不同类型消费者：“辛苦一天了，来杯某某啤酒犒劳一下自己”锁定了普通上班一族，“喝某某啤酒，看世界杯”令足球爱好者心中一动。

同一个性产品采用不同宣传方式锁定不同细分市场：某保健品在广告中详细介绍产品的成分与机理，面向受教育程度较高的理性消费者；“某某是精明消费者的选择”面向的是老年人及犹豫不决的人群。

适应不同价值观念锁定不同细分市场：根据中国人的家庭伦理观，某些高档参茸被定位为表孝心的产品，“送礼认准这只鹰”则是根据中国人的礼尚往来观，将产品定位为人情消费品。

不善于捕捉价值观念的变化则会带来失败：现代女性家庭、职场两不误，因此，“爱妻号”洗衣机因含有洗衣做饭是女性天职的暗示受到一些女性消费者抵制。

敏锐捕捉到新时代正能量价值观，则可通过情感共鸣打动消费者：新好男人必须出得厅堂、入得厨房，因此某品牌鸡精特聘香港著名男影星，以在厨房为娇妻爱女做饭，用了某牌子鸡精后菜的味道更好，一家人其乐融融的场景来触动消费者。

(二)常用的心理因素调查方法

1. 深度访谈法

深度访谈法是询问法的一种,是由受过训练的访问员直接与受访者进行一对一的沟通交流,获得关于受访者的某种态度、观念或特定行为等方面信息的调研方法。深度访谈法适合于了解复杂、抽象的问题,这类问题只有通过自由交谈,进行深入探讨才能从中概括出所要了解的信息。在一些特殊情况下,深度访谈法可能是唯一可行的方法,例如要了解消费者对避孕药广告的反应,使用深度访谈法可以准确探知广告传递给人们的信息,并为讨论敏感话题的感受和情绪提供一个"安全"的环境。

深度访谈法的主要好处是灵活性强。该调研方法与调研对象有较多的当面接触,有可能在访谈中进行观察,从而获得有价值的附加信息。如观察调研对象的表情以了解其回答问题时的内心活动,通过观察调研对象的居住、生活条件来判断其家庭收入水平和生活方式等。受过训练的询问者能长时间地吸引应答者的注意并解释复杂的问题,访问员可以向谈话对象展示实际的产品、广告或包装,并观察人们的反应与行为。但是,深度访谈法也具有因私密性差导致调研对象不配合,访问员素质低影响调研质量、成本高等缺点。因此,开展深度访谈必须进行充分的准备,并在访谈过程中应用一定的技巧。

(1)深度访谈前的准备工作

①明确访谈主题,设计访谈提纲:采访员必须事先对自己所要从事的访谈工作有一定的了解,要达到什么样的访谈目的,准备提哪些问题,重点在哪里,而且要事先设计好访谈提纲,虽然不必写出所有问题的提出方式和措辞,但至少要包括谈话的目的、步骤和内容等。

②列出受访者名单:要既可以保证受访者的意见具有代表性,又可以保证访谈不偏离研究目的,比较深入、全面,从而据此列出受访者名单。

③访谈地点的选取:深度访谈时,可供选择的访谈地点比较多,如在受访者自己的家里或办公室、在中心地点(例如药店、医院)、在观察室等。在选择地点时,需要对一些现实的因素进行综合考虑,包括所要讨论话题的性质(是否需要一种非常"安全"的气氛,如果话题与工作或业务有关,访谈是否在有工作气氛的环境中进行比较好)、受访者的身份、可用时间和地点、访谈是否需要在其他人的观察下进行等。

(2)深度访谈的过程

①说明访谈目的,尽量营造轻松、友好的气氛:在访谈之初,采访员应详细介绍此次调研的目的和意图,使受访者了解自己的回答对其不会产生任何不利影响,访谈记录严格遵守保密制度,受访者尽可畅所欲言。同时,采访者也要尽量用轻松的语气,力图营造出一种热情、友好的氛围。另外,采访员也要尽量避免使用晦涩难懂的专业术语,而应使用受访者熟悉的通俗易懂的语言清晰地陈述问题,因为访问

有可能会因为受访者不理解题意而受到影响。

访谈调研中的提问技巧

②根据访谈目标，确定访谈时间：较短的访谈通常用来评价某一条具体信息，例如对于一个产品的新包装，需要了解受访者的直接反应和第一印象并对其做出解释。这类项目如果访谈时间过长，会使受访者因为考虑过多难以说出第一印象。如果要探测敏感的、私人领域的态度和行为方面的问题，则需要长一些的时间，例如有关女性卫生保护等方面的调查，要有充足的时间使受访者和访谈员之间建立起融洽的关系，使访谈按受访者的情绪发展进行。

③控制访谈进程，把握询问方向：在深度访谈中，由于访问的结构性不强，受访者回答的问题范围广泛，因此，受访者经常会谈论一些与调查无关的事情。因此，采访员要设定好开始和结束点，控制好访谈进程，并且对访谈内容有一个方向上的把握，及时把话题引到访谈主题的方向上来。

④核对访谈记录：在访谈结束时，采访员应迅速重温一下访谈结果或迅速核对一遍访谈记录中的某些重要事件（如数字、年代等），以避免遗漏重要项目，核对结束后，再次征求受访者的意见，了解受访者是否有补充的想法、要求，这样可能了解到更多的情况或信息。

⑤致谢：访谈最后，要真诚感谢受访者对本次调研工作的支持，如果是追踪调查，还应该争取得到受访者的进一步配合。

2. 实验法

市场调研中的实验法是借鉴自然科学在实验室中所采用的研究方法，其主要特点是有意识地对研究环境加以控制，然后将选定的刺激措施引入被控制的环境中，进而系统地改变刺激程度，以测定调研对象行为反应的方法。

实验法的典型做法是将调研对象随机地分为两个组，将其中一个组置于刺激措施的作用之下，成为实验组。另一组则没有刺激因素的作用，称为控制组。此后对两个组进行观察比较，两个组之间若存在差异，则可认为这种差异是事先设定的刺激因素所造成的。

实验场合可分为两类：一类是现场实验，另一类是实验室实验。现场实验是在自然的环境中进行的实验，常用于调整营销策略和估计新产品的销售量及利润潜力。例如某厂家想了解产品降价对某市销售量的影响，在该市选择了两个目标顾客类似的商场，一个商场产品降价促销，另一个商场不降价。实验室实验则是在人为环境中进行的，例如某广告公司为研究不同广告对消费者购买决策的作用，请一批调研对象在公司的演播室观看插有不同广告的电视节目，然后请这些调研对象在一个模拟的购物环境中购物，并对购物结果进行记录。一段时间后，公司再与调研对象接触，了解他们对所购产品的满意程度以及是否有重复购买的意愿。这样，在一段不长的时间内，市场调研人员即可取得广告对购买决策作用的有关资料。

实验法最主要的优点在于能够确立因果关系，但实验法的缺点也很明显：一是实验环境中难免存在人为影响,二是成本比较高。

案例 2-4

速溶咖啡问世之初的遭遇

在20世纪40年代,美国某企业推出了速溶咖啡。在这之前,人们饮用咖啡要经过一系列烦琐的步骤:先将咖啡豆细细研磨,然后将研磨好的粉末放入专门用来煮咖啡的炊具中煮沸,最后还要将煮好的咖啡过滤,费力又费时。而速溶咖啡正好克服了上述缺点,它不用长时研磨、煮沸等步骤,一冲即得,适应当时不断加快的生活节奏,似乎理所当然会受到消费者青睐。于是,企业通过宣传新产品省时省力的优点展开销售攻势,但是购买者却寥寥无几。厂家大惑不解,为探究原因,通过询问的方式向消费者展开调查,得到的回答是速溶咖啡的味道不好。但是,在事先未说明产品特点的情况下,让消费者对两份外观完全相同,实则一杯是传统咖啡,一杯是速溶咖啡进行口味比较时,发现两者并没有明显区别。于是,心理学家设计了一种调查方法,他开出了两张购货单,如下所示。

购货单一:

一听发酵粉,两块面包、几个胡萝卜,1磅(1磅=0.45359,余同)速溶咖啡,1磅半牛肉,两听桃子,5磅土豆。

购货单二:

一听发酵粉,两块面包、几个胡萝卜,1磅新鲜咖啡豆,1磅半牛肉,两听桃子,5磅土豆

两张购货单被分别发给两组个人背景相似的妇女,请她们描绘出按购货单购物的家庭主妇的形象。结果发现:两组妇女所描绘的两位家庭主妇的形象是完全不同的。大多数被调查者将按购货单一采购的家庭主妇描绘成一个懒惰的、生活没有计划的女人;而另一组看带有新鲜咖啡豆购货单的妇女,则将这个家庭主妇描绘成勤俭的、讲究生活的、有经验的、喜欢烹饪的主妇。而两张购货单的区别,仅在于一张是速溶咖啡,一张是新鲜咖啡豆。原来,在当时的年代背景下,妇女从事各种家务劳动被看成是一种天职,厂家宣传的速溶咖啡省时省力的优点,却被大多数妇女看作是逃避家务的懒惰行为。多数妇女在采访时不愿暴露真实想法,只推说不喜欢其味道,人们拒绝速溶咖啡的真正动机是希望做一名勤俭、称职的妻子。找到问题的症结后,厂家对广告和产品的包装都做了相应的改进,不再宣传速溶咖啡省时省力方便的特点,而是强调它不但味道纯正,而且节省下来的时间、精力还可以做许多别的事情,这适应了消费者的观念,速溶咖啡迅速成为西方世界受欢迎的产品。

四、行为因素细分

行为因素细分是指根据和消费者的购买行为相关的因素来细分市场。由于药品的特殊性，处方药遵医嘱是患者的第一选择，但随着资讯获得越来越方便，患者在处方药的使用过程中也趋向主动，很多患者会依据自己对相关药品的了解和使用经验向医生建议处方，特别是那些慢性病患者。在OTC药品及功能食品消费中，消费者具有自主权。因此，消费者行为也是药品的重要市场细分因素。消费者行为的涉及面非常广泛，企业必须深入体察其中的微妙变化。

（一）常用的行为因素细分变量

1. 购买决策和参与者

由于药品的特殊性，购买者虽然能向医生提出建议和要求，但本身并没有决策权，医生才是真正的决策者，这尤其表现在处方药的购买和使用上。对于OTC，除了医生会影响购买者的行为外，药师和营业员也是很重要的影响人。此外，不同家庭的权威中心所在、家庭成员关系等都会在购买行为中形成不同的参与者，影响到购买决策行为。

2. 购买渠道

购买渠道是指根据消费者获取药品的渠道细分，可以分为医院购买、药店购买以及网络购买等。

3. 购买和使用时机

按消费者提出需要、购买和使用产品时机的不同，可将消费者划分为不同的群体。人们对产品的需求种类和数量会因季节、气候、节日等因素影响而发生较大的波动，如夏天藿香正气水等避暑类产品热销，冬季感冒药销量高于其他季节，众多节日的特色商品热卖。企业应针对不同的购买和使用时机，采取不同的生产和营销策略，以节约资源，避免浪费。当然，有时也可反其道而行之，采取反季促销策略。

4. 使用频率

根据消费者的使用频率细分，可分为大量使用者、中量使用者和少量使用者。经常购买且大量使用某种产品的人数，可能在市场总人数中所占比重很小，但他们购买的产品数量比重却很大。因此，许多企业把大量使用者作为自己的销售对象。掌握消费者的使用频率，有助于药品生产经营企业恰当地制订产品价格、选择分销形式和广告促销的方式。

5. 使用状况

消费者的使用状况可以按照其使用程度分为未使用者、潜在使用者、曾经使用者、首次使用者、经常使用者。消费者的使用状况不同，其对产品的需求也不同。因此，药品生产经营企业应根据消费者不同的使用状况，制订不同的营销策略，以满足各消费者的不同需求。一般情况下，大型药品企业往往致力于将潜在使用者转变为首次使用者和经常使用者，以不断扩大市场份额；小企业则注重吸引、保持住一部分经常购买者,并制订恰当的竞争策略从大公司手中争取现有使用者。

6. 消费者的品牌忠诚度

品牌忠诚度是指消费者对价格、服务、广告等的敏感程度以及对品牌、分销渠道的信任程度。据此可以把消费者市场划分为四个群体:绝对品牌忠诚者、多种品牌忠诚者、变换型品牌忠诚者和非品牌忠诚者。在绝对品牌忠诚者占很高比重的市场上,其他品牌难以进入;在变换型品牌忠诚者占比重较高的市场上,企业应努力分析消费者品牌忠诚度转移的原因,以调整营销组合,加强品牌忠诚度;而对于那些非品牌忠诚者占较大比重的市场,企业应审查原来的品牌定位和目标市场的确立等是否准确,随市场环境和竞争环境变化重新加以调整和定位。

案例 2-5

捕捉消费者购买行为中的变化,发掘新市场机会

冬虫夏草是价格与黄金比肩的贵重中药材,在购买虫草的消费行为中,有中年子女听从医生建议为生病的老人补养身体、老人自购等多种消费行为。针对自购的老人,可通过向其宣传有好身体才不给子女添麻烦来发掘老人自购市场;针对中年人,使用情感宣传吸引中年人为老人购买。

即使是消费者购物的时间习惯,也能创造不同的细分市场:山姆会员店出售的都是大包装产品,店前有大批停车位,面向的是开车一次购足的家庭;24 小时营业的大多数便利店则服务于临时购买。

7. 消费者所追求的用药利益

患者在选择药品时,普遍希望疗效好、药效持久、无毒副作用、价格低廉等,医生在开具处方时最为看重的则是患者所最为需要的安全性和有效性。因此,根据药品的自然属性、人的生理特征、发病的病因病机、药物的作用机制以及药物的治疗范围,都可成为市场细分的标准(表 2-1)。

表 2-1　　按药品利益因素进行市场细分

利益因素	细分标准下的具体标志
药品的适应证	心脏病、糖尿病、上呼吸道感染等
药品的作用	预防、诊断、治疗等
药品的有效性	痊愈、显效、进步、无效等
药品的安全性	不良反应、副作用、致癌、致畸、致突变、禁忌证等
药品的稳定性	生物学特性、有效期、贮存条件等

续表

利益因素	细分标准下的具体标志
药品的剂量	大剂量、小剂量
药品的剂型	缓释、控释、靶向给药等
药品的经济性	价格昂贵、价格中等、价格低廉
药品的付费方式	医保付费及支付比例、社会保险付费、自费
药品应用的科室	消化科、神经科等
药品的品牌	著名商标、普通商标等

(1)症状细分　对于某种疾病,如果会呈现多种症状,医生在治疗疾病时一方面可能考虑是否能彻底治愈该疾病,一方面可能要考虑消除不适症状。当某类疾病治疗中,症状治疗与治愈疾病同等重要或前者比后者更重要,或者某药品在治愈疾病上的优势不大,而在症状消除上有较好的效果,则在细分时可以选择症状细分变量,根据药品自身的治疗优势,重点瞄准一个或几个症状作为市场。例如,感冒属于常见疾病,一般属于轻症,由于该病表现为较多的不适症状,比如头疼、发热、流涕、咳嗽、嗜睡等,因而治疗感冒与消除症状对消费者同等重要。所以同样是感冒药,“康泰克”宣传诉求为解决鼻塞、流涕、打喷嚏,“白加黑”为解决头痛、白天嗜睡症状,“芬必得”为解决关节疼痛,“念慈菴”“潘高寿”为解决咳嗽,“百服宁”为解决发热等。

尤其是处方药品,一个药品的临床适应证往往决定了该药品的细分市场。例如某药的临床适应证是胰腺炎,而胰腺炎分为急性和慢性。该药将药品的目标市场确定为急性胰腺炎市场,同时根据患者的病情轻重程度,再进一步把市场分为两类:第一类,急性水肿型胰腺炎患者人群,该类患者病情较轻,可以采用皮下或肌肉注射每 8h 一支;第二类,急性坏死性胰腺炎患者人群,该类患者处于重症期,需要 24h 静脉滴注。

(2)疗程细分　疾病的治疗过程,因疾病的类型不同而有所不同,可以分为轻症和重症、急性病和慢性病等。而治疗模式可以是彻底治疗,或者是先维持不发展,再考虑治愈,或者是控制并发症及生命体征等。因此可以根据疾病的治疗过程进行细分,并运用病理学和药理学的理论和实验数据,把该过程分为若干个阶段,根据药品本身的治疗优势和有关药理指标,找准该药品在整个疗程中的哪一段有着较大的优势,或者选择最具吸引力的疗程阶段,或者改变既有疗程治疗模式,选择合适的目标市场进行定位和诉求。这种细分方法特别适合处方药,对于 OTC 药品也有很大的适用空间。

案例 2-6

"洛赛克"挑战之路

阿斯利康公司于1989年开发出来了抑酸能力很强的、世界上第一个质子泵抑制剂"洛赛克"(奥美拉唑),试图挑战该领域用药的王者之位。在20世纪90年代,治疗消化性溃疡的用药常规疗程是递增法,即先改变生活方式及应用抗酸剂,无效则改用H2受体拮抗剂如药品"善胃得",仍无效时使用"洛赛克",这种用药模式对"洛赛克"来说并不是最佳选择。

阿斯利康公司的产品经理则提出了一个新的治疗模式递减法,把上述过程逆转:开始就使用高剂量的"洛赛克",症状好转后采用常规的推荐剂量,最后再考虑使用"善胃得"。一下子把"洛赛克"从疗程的末端调整到前端,占据了关键制高点。为了支持该治疗模式,阿斯利康公司进行了多项研究,证实该模式无论是在治愈率还是在整体治疗价格上都比递增模式要优越,同时还设计出新的"质子泵实验"的治疗实验来作为药物的诊断方法。

通过疗程细分改变了原有的治疗模式,并组合了其他一些有效的营销手段,"洛赛克"成功地打败了"善胃得",一举成为全球处方药销售冠军。

(资料来源:严振. 药品市场营销技术[M].3版. 北京:化学工业出版社,2016.)

(3)用药地位细分　对于医生的用药而言,基本上都是用多种药进行组合来治疗某类疾病,那么里面就有主药和辅药之分。从药理学的角度来说,根据用药目的可以把药物作用分为对因治疗和对症治疗。对因治疗的目的在于消除原发致病因素,即治本;而对症治疗的目的在于消除或减轻疾病症状,即治标。标本兼治是一般的治疗方法。一般把对因治疗的药物称为主药,把对症治疗的药物称为辅药。在使用用药地位的细分变量时,就可以根据药品在治疗过程中所处的作用及功效特点,进行细分选择。

案例 2-7

六味地黄丸用药地位细分

传统古方中药六味地黄丸虽然为广大中老年消费者所熟知,但消费者对六味地黄丸的了解一般都停留在浅层次的补肾、治腰痛,并不太清楚该药在疾病治疗中的辅助功效。仲景牌六味地黄丸则运用了用药地位的细分变量,从消费者的心理需求出发,把自身定位为"辅药第一品牌",突出自身对多种疾病治疗中的辅助功效，从正宗（医圣张仲景）、道地（拥有天然药库）、疗效（好药材带来好疗效）三方面给予理论支持，成功地区隔了自己和市场上 300 多家企业生产的同质化六味地黄丸，取得了较好的市场效果。

（资料来源：严振．药品市场营销技术[M].3 版．北京：化学工业出版社，2016.）

（二）常用的行为因素调查方法

1. 观察法

观察法是通过有目的地观察和记录来取得研究资料的方法。与日常生活中的观察不同，要使观察成为一种科学研究的工具，应满足三个条件：一是观察是为特定的调研目标服务的，具有目的性；二是观察结果被有系统地记录，具有计划性、系统性；三是可对观察结果的有效性和可信性进行核查。

观察法最显著的优点是所取得的资料不依赖于调研对象的回答，可以避免因记忆错误或有意隐瞒等原因造成的回答误差，客观实在，能如实反映问题。在对消费行为进行研究时，观察法的优点尤为突出。但观察法也存在资料难以量化，研究所需时间长、费用高、缺乏控制等缺点。如在运用观察法时很难捕捉到被观察者的内在信息，譬如他们的收入水平、教育程度、心理状态、购买动机以及对产品的印象等。

根据不同的标准，观察调研方法可分为以下几种类型。

（1）根据观察的标准化程度，可以分为结构式和非结构式观察　结构式观察是在观察之前拟定观察提纲，确定观察的范围和对象，设计出观察记录表格或卡片，对既定对象进行有计划的观察。这种观察有较强的系统性，适用于研究的问题已经明确，所要观察的行为或对象可在事先进行分类的情况。如零售企业在选择店址时，对候选店址门前马路的人流量按照节假日、非节假日中不同时间点进行观察，并用表格现场记录，汇总后分析不同店址不同时间点的人流量分布规律，判断店址消费潜力。非结构式观察对观察对象和观察程序不做严格规定，对于观察和记录的内容允许有更多的灵活性，适用于研究问题不够明确时。

（2）根据是当时观察还是事后观察，可以分为直接观察与间接观察　直接观察是在事件或行为实际发生的当时进行的目睹观察和记录。市场调研中的大部分观察属于直接观察，例如，在商场中观察顾客的行走路线以及在不同货架所花的时间等，帮助确定商场内部布局和陈列。上述问题如果通过询问，大多数顾客可能难以给出准确的回答，而使用观察的方法则容易取得这类资料。间接观察则是在行为或事件发生之后，对其后果如实物痕迹或过去行为的线索的观察。如通过对公共场所垃圾箱中饮料罐的观察来估计不同品牌饮料的畅销程度，通过观察停放在商场停车场的汽车的品牌型号来估计顾客群体的收入水平。

（3）根据调研人员置身于观察活动的程度，可以分为参与观察和非参与观察　参与观察是指研究人员以特定的身份置身于观察活动中，例如以顾客的身份去商场购物,以观察的结果来评价销售人员的服务态度或促销活动的效果等。非参与观察则是指研究人员以局外人的身份进行观察。

(4)按照观察环境的控制与否,可以分为自然环境和人工环境观察　自然环境观察是对观察的场所不加以控制而进行观察,人工环境则是事先对观察的条件加以人为控制。例如,对顾客在不同品牌感冒药之间的考虑时间的观察,可以在药店中进行。但是,在无控制的药店环境中,顾客在不同品牌的比较和考虑过程中,可能会插入与此无关的其他活动,因而难以对所研究的时间模式进行准确测量。同样的观察也可以在一个有控制的环境中进行,如扩大不同品牌感冒药的陈列面,使所有感冒药形成一个大的销售专区,尽量排除顾客在该专区停留时的干扰因素,然后在此条件下观察顾客的选择过程。

(5)根据观察和记录的手段可以分为人力的观察与仪器的观察　人力的观察是传统最常用的观察手段,而随着技术的进步,各种机械的或电子的仪器设备作为观察和记录的手段,被日益广泛地应用于市场调研中。如利用安装在用户电视机上的收视测试记录仪来收集和记录观众的收视行为,统计电视节目的收视率;商场在某些产品货架上安装摄像机,记录顾客目光的运动过程,以弄清顾客如何浏览各种品牌等。

案例 2-8

观察法在药店选址中的广泛应用

在连锁药店经营中,门店选址是决定其获利水平高低的重要环节,选到合适的店址将使后续的经营事半功倍。因此,各医药零售连锁企业普遍设立门店拓展部专门负责店址选择、销售评估与预测工作。在对目标店址的销售潜力与竞争环境调查过程中,观察法是被普遍采用的方法。为了弄清目标店址周边楼盘的实际入住率,选址员们会在夜晚专门来数该楼盘的灯光数,白天则观察阳台上所晾衣物及室外空调数;为了掌握光顾目标店址的顾客特征,选址员们必须记录不同时间段从目标店址前经过的人流数、车流数,并从着装等对人群的社会阶层特征进行初步判断;为了尽快摸清竞争药店的经营状况,选址员们会假扮顾客到竞争药店闲逛,观察店员的精神面貌、店内清洁、查看所售药品的有效期等,如果该店货架不为顾客所见的地方积有灰尘、药品效期短,基本就可断定该店生意不佳,需进行原因分析。必要时,选址员们还会较长时间在竞争药店附近蹲守,观察其进货频率、进货数量以及每天的来客数、交易数等。总之,市场调研作为一种营销手段,对于许多企业来说已经成为一种竞争武器,各种手段可谓层出不穷,高招迭出。

2. 资料调研

各种机构发布的调研报告,其中许多内容涉及消费行为变化,可通过公开查阅、购买等各种形式获取这些研究资料，为判断细分市场现状与变化趋势做准备。

任务三　市场细分的步骤与方法

本项目任务二中，市场细分的四种因素之下又有各种具体指标，非常庞杂，可简单归纳见表 2-2。从以上各因素之下的具体变量出发，企业可以采取多种市场细分方法。

表 2-2　　细分市场的标准

细分标准	细分标准下的具体标志
地理因素	地区、城乡大小、气候、人口密度、地区流动、交通环境等
人口因素	性别、年龄、文化程度、收入水平、职业、家庭组成和规模、宗教、民族、社会阶层、国籍等
心理因素	个性、价值观念、生活方式、态度等
行为因素	品牌信赖程度、购买动力、购买决策权、购买频率、购买状态、渠道选择取向、价格敏感程度、服务敏感程度、广告敏感程度

一、单一变量细分法

单一变量细分法即选择一个恰当的细分标准对市场进行细分的方法，这种细分法通常用于对市场需求状况进行简单摸底，或对某些特殊市场进行细分。如胃病与职业有着密切的关系，生产胃药的企业可选择“职业”作为细分标准，重点对演员、记者、地质工作者等作为子市场开展营销活动。

二、多个变量综合细分法

多个变量综合细分法即根据影响消费者需求的两种或两种以上的因素进行市场细分。市场细分的四种因素往往相互影响，不能断然分开，应以多种标准结合起来细分。例如，一家企业研制开发高单位配方的复合维生素制品，用于治疗各种神经疾患，复活神经机能和消除疲劳，是把中老年城市脑力劳动者作为主要销售对象。这种划分就是把地理、职业、收入、年龄、心理、行为等因素综合起来进行的。但必须注意的是：实行该方法时当使用的变量增加时，细分市场的数量会按几何级数增加，这会给细分市场的选择带来困难。

三、系列变量细分法

系列变量细分法是按照影响消费者需求的诸因素并根据企业经营的特点，由粗到细地进行市场细分。这种方法可使目标市场更加明确而具体，有利于企业更好地制定相应的市场营销策略。以某保健酒的市场细分为例,先按地理因素选择南方市场,接着按行为因素选择自用的消费者,再按年龄选择中年人,最后则锁定中低收入人群(图 2-2)。

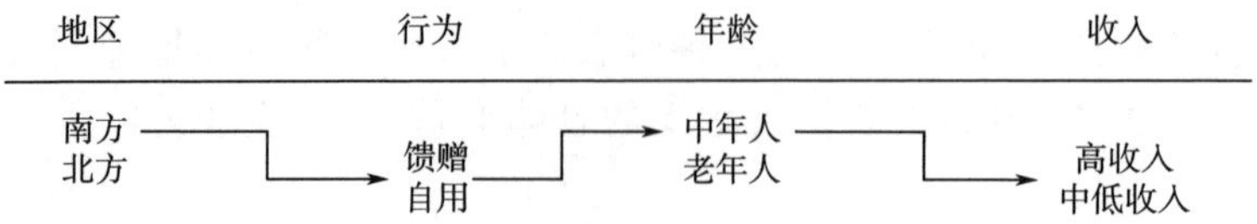

图 2-2　某保健酒的系列变量市场细分

实践训练 2-3

某类产品细分市场现状与空白点展望

(以中药养生产品为例,可进行各种产品替换)

先在各类经营中药养生产品的实体销售场所以及各类健康产品销售网站进行一些探索性调查,选择一个产品类别,例如与传统养生文化相关的营养保健产品、传统美颜产品、各种传统医学类养生器械、中药材、中药饮片、中成药、中医中药文化产品、中医中药移动互联产品等均可。接着对该类别产品市场进行比较深入的调查,梳理出该类产品目前的市场细分与定位策略现状进行归纳分析,探讨还有没有空白市场点,并提出满足该空白点的基本思路,项目完成步骤建议如下。

(1)组员先各自网上浏览或者实地观察各种中药养生健康产品,小组讨论后确定一个准备深入调查的产品类别,如传统美颜产品。

(2)对所选择的产品进行深入调查,全面地了解目前市面上所销售的该类产品的具体品种,对所涉及的细分市场通过表格等多种形式进行归纳整理。例如,目前市面上销售的某类中药补品,按照年龄可细分为儿童用、老人用等多种不同类型,按照剂型可以分为膏、丹、丸、散等不同剂型。

(3)根据市场细分的各项标准,采用各种创新思维方法,小组讨论该类产品目前还存在哪些市场空白点,设计出一个准备开发的细分市场,并对该细分市场特征进行人物画像一样的描述。例如,某类药品归纳市场后发现没有透皮吸收的贴剂,可考虑开发该种制剂,专门针对害怕打针吃药的儿童。

(4)评估开发设计出的细分市场的可行性。

在线测试及课后思考题

项目三　药品目标市场选择与定位

目标市场选择
项目内容介绍

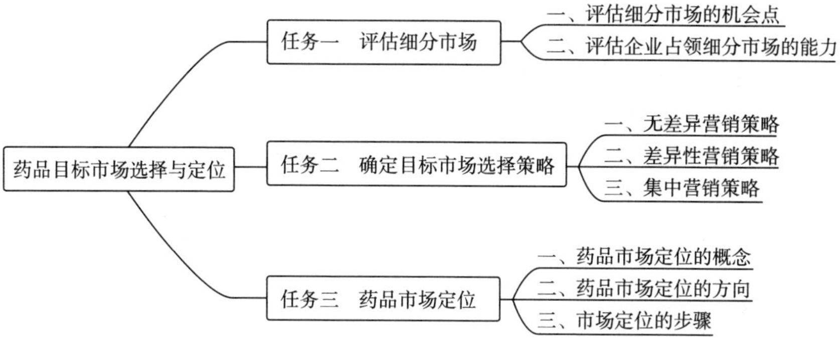

所谓目标市场，是指生产经营企业在市场细分化的基础上，依据企业资源和经营条件所选定的、准备以相应的医药产品或服务去满足其需要的那一个或几个细分市场。企业一旦确定了目标市场，其资源的积累以及一切营销活动都要围绕着目标市场来进行。因此，目标市场的选择是企业制订营销战略的基础，对企业的生存与发展具有重要意义。

任务一　评估细分市场

市场细分是选择和确定目标市场的基础。市场细分显示了企业所面临的市场机会，而目标市场选择则是最终决定企业将进入哪些市场领域，也就是决定企业将来生存和发展空间的一种策略，因此细分市场的评价是选择目标市场的基础。

一、评估细分市场的机会点

（一）评估细分市场的规模

细分人群的数量规模、该类人群的购买能力形成细分市场的潜在规模，该规模必须足以使企业有利可图，使企业生产和经营规模在选定的目标市场上能得到扩充，从而不断提高企业竞争能力。潜在市场规模过小意味着企业在该市场上难以有大的作为，但也并不是说，潜在市场的规模越大越好。潜在市场规模过大，一方面，说明市场还可按某种标准进一步细分；另一方面，也会吸引更多的企业进入，增加本企业的竞争压力。只有规模适当，细分市场才具有吸引力。这就要求企业在进行市场调查时，必须充分考虑各种不确定因素的影响，综合运用各种科学预测法，提高市场预测的准确性。

(二)评估细分市场的发展潜力

首先,细分市场应有一定程度的稳定性,企业在占领市场后的一段时期内不需要改变自己的目标市场,这样有利于企业制订长期的市场营销战略。其次,细分人群的购买意向能够充分被挖掘,并能够影响到其他人群,市场才具备一定的发展性。否则,细分市场只能沦落为昙花一现,不利于企业可持续发展。尤其是现在的互联网时代,消费者注意力非常容易转移,消费热点转移太快,获利的企业寥寥无几。

(三)评估细分市场的竞争状况

市场细分的目的之一是为了减少竞争对手,从而可以缓和竞争。如果一个细分市场内的竞争对手过多,则市场细分就没有达到这种目的。因此,在选择目标市场时,企业要正确估计各细分市场的竞争状况。一般来说,应选择那些竞争对手较少,而企业自身具有较大竞争优势的细分市场作为自己的目标市场。

竞争对手既包括各细分市场上已经存在的其他企业,还包括尚未进入但可能进入该细分市场的其他企业。因此,在分析竞争状况时,还必须要考虑潜在的竞争对手。

(四)评估细分市场的可达到性

细分市场的可达到性是指企业经过努力,可有效地接近、到达选定的细分市场,能够有效地进入并占领。同时,细分市场的消费者要能够了解企业的产品,并且能通过销售渠道购买到企业的产品。例如,某些传染性或隐私性疾病患者,出于种种原因不愿暴露自己的病情,企业如果选择此类细分市场,便很难接近目标消费者。

二、评估企业占领细分市场的能力

(一)评估是否符合企业经营发展目标

致力于可持续发展的企业,其产品线战略规划总是具有鲜明的特征,以便于在消费者心目中留下深刻印象。例如,同仁堂是我国中药行业的金牌老店,迄今已有350多年的悠久历史,350多年来,同仁堂一直围绕着中药相关产业进行发展,在各种新技术层出不穷的新时代,同仁堂始终以中药产业为抓手,将现代科技与中药传统方剂相结合,对老产品进行二次研发,并开发各种中药新剂型、新配方,在公众心目中,同仁堂始终是我国中药行业的第一品牌。如果同仁堂经不住诱惑,盲目进入各种细分市场,势必会使消费者对同仁堂的主营业务迷惑不已,不能形成核心竞争优势。深圳曾有某制药厂在制药领域取得巨大成功后盲目开展多元化经营,紧追当时的物业管理、酒店、汽车、旅游等市场热点,最终不仅热点业务因为缺乏经验经营不佳,最擅长的制药也被竞争对手反超。因此,企业应保持一定的战略定力,不是所有细分市场都要进入。

(二)评估企业资源与细分市场的吻合程度

企业在目标市场上能否具有较强的竞争力,取决于其积累的资源在该市场上是否具有较明显的优势，以及这种资源优势在该市场上能否得到充分的利用和发挥。如果细分市场的特征能够促使企业的资源优势得到充分的发挥，则企业就可能具有较强的竞争力。如某企业有广泛的销售网络、大批经验丰富的销售人才，而某个细分市场上竞争的关键又恰恰是在市场销售方面，那么，企业选择这一细分市场作为目标市场就能使自己的优势得到充分发挥。

（三）评估企业的可行动性

企业的可行动性是指能够设计出吸引和满足细分市场的有效方案。例如，一家小型医药企业发现了6个细分市场，但是它的规模太小，不能为每个细分市场单独提供营销方案。此时，该公司就不能强求自己进入所有发现的细分市场，否则反倒得罪顾客。

实践训练 3-1

某类产品细分市场评估

利用实践训练2-3中所取得的各种细分市场及空白点调查数据，设定不同企业情景，如①一群刚刚自主创业的大学生。②各种不同类型真实企业。根据企业的不同情形，评估开发这些细分市场的可行性。

任务二　确定目标市场选择策略

企业通过市场细分，可以发现一些有较好商机的细分市场，在此基础上，企业确定细分市场作为生产和经营目标的决策，称为目标市场选择策略。可供医药企业有效地选择目标市场的策略有三种，企业可根据外部机会与内部能力进行抉择。

一、无差异营销策略

（一）无差异营销策略的特征

无差异营销策略是指将整个医药市场看作是一个大的目标市场，以一种产品、一种市场营销方法来满足该市场上所有消费者需求的策略。采用无差异策略的企业在营销活动中只考虑用户在需求方面的共同点，而不管他们之间是否存在差异。因此，企业只向市场推出单一产品，采用一种营销组合，通过无差异的大力推销，吸引尽可能多的购买者，如图3-1所示。

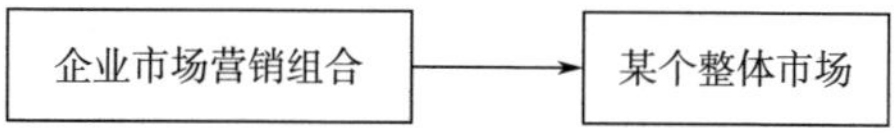

图3-1　无差异营销策略

(二)无差异营销策略的优点

无差异营销策略最大的优点是降低成本。由于大批量生产和经营,可以使企业降低成本,取得规模效益,由于不需要对市场进行细分,可以相应地节省市场调研和宣传费用。

(三)无差异营销策略的缺点

1. 对消费者满足程度低

无差异性策略缺乏对细分市场需求的深入调研,易忽略消费者的个性化需求,难以满足消费者的需求,应变能力差。

2. 易在激烈竞争中失利

随着社会财富的增加以及人们生活水平的提高,消费者追求更加丰富多样的生活。在医药产品的消费上,消费者的健康保健意识更强,对药品的疗效、稳定性、方便服用的要求更高。因而,一种药品长期为消费者所接受的情况极其罕见。当几家生产同类药品的企业都采用无差异营销策略时,就会形成大的药品市场竞争异常激烈,而小的细分市场无人问津,消费需求得不到满足的状况。

(四)无差异营销策略的实际应用

1. 产品应用条件

适用于选择性不强、差异性不大,同时需求量又非常大,能够进行大批量生产和销售的商品。原料药就具有这样的特点。

2. 企业应用条件

无差异营销策略的目标市场是整体市场,产品需求量巨大,对企业的生产能力有极高要求。同时,即使是单一的营销计划,对营销能力和渠道管理能力也有极高的要求。因此,这种营销策略仅适用于资金、生产实力强大的药品企业,或适用于产品在该市场领域占据垄断地位的企业。

二、差异性营销策略

(一)差异性营销策略的特征

差异性营销策略是指企业在对整体市场细分的基础上,针对各个细分市场不同的需求特征,生产不同的产品,制订并实施不同的市场营销组合方案,以差异性产品满足差异性市场需求的策略,如图 3-2 所示。

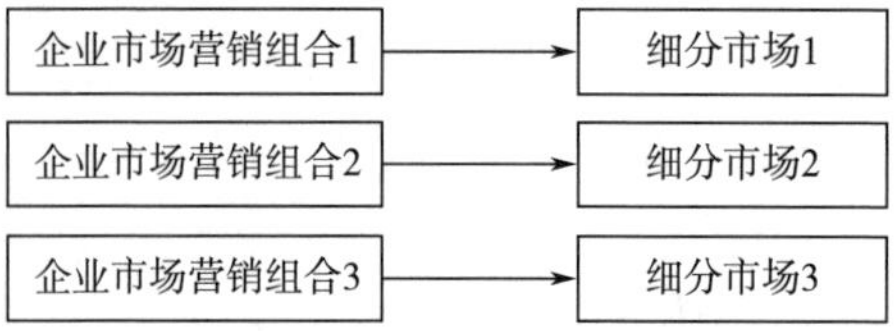

图 3-2　差异性营销策略

(二)差异性营销策略的优点

差异性营销策略一方面可以有针对性地满足消费者的特殊需求,另一方面,可以使企业实现生产的多品种、营销组合的多手段、销售机会的极大化,以及企业声誉的进一步提升。如美国宝洁公司为了满足不同类型消费者的洗发、护发需求,推出海飞丝(去头屑)、飘柔(顺发)、潘婷(营养头发)等多个品牌洗发水,服务于不同的细分市场。宝洁通过在几个细分市场内占据强势地位,比只用一个品牌服务于所有市场创造了更大的总销售额。对医药行业来说,同一类型药品,可以通过采用原材料差异化、多种剂型、附加服务等方式拉开药品档次,服务于不同细分市场。

(三)差异性营销策略的缺点

1. 增加成本

一方面,细分市场多,产品种类多,难以实现规模效应,单位产品成本高,企业只能以较高的价格销售;同时,为不同市场设计不同的市场营销计划,需要额外的市场研究、预测、销售分析、促销计划以及渠道管理等工作,增加的管理费用最终也体现在产品价格中。如果享受差异化产品或服务需要额外支出的价格超出了消费者的心理预期,也许消费者会选择牺牲差异化,企业通过差异化创造竞争优势的目的就不能达到。

2. 营销管理难度大

实行差异化营销策略,企业需要同时对目标消费对象各异的产品进行管理,是对企业营销能力的巨大考验。

(四)差异性营销策略的实际应用

差异性营销策略的核心在于针对性满足不同细分市场不同目标群体的个性化需求,这要求企业具有雄厚的人力、物力、财力资源,较高的技术水平、设计能力,高水平的经营管理人员,还要具有多品种、多渠道、多种价格和多种营销形式的设计与管理能力。

三、集中营销策略

(一)集中营销策略的特征

集中营销策略是指企业选择一个或少数几个细分市场作为目标市场,集中力量在较少的目标市场上开展营销活动的策略。采用这种策略的医药企业,不以追求整体市场为目标,而是集中力量进行专业化生产和销售,追求在较小的市场范围内占有较大份额,通过经营具有特性的产品或“拳头”产品来占有该市场。

集中性策略与无差异策略的区别在于:无差异策略是以企业所选择的数个或整个细分市场作为目标市场,而集中性策略不是面对整体市场,也不是把力量分散到几个市场上,而是集中企业的营销优势,把有限的资源集中在一个细分市场上,实行专业化生产和销售,以充分满足这些细分市场的需求。采用集中性策略的企业,其目的是追求在一个小市场上取得较高的甚至是支配地位的市场占有率,如图 3-3 所示。

图 3-3 集中营销策略

(二)集中营销策略的优点

集中营销策略因其品种较单一,可以在细分领域集中力量于设计、研制、工艺、设备改进等方面,既可以扩大在细分领域的市场占有率,又可以减少生产和促销方面的费用,便于提高产品的知名度,树立企业信誉。

(三)集中营销策略的缺点

采取集中营销策略的企业将所有的精力和资源集中于一个市场,一旦出现企业的预测有误,市场中消费者需求发生变化,强大竞争者进入,营销策略制订有缺陷等问题,企业都可能因无回旋余地而陷入困境,风险较大。

(四)集中营销策略的实际应用

集中营销策略非常适合资源力量有限的小型企业。采用这一策略,小企业可以避开与大企业的正面竞争,选择那些大企业未注意或不愿进入的市场,往往更易获得成功。

案例 3-1

目标市场营销策略案例解读

X 霉素集中力量挖掘某细分市场

某制药公司开发出临床上主要用于呼吸道感染及淋球菌、衣原体、支原体导致的生殖器感染、软组织感染等的大环内酯类广谱抗菌新药 X 霉素。因竞争激烈及公司实力有限,该公司决定规避以下市场的竞争:已被广谱抗菌的老牌抗生素(如青霉素类等)牢牢占领的一般性抗感染用药市场;被头孢菌素类抗生素控制的治疗深度感染和交叉感染的市场;被其他大环内酯类抗生素(如乙酰螺旋霉素)占领的治疗呼吸道感染和软组织感染的市场。而是独辟蹊径,找出在国内抗生素细分市场上缺乏有效治疗性传播疾病的抗生素及品牌的薄弱点,以 X 霉素对淋球菌、支原体、衣原体等导致性传播疾病的病原微生物的较强杀灭作用,由自身独特的强势进入这一目标市场,从而获得成功。

实行集中营销策略,当其力量一旦许可时,要立即扩大目标市场范围,实行多角化经营,以分散风险,增加企业经营的安全性。

任务三　药品市场定位

一、药品市场定位的概念

市场定位就是确立企业及其产品在目标市场上的位置。具体来说，就是勾画企业及其产品在目标消费者心目中的形象，并与竞争者的产品有所区别，使产品能在消费者心目中留下深刻印象，并产生购买行为。

现在，消费者被太多的产品和服务信息所包围，他们不可能每次做购买决策时，都对产品进行重新评估。消费者往往在心目中形成对某种产品、服务和企业的直观和混合的印象，也就是在心目中确定不同产品的"定位"，并根据定位做出购买选择。这种购买选择有时候是非常快的，并且不一定就是理性的。因此，企业要想获取竞争优势，就要对定位进行策划，传递产品或企业的特定信息，与消费者进行沟通，使其将该企业或产品与竞争对手区别开来。定位的目的就是要将差异化做出来，并最终形成消费者的联想，让消费者注意到你的品牌并感到它就是他们所需的，这样才能使企业所选定的目标市场成为真正的市场。如果说市场细分和目标市场选择是寻找"靶子"，那么市场定位就是将"箭"射向靶子，如图 3-4 所示。

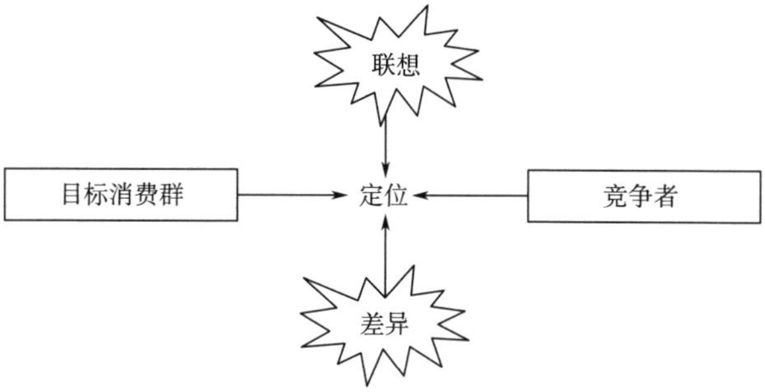

图 3-4　市场定位示意图

药品市场定位是指根据竞争者现有的药品在市场上所处的位置和购买者与医生对药品的特征属性的重视程度，塑造本企业药品与众不同的个性，并把这种个性传达给购买者和医生，以确定本企业药品在市场上的位置。

二、药品市场定位的方向

药品市场定位的核心就是要塑造本企业药品与竞争者相区别的个性，也就是要使本企业的药品"差别化"。为了突出差异化，首先就要明确市场定位的方向，即建立自身特色的角度。药品一般可从以下方向进行差异化市场定位。

(一)药品的属性差异化

药品的属性差异化是指根据药品的成分、性能、功效等构成产品内在特色的属性,突出自己产品的属性与竞争品的差异性,这是比较常用又很有实效的定位方法。比如在感冒药市场上,新康泰克的特色就是应用了缓释技术,一天只需服用一次;在心脑血管药品市场上,速效救心丸的特色就是常备救心,常服养心。

案例 3-2

"云南白药创可贴"与"邦迪"的不同定位

在以"邦迪"为主导的创可贴市场竞争中,"邦迪"和创可贴几乎成为一个捆绑,在消费者的心目中,创可贴就是"邦迪"。

作为市场的新进入者,"云南白药"很快发现在消费者认知领域中"邦迪"创可贴实际上等于一个应急的胶布,"云南白药"对此进行了概念再造,将"云南白药创可贴"打造成"含药"的创可贴,这样就提炼出新的市场定位:"为胶布加点药""从无药到有药",将"含药"作为市场突破点,"云南白药创可贴"与"邦迪"的核心差异立刻显现出来。

(资料来源:甘湘宁、周凤莲. 医药市场营销实务[M].3 版. 北京:中国医药科技出版社,2017 年.)

(二)药品的用途定位策略

药品的用途定位策略是指根据药品的适应证来突出自身的特色,使自己的药品和同类药品区别开来。有些企业在宣传自己的产品时,总是夸大宣传药品的用途或功效,给人感觉该种药品好像包治百病。这样宣传的结果往往适得其反,使消费者对这一药品失去了信任。在用途上找准自己的特色和优势才能真正找准市场。因此在决定产品的开发、经营前,要细分同类产品的特点,分出类别,然后决定从哪方面着手。如前面所述的 X 霉素的市场定位,就是将抗生素类药品按其用途细分为一般性抗感染类、治疗深度感染和交叉感染类、治疗呼吸道感染与软组织感染类和治疗性传播疾病类。X 霉素避开市场中前三类存在较强竞争对手的现状,成功地进入了治疗性传播疾病的广谱抗菌药市场。

(三)药品的使用者定位策略

一个产品往往有多种用途,从而形成不同的使用者群体。企业找准产品的使用者,通过定位努力使目标消费群体产生印象:这种产品是专门为他们量身定做的,因而最能满足他们的需求,最适合他们购买,如脑白金就突出宣传为中老年专用。

(四)购买利益差异化定位策略

任何消费者购买产品都不是购买产品本身,而是购买产品能为其带来的利益。

产品本身只是形式,利益才是消费者的核心追求。购买药品所追求的核心利益是健康,但同时也有附加利益,如药品味道、服用方便、药效发挥时间等。例如,某些退热贴采用的就是利益定位。它除了宣传其功能外,突出强调可以不打针、不吃药,方便儿童使用,为患者带来方便的利益。

案例 3-3

“白加黑”购买利益定位切分感冒药市场

“白加黑”感冒片,与其他感冒药相比,其组成成分并无特殊之处。但它巧妙地将普通感冒药分为白片和黑片,并将镇静剂扑尔敏放在黑片中。这样不仅在品牌外观上与竞争品牌形成很大的差别,更重要的是它与消费者的生活状态相符合。一般感冒药的共同缺点就是服用后容易瞌睡,这对大多数的人群造成许多不便。而“白天吃白片不瞌睡,晚上吃黑片睡得香”的承诺,去除了消费者的后顾之忧,体现出厂家对消费者细致入微的关心。它的成功之处在于一切从消费者出发,创造出了异于同类、优于同类的闪光亮点,达到了引起消费者共鸣的强烈传播效果。靠准确的市场定位,“白加黑”迅速成为我国感冒药市场的主导品牌。

市场定位的差别化可以是多方面的,而不仅是药品本身的差异。它可以是药品实体的差异化,如药品的成分、剂量、剂型、疗效等方面;也可以是服务、价格、渠道、形象上的差异化。如某些药品经营企业提供免费煎药就是服务差异化,有些OTC 药品采用无人售药机销售就是渠道差异化。

三、市场定位的步骤

(一)明确潜在竞争优势

企业进行市场定位时,必须在充分研究竞争对手和自身资源积累的基础上,明确自己的竞争优势所在,这样才能充分发挥自身的优势,形成不同于竞争对手的鲜明特色。

首先,要研究竞争对手的定位情况。要了解竞争对手正在提供什么样的产品,在消费者心目中的形象如何,同时还要深入研究竞争对手潜在的竞争优势。

其次,要研究消费者对产品的评价标准,尤其是消费者在购买此类产品时最关注的因素。只有在消费者最关注的环节上创造自己的特色才最容易使消费者留下深刻印象。

最后,要研究企业自身的资源积累情况。企业根据目前资源积累的情况,正确判断自己有可能在哪些方面创造出特色,与竞争对手相比,哪些方面更具有优势。

(二)选择相对竞争优势

相对竞争优势是一个企业能够胜出竞争者的比较优势。它通常来自两个方面:一是价格优势;二是产品的差别化优势,就是产品属性的某一方面或某几方面与竞争对手的产品相比,能为消费者提供更大的满足,从而吸引消费者购买。

企业的相对竞争优势不仅指已经存在的优势,也可能是潜在的优势,或企业通过努力可以创造的优势。此外,即使企业的优势在于产品差别化,也必须努力降低产品成本。

(三)显示独特的竞争优势

要使企业的相对竞争优势成为企业及其产品的特色,就必须让消费者也知道企业的优势所在。要使这些独特的优势发挥作用,影响顾客的购买决策,需要以产品特色为基础,树立鲜明的市场形象,通过积极主动而又巧妙地与顾客沟通,引起顾客的注意和兴趣,求得顾客的认同。由于竞争的干扰或沟通不畅,会导致市场形象模糊,顾客对企业的理解出现偏差,态度发生反转。所以,企业还应不断提供新的信息和观点,及时矫正与市场定位不一致的行为,维持和强化顾客对企业的看法和认识。

市场定位过程解析

实践训练 3-2

药品市场定位现状调查

选准某一类药品,如解热镇痛药,通过上网查询或者实体药店观察等多种调查方法,对该类药品目前市面上所有的品种进行全面的归纳。结合药品市场定位的各种大方向,每种定位方向在该类药品中找出具体的药品案例;提出新的定位方向建议。

在线测试及课后思考题

项目四　药品行业的产品与服务项目设计

产品策略项目
内容介绍

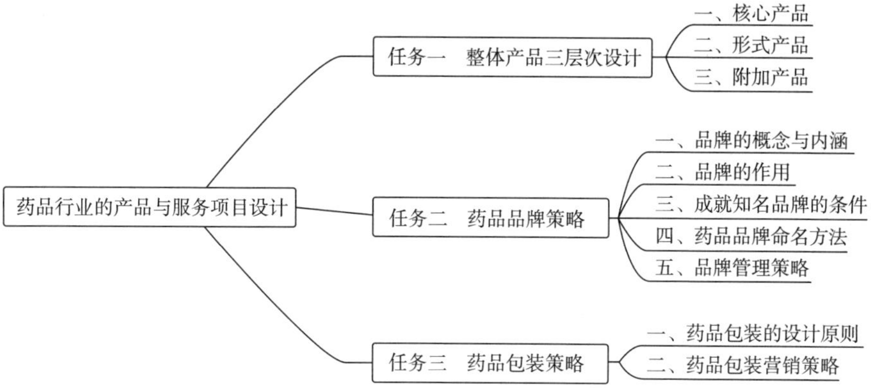

任务一　整体产品三层次设计

现代市场营销学对产品的理解是广义的,它是指能够提供给市场从而引起人们注意,供人们使用或消费,并能够满足某种欲望或需要的任何东西。因此,产品不仅包括有形商品,它还包括服务、人员、地方、组织、构思,或者这些实体的组合。例如音乐会、旅游度假、医生或律师的咨询意见等都是产品。即使是有形商品,在营销人员眼中也不单纯包括产品的实体及其品质、特色(如色泽、气味等)、规格、款式、品牌和包装等,还包括销售服务送货上门、服务场所、承诺、产品形象、市场声誉、咨询等一系列无形服务。现代市场营销学将产品划分为核心产品、形式产品和附加产品三个层次,形成产品整体概念,如图 4-1 所示。

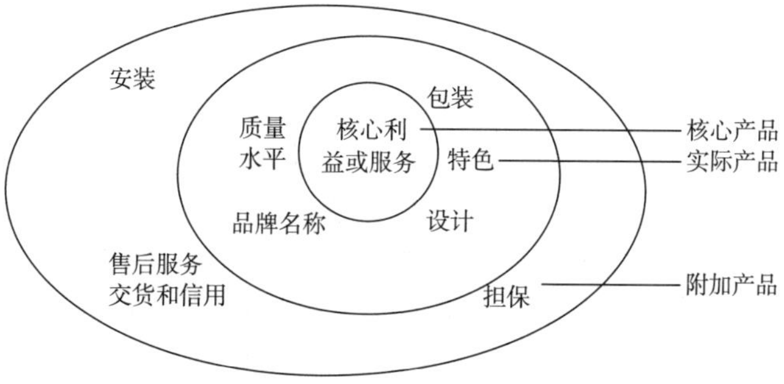

图 4-1　整体产品的三个层次

因此,产品不单单是指有形的物品。消费者倾向于把产品看作是满足他们需要的复杂利益集合。在开发产品时,营销人员必须找出产品将要满足消费者的核心需要,然后设计出实际产品并找到扩大产品附加利益的方法,以便创造出能最大限度满足消费者要求的一系列利益组合。从市场营销观念来看,药品应为满足消费者防病、治病、保健等方面需要和欲望的任何东西。不仅包括药品实体,还包括用药咨询、用药指导、药品销售场所,以及健康理念等有形、无形的各个层次。

一、核心产品

核心产品是整体概念中最基本和最主要的层次。对药品而言,就是指消费者真正所要购买药品时所追求的基本效用和利益,是消费者需要的最本质的东西。因此,在产品的销售过程中,产品的设计和营销人员要善于发现隐藏在顾客心中的真正需要,并引导研发部门设计出适销对路的产品。

案例 4-1

找准核心利益,营养咨询闯出新天地

随着生活水平的提高,人们的饮食开始注重营养搭配,在上海、深圳等一线城市开始出现公共营养师这一职业。最初,公共营养师将从业方向瞄准餐饮企业,希望协助餐饮企业推出各类营养套餐,为点餐顾客提供营养咨询服务等。经过一段时间的推广,虽然有一些餐饮企业会在菜牌上标明每份菜热量、脂肪、蛋白质、维生素等营养素的含量,服务员点餐时也开始提醒顾客注意荤素搭配,但对于配备专职营养师却并不积极。因为顾客到酒楼消费主要有亲友团聚、场面应酬、图方便,以及追求口感、吃新奇等多种需要,营养并不是顾客到酒楼消费所考虑的核心利益点。相反,当一群亲朋好友热烈讨论要吃某物时,营养师却说该物热量和脂肪含量太高,不适合现在食用,将是一件扫兴的事。毕竟,在中国人几千年的饮食文化中,聚会吃饭更是一种情感交流,饕餮之徒讲究的也是色、香、味、形,而不是营养。一般的营养常识,通过书籍等媒介就可以获得,酒楼实在没有必要专门聘请营养师,根据每一位顾客的身高、体重及劳动强度等因素来制订食谱,更不会将厨房变成实验室,摆满天平、量杯,详测每盘菜各类营养素的含量。经过这番挫折,公共营养师们开始将职业定位为私人营养顾问,将目标瞄准经济基础较好的以下人群提供一对一的营养顾问服务:面向罹患糖尿病等疾病需要进行饮食干预的患者,根据其口味偏好制订每日食谱;面向经常应酬的生意人,开展电话、微信等提醒服务,同时进行非应酬时段的食谱设计,矫正不良饮食对身体的伤害……职业定位改变后,私人营养顾问已成为一个收入颇丰的新兴职业。

二、形式产品

形式产品是指核心产品所展示的全部外部特征,即呈现在市场上的药品的具体形式或外在表现形式,主要包括药品实体及其规格、质量、特色、品牌及包装等,这样才使核心利益成为一种看得见、摸得着、叫得出、认得清的具体东西。形式产品向人们展示的是产品的外部特征,它能满足同类消费者的不同需求,也能满足不同消费者的同一需求。因此,医药企业进行药品设计时,除了要重视消费者所追求的核心利益外,也要重视如何以独特形式将这种利益呈现给目标顾客。

三、附加产品

附加产品是指顾客购买形式产品时,附带获得的各种利益的总和,包括咨询、提供信贷、免费送货、维修、培训、售前服务、售中服务、售后服务、企业和产品形象、技术服务、质量保证或承诺等,这是产品的延伸或附加,它能够给顾客带来更多的利益和更大的满足。在竞争日益激烈的环境中,产品给消费者带来的附加利益已成为竞争的重要手段。

案例 4-2

便携式血糖仪从三个层次抓住消费者

糖尿病是一种糖代谢异常的疾病,但所有食物都含有一定的糖分,人体也不可能离开糖分生存,为尽量保证血糖水平的均衡,糖尿病患者需要经常对血糖水平进行监测。传统的血糖监测方法是到医院测量空腹及餐后两小时的血糖水平,这令患者深觉不便,产生了能够方便快捷地监测血糖的核心需求。围绕这一核心需求,有制药企业研发出各种便携式血糖仪。为了吸引患者购买,不同厂家生产的血糖仪的品牌名称、外观式样、质量技术指标、包装等各不相同,形成一个个独具特色的实际产品。同时,不同厂家还为购买血糖仪的消费者提供各种附加服务,如零配件免费更换、提供产品质量担保、如何使用血糖仪的免费培训、必要时候的快速修理服务、向顾客赠阅各种健康资讯手册、免费的专家讲座,以及解答疑难问题的免费咨询等,其目的就是吸引有购买意向的消费者选择本企业而不是竞争对手的产品。

实践训练 4-1

产品三层次
设计案例解析

产品三层次设计调查

选择一个自己或亲朋好友有使用经验的健康产品,如药品、保健品、健康器械等,采用查询企业及产品介绍、查询宣传及促销资料、现场观察、使用者访谈、亲身使用感受等多种调查方法,从整体产品概念三层次对该产品进行分析,从三层次出发分析该产品在三层次设计上的成功经验和可进一步完善之处。

任务二　药品品牌策略

一、品牌的概念与内涵

(一)品牌的概念

美国市场营销协会给品牌下的定义为“品牌是一个名称、名词、符号、象征、设计或其组合,用以识别一个或一群出售者之产品或劳务,使之与其他竞争者相区别。”

品牌就是俗称的牌子,是制造商或经销商加在商品上的标识,其目的就是为了把不同生产者或经销商的产品区别开来。品牌包括品牌名称、品牌标志及商标三个要素,是企业重要的一种无形资产,属于产品整体概念中的形式产品,是产品整体概念的重要组成部分。

1. 品牌名称

品牌名称是指品牌中可以用语言称呼的部分,即品牌中的可读部分。如“同仁堂”“达仁堂”“汇仁”等都是品牌名称。

2. 品牌标志

品牌标志是指品牌中可以被认识,但不能用语言称呼的部分。品牌标志常为某种符号、象征、图案,以及其他特殊设计的组合,其中图案是最主要的。

3. 商标

商标是品牌在法律意义上的名词,就是获得专用权并受法律保护的品牌。企业在政府有关部门进行注册登记,经国家核准注册的商标为“注册商标”,常用图形®或“注册商标”表示。注册登记后,商标注册人对品牌名称和品牌标记就拥有了专用权,即拥有该注册商标,这项专用权受法律保护,其他任何企业都不得仿效使用。

(二)品牌的内涵

消费者对某一品牌产生偏好,主要不是因为该品牌的名称和标志吸引人,而是一种心理的、生理的、综合性的肯定性感受和评价的结晶,是一个复杂的识别系统。因此,企业应从多方面塑造品牌的内涵。

1. 属性

品牌代表着特定商品的属性,这是品牌最基本的含义,品牌属性是顾客判断购买的第一要素。企业在进行品牌定位时,应考虑赋予产品恰当的品牌属性,使消费者产生正面的联想,并在促销宣传中要重点把它突显出来。例如,消费者一看到

“同仁堂”的标志，就联想到国药老字号、道地药材、精工细作等属性。

2. 利益

品牌不仅代表着一系列属性，而且还体现着某种功能性或情感性利益。顾客购买商品的实质是购买某种利益，这就需要企业对品牌所赋予的属性要能真正转化成顾客所需要的利益。

3. 价值

消费者视品牌为产品的一个重要部分，因此，建立品牌能增加产品的价值。而品牌的价值大小取决于品牌的知名度、品牌所代表的质量、消费者对品牌的忠诚度等。一个品牌如果被消费者喜爱，用它来标记产品，都能产生品牌价值。

4. 文化

在品牌中可以附加象征一种文化或文化中令人喜爱或热衷的东西，特别是体现企业文化的核心价值观。例如，同仁堂的“同修仁德、济世养生”文化就巧妙地与国药传统有机结合。

5. 个性

品牌也反映一定的个性。不同品牌会使人们产生不同的品牌个性联想，一个品牌代表着某一类消费群体的个性，使他们具有认同或归属感。

6. 用户

品牌暗示了购买或使用该产品的消费者类型。

二、品牌的作用

药品的特殊性使很多制药公司倾向于依赖专利保护来推动销售，随着市场经济的不断发展，目前品牌在药品生产经营领域发挥着越来越重要的作用。

(一)品牌对消费者的作用

1. 品牌可以方便消费者识别和选购

在购买过程中，对于很多产品消费者无法通过比较产品和服务本身来做出准确判断，而品牌在消费者心目中是产品的标志，它代表着产品的品质和特色，而且同时它还是企业的代号。因此，品牌可以帮助消费者进行产品选择，减少选购商品所花费的时间和精力。

2. 品牌有助于消费者维护自身利益

消费者往往偏爱拥有知名品牌的产品，以此坚定购买的信心，并获得稳定的购买利益。消费者还可以通过品牌找到产品出处，一旦发生问题可以有效维权。

(二)品牌对企业的作用

1. 有助于促进产品销售，树立企业形象

一个品牌一旦拥有广大的忠诚顾客群体，其领导地位就可以经久不变，即使其产品已历经改良和替换，消费者也会在其对品牌信任的驱使下产生新的购买欲望，企业的社会形象、声誉也会随着品牌忠诚度的提高而提高。

2. 有利于保护品牌所有者的合法权益

品牌注册后受到法律保护,品牌是企业的无形资产,在市场经济条件下商标的所有权和使用权可以买卖转让。

3. 有助于约束企业的不良行为

消费者一旦对品牌产生不良印象,将直接影响到企业效益。因此,品牌可以督促企业的营销活动,兼顾企业、消费者和社会三者的利益,提高产品质量,减少违规违法行为发生。

4. 有助于开展品牌拓展,扩大产品组合

市场竞争条件下,企业的产品组合是动态的,当企业开发新产品,扩大产品组合时,消费者会因为对原有知名品牌的偏爱,易于接受或尝试新产品。

(三)品牌对社会的作用

消费者往往借助品牌识别和选购商品,生产经营者会重视通过加强质量管理来提高其品牌的品质和信誉,从而使企业相互竞争,促使全社会的产品质量水平普遍提高。

三、成就知名品牌的条件

(一)使产品本身具备适销对路的属性

企业在进行品牌策划时,一定要先考虑产品是否符合顾客的愿望,关注随时变化的市场需求,以满足消费者的需求来开发产品。

(二)产品要有自己的个性特色并不断创新

产品具有特色,有利于消费者对产品识别并产生偏爱。在竞争激烈的环境中,独树一帜是使自己的产品兴盛不衰的主要办法。在品牌发展的历史中,许多老品牌销声匿迹,有一个主要原因就是产品在花色品种上不能创新。产品没有创新也就没有生命。

(三)产品需满足顾客的预期品质

名牌产品是以品质优良为首要条件的,品质是品牌成功的基础。一个品牌必须包含消费者对其品质的预期和感知,品质必须从消费者的角度来评估和认定,必须能够反映消费者对产品认可和接受的程度。

(四)品牌名称和标志要有好的创意和设计

1. 要能反映产品的利益和质量

品牌的设计要体现品牌所代表产品的优点和特性,暗示产品的优良属性,同时考虑到以后品牌延伸的可能性。例如,奔驰、宝马等汽车品牌,舒肤佳香皂、汰渍洗衣粉、可口可乐饮料等外国品牌在翻译成中文时,采用音译、意译相结合的方式,既和外文音相似,同时又能令消费者联想到产品的属性和品质。

2. 要易于发音、辨认和记忆

现代信息社会消费者每时每刻都在接触海量的信息,为了便于消费者认知和记忆，品牌名称必须易读易记，而不宜过长或难以诵读；品牌标志则应简洁醒目。

3. 要与其他品牌有显著的差异性

成功的品牌应该有创意和自己的特色，容易被消费者识别，也不易引起纠纷。

4. 要易于翻译成外国文字

企业应具备国际化发展的视野，在品牌名称设计时考虑到未来翻译成多国文字的需要。

5. 要符合注册要求和能受法律保护

成功的品牌应当符合国内、国际《商标法》的规定，《商标法》对商标的注册、使用、转让都做了详细的规定，特别是企业要走向国际市场，更应当注意国外的《商标法》，考虑国际上品牌设计的文化差异与文化适应。

四、药品品牌命名方法

药品的名称包括通用名和商品名。我国药品的通用名是由药典委员会按照《药品通用名称命名原则》组织制订并报原卫生部备案的药品的法定名称，是同一种成分或相同配方组成的药品在中国境内的通用名称，具有强制性和约束性。凡上市流通的药品的标签、说明书或包装上必须要用通用名称，其命名应当符合《药品通用名称命名原则》的规定，不可用作商标注册。商品名是药品生产厂商自己确定并经国家相关部门核准后的产品名称，具有专有性质，其他企业不得仿用。在一个通用名下，由于生产厂家的不同，可有多个商品名称。

药品的品牌名称通常由药品的商品名构成，较好的品牌名称可以快速、准确地表达出药品品牌的中心内涵和关键联想，让消费者对品牌产生深刻的印象，药品品牌名称的设计方法主要有以下几种。

（一）地域法

将企业产品品牌与地域名联系起来，有助于借助地域文化积淀，使消费者从对地域的信任与认同，进而产生对产品的信任与认同。例如“云南白药”，就是利用云南这一地名作为企业品牌，将具有特色的地域名称与企业产品联系起来。

（二）人名法

将名人、明星或企业创始人的名字作为产品品牌，充分利用人名含有的价值，促进消费者认同。如广东的“陈李济”牌中成药，就是利用产品创始人陈体全、李升佐的名字来命名。

（三）企业名称法

将企业名称作为产品品牌来命名，如“吉林敖东药业”“修正药业”等。运用企业名称法来进行产品品牌命名，有利于产品品牌、企业品牌相互促进，达到有效提升企业形象的目的。

（四）数字法

用数字来为企业命名，借用消费者对数字的联想效应，使消费者对品牌增强差异化识别效果。如华润三九医药股份有限公司的“999”品牌就蕴含着健康长久、事业恒久、友谊永久等美好寓意。

(五)目标客户法

将品牌与目标客户联系起来,进而使目标客户产生认同感。例如“小儿氨酚黄那敏颗粒”是哈药集团制药六厂针对小儿的感冒药,此名称使消费者一看到就知道这是专为儿童设计的产品。

(六)功效法

用产品功效为品牌命名,使消费者能够通过品牌对产品功效产生认同,例如“泻立停”等品牌。

(七)形象法

运用动物、植物和自然景观来为品牌命名,如“葵花牌”桑菊感冒片、“金鸡”胶囊等。借助动物、植物的形象,可以使人产生联想与亲切的感受,提升认知速度。

实践训练 4-2

产品命名小实践

中药材陈皮具有理气助消化的功效,从宋朝以来,人们就推出了陈皮酒、制陈皮、陈皮药膳等各种药食两用保健品。某中药厂挖掘传统配方,结合现代科技,研制成一种口感酸甜的陈皮酒,可以在佐餐时饮用。在确定品牌名称时企业已确定在品牌名称中要突出正宗和带有老字号的感觉,决定以人名命名,现已有两个备选名称:①“张安丰”牌陈皮酒:张安丰是宋代酿酒大师,陈皮酒的发明人。②“范仲淹”牌:范仲淹是我国著名文学家,一代名宰相,陈皮酒的改进者,张安丰开酒坊的资助者。请根据品牌名称创意设计原则及命名方法,讨论在两个备选名称中应该采用哪个名称。

五、品牌管理策略

品牌管理是企业经营自身产品(含服务)的决策的重要组成部分,是指企业依据自身状况和市场情况,最合理、有效地运用品牌商标的策略。

(一)品牌有无决策

并不是所有的产品都必须使用品牌,产品不用品牌可以节省设计费用,降低产品成本和价格,吸引对价格敏感的消费者。如无品牌的阿司匹林价格通常可降低30%左右;2004 年,全国各地一些药店出售的“一元感冒药”,使用的就是无品牌策略。一般说来,大多数商品都有品牌,使用品牌可使企业与竞争对手的产品形成差异,良好的品牌有助于树立良好的企业形象,注册商标可使企业的产品特色得到法律保护。品牌策略运作成功,能赢得消费者对产品的偏好,吸引更多的品牌忠诚者，并获取更多的溢价。

（二）品牌归属决策

品牌归属问题即品牌归谁所有，由谁负责。对产品生产者来说，可以使用自己的品牌即生产者品牌；也可以将其产品大批量地卖给中间商，中间商再用自己的品牌将物品转卖出去，这种品牌称为中间商品牌；生产企业还可以决定有些产品用自己的品牌，有些产品用中间商品牌，即采用混合品牌。

中间商品牌也称私人品牌，用英文表示为 Private Brand，因此中间商品牌也被称为 PB 商品。近年来，一些有名气的大百货公司、超级市场都使用自己的品牌，目的是增强对产品价格、厂商的控制能力。一些享有盛誉的中间商，可以找一些生产能力过剩的厂商，让他们按规定条件进行生产，中间商用自有品牌销售，这样可以降低成本，从而降低价格，提高竞争力，同时也可以培养顾客的品牌偏好，使顾客乐于购买独家的商品。目前，注册中间商品牌在医药零售行业比较普遍，如全国知名的医药零售企业北京金象、深圳海王星辰等连锁药店都纷纷推出 PB 商品，在下属各连锁药店销售。对工商企业的品牌归属问题，必须全面地权衡利弊，做出决策。在制造商具有良好的声誉、拥有较大市场份额的条件下，多使用生产者品牌。相反，在制造商资金能力薄弱、市场营销力量相对不足的情况下，可以使用中间商品牌。尤其是势单力薄的无名中小企业，无力在自己的品牌下将产品打入市场，往往借助中间商品牌。如果中间商在某一领域拥有良好品牌信誉及庞大完善的销售体系，利用中间商品牌可起到事半功倍的效果。

（三）品牌统分策略

1. 统一品牌策略

统一品牌策略即企业以单一品牌推出其所有产品。如华润三九医药股份有限公司所生产的各种药品都统一采用“999”品牌等。采用单一品牌策略的优点是：只需用一个品牌做广告，就能促销所有的产品，所以销售费用开支较低；如果企业的名声好，其产品必然畅销。

2. 系列品牌策略

系列品牌策略也称产品族品牌，它是企业为几大类产品各规定不同的统一名称。如安利（中国）日用品有限公司将其营养补充食品统一采用“纽崔莱”品牌，护肤品用“雅姿”品牌。采用这一策略的目的是因为产品的性质不同，避免不同类型产品的相互混淆。

3. 多品牌策略

多品牌策略是指企业在同类产品中同时使用两种或两种以上的品牌。这种营销实践为美国宝洁公司所首创，该公司在“汰渍”牌洗涤剂取得成功之后，又推出“快乐”牌洗涤剂，结果虽使汰渍洗涤剂的销售额略有下降，但公司的销售总额却大大增加。后来该公司将此策略推广开来并获得了巨大的成功，仅洗发水，在中国市场就有“海飞丝”“飘柔”“潘婷”“沙宣”等多个品牌为消费者所熟悉。

4. 品牌延伸策略

品牌延伸策略也称品牌扩展策略,是指企业利用其成功品牌名称的声誉来推出改良产品或新产品,使成功产品品牌在整个产品线上扩展和延伸。企业采取这种策略的最大优点是可以节省宣传介绍新产品的费用,使新产品能迅速地、顺利地打入市场。当然,品牌延伸策略也包含某种风险。如一种品牌在延伸时失利,可能伤害消费者对企业其他产品的好感。同时,即使品牌经过精心制作令人满意,但它可能对新产品并不合适。滥用品牌有可能使之失去消费者心目中的特殊地位,这被称之为"品牌延伸陷阱"。

实践训练 4-3

某企业品牌管理策略调查

选择一家制药企业,通过公开资料查询该企业所生产经营的产品及其品牌选择状况,判断该企业实行的是什么样的品牌管理策略,讨论分析其品牌扩展或延伸是否合理。调查步骤建议:①企业总体业务板块及其品牌统分策略信息收集和分析评价:企业共有多少业务板块(不局限于医药相关产品,只要是该企业的产品都要介绍),各个业务板块的关联度如何,分别采用了什么品牌,归纳后站在消费者感受的立场评价其业务范围和品牌统分策略是否合理等。②企业对公司品牌宣传信息收集和分析评价。分析企业是否有统一的公司品牌,如果没有,分析没有的原因,有的话分析其宣传力度如何。分析其宣传或者不宣传的理由。这种宣传或定位与其企业实力、形象是否相符。③医药板块产品线及其品牌统分策略信息收集和分析评价:医药板块共有多少产品线;各个产品线之间的关联度如何;各个产品线下的具体品种分别采用了什么品牌,从逻辑关系、生活常识、目标消费群体的生活习惯、文化习俗等因素判断这种品牌统分策略是否合理等。

任务三　药品包装策略

案例 4-3

创新产品包装,找到产品的竞争优势

从整体概念进行产品设计,即使是包装上的创新,也可以创造差异化竞争优势,从而影响消费者的选择。美国强生制药公司率先推出药品安全包装,避免了药品在到达患者手中之前被污染或被儿童打开后误服,该包装后来被美国药品监管部门纳入相关规范中,其他药品也必须使用类似安全包装。强生不仅由此获得了利润，也树立了企业关注社会责任的良好形象。

即使是包装上的文字信息，如果进行精心的设计，不仅能加深顾客对产品的了解，还能提高消费者信任度，进而促进购买。20世纪90年代初，新西兰、澳大利亚、美国等国家的婴儿乳粉开始进入中国市场，当时中国老百姓的消费能力并不高，这些洋乳粉的价格是国产乳粉的数倍，但仍然有相当多的夫妇宁可压缩其他消费支出，也要为孩子选择洋乳粉。造成这种现象的原因是多方面的，但深圳某百货商场对婴儿乳粉购买者的现场调查显示，洋乳粉的包装也极大地影响了消费者的选择。很多受访的消费者在进入商场之前本来是准备选择国产乳粉的，但到了货架上一看却改变了主意，洋乳粉全部是密封铁罐装，而国产乳粉却大部分是塑料袋装；少部分国产乳粉也是密封铁罐装，但和洋乳粉仔细一比较又发现了差异，洋乳粉在铁罐上不仅详细列明了产品的配方、每百克含量、每种成分的营养价值，还仔细介绍了乳粉冲调方法，如水温、冲调比例，甚至连如何在手背上试温度都有提示，国产乳粉则仅有对成分的简略说明。两相比较，消费者自然觉得洋乳粉更值得信赖。在竞争中，国产乳粉也开始不断改进。

包装是指设计和制造产品容器和外部包扎产品的各种活动。从以上案例可以看出：包装除了有储存、保护和便于运输产品的作用外，在现代市场营销中，包装已发展成为产品营销策略的重要内容。营销学者曾做过一项专门的研究，发现由广告所招来的购买者中，有33%的人在购买现场转而购买包装吸引人的品牌。可见，如果忽视包装的作用，那么在媒体广告上的投资很有可能使竞争者受益。因此，包装已成为一个非常重要的营销工具，创造性的包装不仅能美化商品，还能增加产品附加值，被称为市场营销的第五个“P”（Packaging）。

一、药品包装的设计原则

（一）符合药品监管要求

世界各国对药品的生产经营都有严格的监管，在进行药品包装设计时，首先要考虑药品监管机构对药品包装的要求。譬如在中国，需遵守《中华人民共和国药品管理法》及其实施条例、《药品说明书及标签管理规定》等法律法规及相关规定。

（二）精心编排药品信息

在包装上精心编排药品信息向药师和消费者进行展示。我国实施药品分类管理制度后，药师已成为病人或药店顾客医学知识和用药指导的重要来源，包装盒上关于药品特性和利益等信息的巧妙安排有助于药师加深对产品的疗效、不良反应和应用限制等方面的了解，提高药师咨询的效果。此外，包装上的药品信息也有助于加深顾客对药品的了解，提高消费者对产品的信任度。如图4-2所示的包装设计：钙尔奇D是一种钙和维生素D_3的补充剂，每粒含有600mg钙及促进钙质吸收的适量维生素D_3，产品内包装和中包装上对比强烈的色泽、600-D的大号字体都

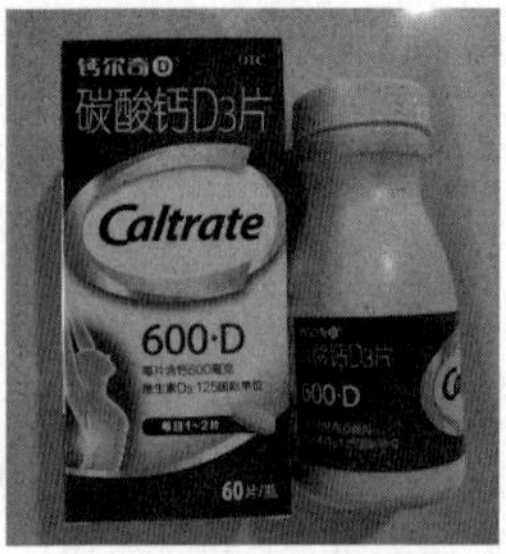

图 4-2　钙尔奇的包装突出产品信息

图 4-3　能单手弹开的药盒,方便老年人

对这一特点进行了充分的展现,使药师和患者对产品特征一目了然。

(三)在包装设计时考虑使用人群的特殊需要

老年人、儿童等特殊人群,因生理条件的限制,对药品包装会有一些特殊要求,在包装设计中必须本着以人为本的原则进行充分考虑。例如,老年人在抓握、打开、关上容器的时候会遇到一些体力上的障碍,随着视觉清晰度和敏感度的下降,阅读药品包装上的相关说明也存在视觉障碍;儿童则可能出于好奇误用药品。包装设计者若能充分考虑到不同人群的生理、心理特点,推出使消费者倍感方便的包装,就能创造产品的差异点,获取一定的竞争优势。如推出单手即能弹开的药瓶盖以方便老年患者,如图 4-3 所示。

(四)凸显产品的品牌个性

包装设计风格是对品牌形象的有效传达,品牌感性和理性的价值观都可以通过包装得到体现。

二、药品包装营销策略

包装除了对单个产品进行展示外,还可以作为整个营销策略的组成部分,提升企业整体形象和经济效益,主要的包装策略有下列几种。

(一)类似包装策略

类似包装策略也称产品系列包装或“统一包装”,是指企业所生产的各种不同的产品,在包装上采用相同的图案、近似的色彩及其他共有的特征,使消费者容易辨认这是同一家企业的产品。实行这种策略的优点是容易提高企业的声誉,节省包装设计费用;缺点是如果产品的品种和质量相差悬殊,则可能徒增中低档产品的包装费用,并贬低优质产品的形象。如北京同仁堂是有 300 多年历史的国药老字号,其前身是清宫御药房,新时期更是致力于中药现代化,同仁堂所生产的产品全部采用“同仁堂”品牌商标,药品包装多采用红、黄色及传统祥云纹等类似的包装突出企业厚重的历史积淀,如图 4-4 所示。

(二)组合包装策略

组合包装策略是把各种有关联的产品放在同一包装容器之中,既便于消费者购买,也有利于产品,特别是新产品的销售。当新产品和老产品混合包装销售时,消费者容易接受新产品。这种策略既节省费用,又借此推销了其他产品。在现今商业大联盟的经济背景下,也可以将不同厂家生产的商品组合在一起,以收到合作双赢的效果。如有医药零售企业推出的旅行小药包,如图 4-5 所示,将感冒药和胃整肠药、创可贴等旅行时经常用到的药品组合到一起,形成新的卖点。

图 4-4　同仁堂安宫牛黄丸的外包装突出国药老字号特色

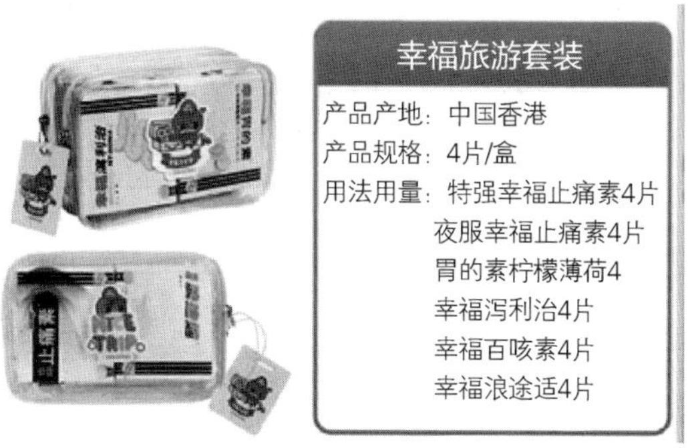

图 4-5　香港幸福医药旅游出差套装

(三)再用包装策略

再用包装策略也称为双重用途包装策略,即原包装的产品用完后,包装容器可移作他用。如图 4-6 所示,空的包装瓶可以作旅行杯等,这种包装策略能引起消费者的购买兴趣,发挥广告作用。

图 4-6　世纪茗家陈皮的再用包装

(四)附赠包装策略

附赠包装策略是指产品包装物上或包装内附赠奖券或实物,如粉状 OTC 药品、粉状中药附赠汤匙、杯子,如图 4-7 所示;化妆品包装中附有赠券等。采用这一策略对于吸引消费者购买、扩大销售有很大的作用,因此被企业界普遍采用。

图 4-7　文山三七粉的赠品包装

药品包装策略与社会责任

实践训练 4-4

某企业品牌管理策略调查

选择一个健康产品,药品、功能食品均可,将自己想象成该产品的使用者,从自身的实际感受出发,对该产品的包装设计进行评价:①包装色彩评价:结合国人的文化习俗,评价现有药品包装设计是否将传统与现代有机结合,能否形成良好的品牌印象。②包装设计的安全性与便利性:是否站在不同使用人群的立场,充分考虑到消费者使用的方便性与安全性。③包装与标签信息设计:包装文字是否能充分吸引消费者,产品卖点是否突出。④包装营销策略评价:分析该企业是否采取了各种与包装相关的促销策略,并进行评价,提出相关建议。

在线测试及课后思考题

项目五　药品营销组合策略

营销组合策略
项目内容介绍

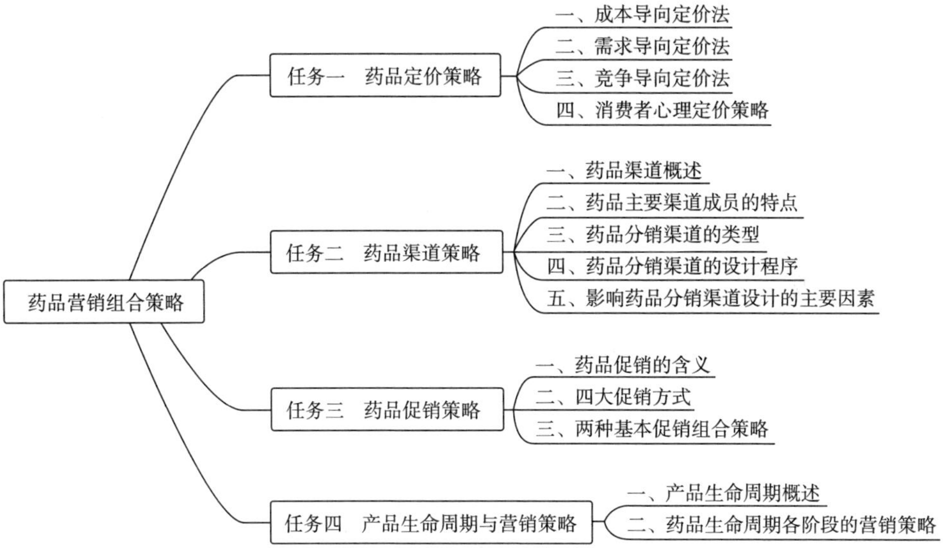

任务一　药品定价策略

由于药品是防病治病、康复保健的特殊商品，在药品零售市场上，大多数药品的使用方法和疗效不易为一般消费者所掌握，消费者购药行为多数是由专业人士（如医生、药师）所主导，药品消费者对于药品价格的约束力很弱。因此，为保护药品消费者权益或规范药品市场，世界上大多数国家都对药品价格实行不同程度的管制，我国政府也不例外。

根据国家宏观调控和市场调节相结合的原则，我国药品价格目前实行政府定价、政府指导价和市场调节价 3 种形式。实行政府定价的药品，仅限于列入国家基本医疗保险药品目录的药品及其他生产经营具有垄断性的少量特殊药品，包括国家计划生产供应的精神药品、麻醉药品、预防免疫药品、计划生育药品等；政府指导价则限定药品的最高零售价。政府定价和政府指导价以外的其他药品实行市场调节价，由经营者根据市场供求关系自行定价。本任务仅探讨药品生产经营企业自行定价的策略，药品生产经营企业按照市场规律制订药品价格应该充分了解通常的商品定价过程与方法，并掌握国家相关的政策规定，结合药品企业自身、药品与市场的特点，采取正确的价格策略，以促进企业营销工作的顺利开展。

商品价格的高低,主要由商品中包含的价值量的大小决定。但从市场营销的角度看,商品的价格除了受价值量的影响之外,还要受其他诸多因素的影响。企业的定价决策会受公司内部因素和外部环境因素的影响,如图 5-1 所示。

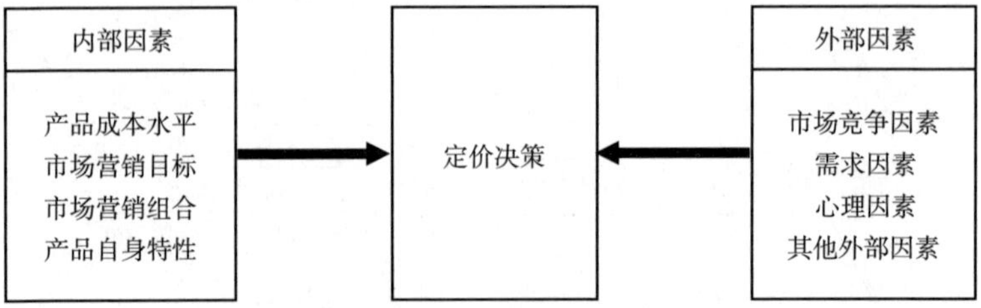

图 5-1　影响定价决策的内外部因素

不同因素对不同企业产品的影响力度不同,企业定价策略通常可分为三大类:成本导向定价法、需求导向定价法和竞争导向定价法。在这三类中,每一类又包含了多种不同的定价法,企业在制订价格策略时需根据外部市场环境和自身优劣势进行选择。

一、成本导向定价法

成本是影响、决定产品价格最重要的因素。一般情况下,产品价格必须能够补偿产品生产及流通过程中所发生的各项开支,并补偿产品经营者为其所承担的风险,且有一定的盈利。因此,通常产品成本是定价的最低限度。在市场竞争中,产品成本低的企业,对价格的制订拥有较大的灵活性,在竞争中处于有利的市场地位;反之,在市场竞争中就会处于被动地位。

(一)企业成本基本内容

1. 固定成本

固定成本是企业在一定规模内生产经营某一商品支出的固定费用,这是在短期内不会随产量的变动而发生变动的成本费用。如固定资产折旧、房租、管理费用、利息等,不论产量多少,都必须支出。

2. 变动成本

变动成本是指企业在同一范围内支付变动因素的费用,这是随产量的增减变化而发生变化的成本,如购买各种原材料、生产工人工资、销售佣金及直接营销费用等。

3. 总成本

总成本即固定成本与变动成本之和。当产量为零时,总成本等于固定成本。

4. 单位产品成本

单位产品成本是指单位产品所分摊的总成本,通常情况下,作为产品价格的最低限度的成本应该是平均成本。

5. 机会成本

机会成本是指企业为从事某项经营活动而放弃另一项经营活动的机会，或利用一定资源获得某种收入时所放弃的另一种收入。另一项经营活动所取得的收益或另一种收入，即为正在从事的经营活动的机会成本。机会成本的分析，要求企业在经营中正确选择经营项目，其依据是实际收益必须大于机会成本，从而使有限的资源得到最佳配置。

区分成本的不同种类，可使企业在定价决策时有所侧重。

（二）常用的成本导向定价法

1. 成本加成定价法

成本加成定价法是以单位产品成本为基础，再加上一定比例的加成（预期利润）的定价方法，其计算公式见式(5-1)。

单位产品价格 = 单位产品平均成本 ×（1 + 成本加成率）　　式(5-1)

例题5-1：某医疗器械厂生产一台家用真空拔罐器的平均变动成本为75元/台，月固定成本65000元，月产量1000台，如想获得40%的成本加成率，则这一家用真空拔罐器的售价应定为多少？

解：第一步，计算单位产品成本

单位产品平均成本=单位产品分摊的固定成本+单位产品的变动成本
=(65000÷1000)+75=140(元)

第二步，计算产品单价

单位产品价格=单位产品平均成本×(1+成本加成率)
=140×(1+40%)=196(元)

成本加成定价法的关键问题是确定加成率。为此需综合考虑市场供求状况及行业的平均利润水平等来确定。各个企业的成本水平有差异，因此，当各企业产品的市场销价大致相同时，成本低的企业就能够获得较高的利润，并且在价格竞争时也会有更大的回旋空间。

成本加成定价法是一种最基本、最普遍和最简单的定价方法，而且准确性较高，对于买者和卖者都易于理解与操作。其优点是在正常情况下，可使企业获得预期的一定利润。缺点是这种方法从主观愿望出发，盲目性很大，忽略了市场竞争与市场需求对价格的影响，也没有考虑产品生命周期的问题，灵活性较差，不容易给企业带来最佳效益。成本加成定价法通常适合于供求稳定且基本平衡的市场。

2. 变动成本定价法（边际贡献定价法）

变动成本不是企业的完全成本，在一些特殊情况下，如产品供过于求，卖方竞争异常激烈时；或者企业将价格作为主要的市场竞争手段打击或排斥竞争对手；固定成本已经被主要产品分摊完等情况下，企业就可以采用变动成本定价法，即企业使产品销价低于平均总成本，而以单位产品的变动成本为最低限度，只要是高于单位产品变动成本的价格，都是可以接受的。

例题5-2：某厂生产的感冒药A，变动成本为16元/盒，总投资计划5年分摊完毕,每个月需摊销的固定成本是20000元,预计月销售量10000盒,根据市场条件,该药只能卖17元/盒,而该产品的平均成本是(20000÷10000)+16=18(元),企业是否应该停止生产?

解:若停产,固定成本的支出仍然存在,则企业亏损20000元。

若在17元的价格水平继续生产,则销售收入为170000元,而企业的总成本是180000元,亏损10000元。可见继续生产的损失比停产的损失要小些,所以应继续生产。

从例题5-2分析可知:采用变动成本定价时,因为销价(17元/盒)大于单位产品变动成本(16元/盒),所以每销售一盒感冒药的收入在补偿了产品的变动成本后,还剩1元可用于补偿部分固定成本,因而亏损减少了。产品价格与变动成本的差额称为边际贡献,因此,变动成本定价法又称为边际贡献定价法。该定价法的基本点是尽量减少亏损,如果边际贡献不能完全补偿固定成本,企业就会出现一定程度的亏损;如果边际贡献能全部补偿固定成本,则企业不盈不亏;如果边际贡献大于固定成本时,企业就可盈利了。按变动成本定价,企业易于掌握降价的幅度,比较灵活也比较富于竞争性,但如果销售价格低于变动成本,则销售越多赔得越多,就没有必要继续生产了。因此,单位产品的变动成本是企业定价和参与价格竞争的最底线。

实践训练 5-1

实施成本导向定价法的考虑因素

边际贡献定价法分析

情境1:某制药厂生产的产品A,现有年生产能力为20万件,接近年底已落实订货14万件,每件售价320元。现有一客户前来商谈订货4万件,但要求价格不超过280元/件。该厂生产A产品的总固定成本为1540万元,每件产品变动成本200元。请计算分析该厂是否应该接受这项新订货。

情境2:某药店以前生意一直不错,但最近本地段道路需要改造,周边的居民很多开始绕路而行,导致顾客明显减少,估计这条道路需要一年半才能完工。药店每天的营业额下降到了1000元,进货成本800元,店员工资、水电费每天需支出120元,每天的房租120元,而且两年的房租已经支付。请计算分析这家药店是关门歇业还是继续开门营业。

3. 固定报酬定价法

固定报酬定价法也称为目标收益率定价法,此定价法是根据企业的总成本和计划完成的总销售量,并在此基础上把价格定在能补偿所需成本费用并完成一定的成本利润率的价格水平上。这种方法的实质是将利润作为产品成本的一部分来看待，此时的成本和利润是预期的，因而可称作目标成本或目标价格，其计算公式见式(5-2)。

$$药品单价=\frac{总成本+固定报酬}{产量} \quad 式(5-2)$$

例题5-3：某医药企业年固定总成本为500万元，平均变动成本为10元/件，某产品年产量为20万件，企业希望每年获得100万元的固定报酬。则该产品的单价必须为多少？

解：
$$药品单价=\frac{500+10\times20+100}{20}=40(元/件)$$

固定报酬或目标收益定价法属于生产者追求长期利润而非短期利润的定价方法。一般适合于经济实力雄厚，有发展前途的生产者和产品，特别适宜于新产品的定价。因为新产品如果按试制成本、小批量生产成本定价，往往会使价格大大高于市场所能接受的水平，使产品打不开销路。而按目标成本定价则可以将试制成本转移到设备潜力能较大利用的批量上，成本水平就会低得多，按这样的成本加成定价，就可以为市场接受，并为企业提供期望利润。同时这种方法也能保证企业的投资按期收回，能保本求利，且简单方便。

4. 收支平衡定价法

收支平衡定价法也称损益平衡定价法、保本点定价法，它是运用盈亏平衡的原理确定价格的一种方法。即在假定企业生产的产品全部可销的条件下，决定保证企业既不亏损也不盈利时的产品最低价格水平。这是在预测市场需求的基础上，以总成本为基础制定价格的方法。这一方法的关键是计算收支平衡点(即保本点)。

通常的盈亏平衡销售量计算公式见式(5-3)。

$$销售量=\frac{固定总成本}{单位产品价格-单位变动成本} \quad 式(5-3)$$

式(5-3)是从已知的成本和价格推导出销售量，我们也可以根据已知销售量和成本推导得出其应有的价格水平来，公式见式(5-4)。

$$单位产品价格=\frac{固定总成本}{销售量}+单位变动成本 \quad 式(5-4)$$

如果企业考虑预期利润，则可将利润当作固定总成本的组成部分来看待，此时公式为式(5-5)。

$$单位产品价格=\frac{固定总成本+利润额}{销售量}+单位变动成本 \quad 式(5-5)$$

例题5-4：某医药企业年固定总成本为2100万元，预期销售量为10000件，单位变动成本为1500元，需要实现利润100万元。则此时产品的单价应为多少？

解：
$$单位产品价格=\frac{2100\times10^4+100\times10^4}{1\times10^4}+1500=3700(元/件)$$

采用收支平衡法定价，优点是企业可以在较大范围内灵活掌握价格水平，且运用简便,但前提是应掌握企业成本总量、预期销售量、预期的利税等,并且产品能够全部销售出去。

二、需求导向定价法

决定价格的下限是成本,上限则是产品的市场需求。需求导向定价法是在预测消费者对产品的需求意向的基础上制订价格的一种方法,这种定价法可分为以下几种。

(一)可销价格倒推法

可销价格倒推法是通过价格预测,先确定市场可以销售出去的零售价,再据此向后推算批发价、出厂价的一种方法。

(二)理解价值定价法

所谓理解价值定价法,是根据消费者对商品价值的理解程度来决定商品价格的一种方法。其关键在于企业对消费者理解的商品"价值"有正确的估计。如果估计过高,定价超过了消费者的价值判断,消费者就会拒绝购买;如果估价过低,定价低于消费者的价值判断,消费者又会不屑购买;只有当产品定价同消费者的价值判断大体一致时,消费者才会乐于购买。

采用理解价值定价法时,企业并非完全处于被动地位,而是可以在充分了解消费者对商品理解值的基础上,尽可能地采用多种手段去影响消费者对商品价值的理解,这些手段可以概括为两大类。

1. 提高消费者对产品的品质感受

当消费者认为某产品比其他同类产品的品质要高时,就愿意支付较高的价格。企业在产品的品牌知名度、出售产品的商铺名气、所提供的产品质量保证、售后服务、包装等因素上下功夫,都可以提高消费者对产品的品质感受,进而接受较高的价格。消费者对产品的品质感受是与同类产品相比较而言的,因此,企业还应从产品整体概念出发,将产品的各种利益点进行概念化,与竞争产品进行巧妙的比较,通过市场定位使本产品的高品质在消费者的头脑中形成印象。

案例 5-1

同样的保湿露,不一样的品质感受

在化妆品中,皮肤保湿露是典型的无法马上判断品质的产品,甚至在多次使用后可能仍然无法确定其品质。与此同时,因化妆品会影响人的外貌,这类产品的使用者承担着较高的心理压力(如过敏、皮肤不耐受等)。就产品化学成分而言,不同品牌的皮肤保湿露并没有显著的品质差别,但获得成功的保湿露却在价格较高的同时仍然能取得良好的销量。成功的秘诀就在于这些企业能持续地向消费者传达产品的高品质信号。A、B两公司都是知名化妆品公司，在同一年推出了各自的保湿露，两公司产品定价相似，全都显著高于市场上其他品牌的保湿露。然而它们的市场表现却大相径庭，A公司大获成功，B公司则令人失望。调查显示，A公司大量投资于形象广告、店头陈列和展示、高档的包装，同时骄傲地将自己卓有声誉的品牌展示出来以支持高品质高价格。A公司的这些措施促使消费者感受到产品额外的做工和付出，认为A公司可靠并信任其产品品质，进而接受较高的价格。B公司试图运用高价策略，然而其营销组合中的其他部分却未能向市场传达与高价格相称的品质信号。B公司新推出的保湿露没有与公司形象联系，由于这类产品的品质无法简单地通过使用加以判断，品牌本身又是未知的，在广告、包装和店内展示陈列方面的投入也不足，这些都会导致消费者怀疑其品质，并且难以做出购买决定。

2. 降低消费者获得产品的牺牲感受

顾客在购买产品时不仅要支付一定的价格，还要在产品的挑选和搜寻过程中牺牲大量的时间，同时还要承担在产品搜寻和购买中因挫败、冲突和焦虑所带来的心理成本。在顾客做购买决定的过程中，“产品的标价”只是考虑的成本因素之一。因此，企业必须通过充分的市场调研来了解顾客认为牺牲成本中的哪种成分最重要，通过一定的方法降低顾客的牺牲感受，从而收取较高的价格。

案例5-2

通过减少顾客牺牲来增加价值

IKJ连锁齿科是一家以牙齿矫正、正畸为主营业务的医疗机构，在深圳、香港等地开设有多个连锁诊所。IKJ深谙向顾客提供附加价值的重要性，许多顾客不仅舍弃大型医院的口腔科及牙齿矫正中心，还愿意支付高出大医院10%左右的溢价。不仅如此，满意的顾客们还向自己的亲朋好友进行宣传，IKJ75%的新顾客都是由老顾客介绍的。IKJ成功的秘诀在于将顾客成本最小化从而向顾客提供附加利益。通过电话、微信、网站等多种途径，顾客可事先预约心仪的牙医，节约了等候时间；顾客一走进IKJ的大门就能听到接待员的亲切问候，并引导顾客到相应诊室，从医生到护士，IKJ的每一位员工对顾客都礼貌有加，而且能熟练使用普通话和粤语，减少了语言障碍导致的沟通不畅；诊所设有多个宽敞、舒适的等待室，准备了新鲜的茶水、多种报刊、电脑、电视以及无线上网服务，让陪同就医的家属在等待时享受舒适；医生的诊室不仅宽敞明亮，各类牙齿模型及仪器设备一应俱全，通过电脑模拟系统，患者可直接和医生探讨牙齿矫正方案，减少了患者和医生之间的隔阂；最难得的是，矫牙过程甚至长达数年，在此过程中，患者若因咀嚼硬物等任何原因导致不适，IKJ随时提供后续服务，对所有的正畸则提供终身保证，从而减少顾客的心理负担。

(三)需求差别定价法

需求差别定价法是指同一质量、功能、规格的商品,可以根据消费者需求的不同而采用不同的价格。即价格差别并非取决于成本的多少,而是取决于消费者需求的差异。

1. 需求差别定价法的主要形式

(1)以顾客为基础定价　消费者收入不同,其需求的弹性也就不同,据此可对同一产品制订不同的价格。即同样的产品或服务对不同顾客设定不同的价格。

(2)以地理位置为基础定价　同样成本的产品,在不同地域销售实行不同的价格。

(3)以时间差异为基础定价　同一产品或服务在不同的时间,如销售淡季、旺季制订不同的价格。

(4)以产品为基础定价　即对不同批号或式样的商品(如普通型、加强型)制订不同价格,价格的差异并不以成本差别为基础,主要反映额外的心理需求。

2. 差别定价顺利实施的条件

(1)不同细分市场必须表现出需求上的差别。

(2)差别定价须不致引起顾客的反感或不满。

(3)细分市场成员在接受较低的价格以后,不能有机会将产品拿到其他子市场重新以高价销售。

(4)市场分析费用不能超过通过价格差别带来的收益。

(5)差别定价的做法不要引起消费者不满。

(6)符合法律要求。

(四)需求弹性在调价中的作用

市场需求与价格的关系主要体现在产品定价的高低会影响市场对产品的需求量,通常情况下,价格与需求量成反比例,即价格越高需求量越少,但不同产品的市场需求量对价格变动的反应程度是不同的。价格与需求量的变化关系称为“需求价格弹性”,需求价格弹性是指商品的需求量对该商品价格变动反应的敏感程度,即需求量变化的百分比除以价格变动的百分比,用公式可以表示见式(5-6)。

$$\text{需求价格弹性}(E)=\left(\frac{Q_2-Q_1}{Q_1}\right)\bigg/\left(\frac{P_2-P_1}{P_1}\right) \qquad \text{式}(5\text{-}6)$$

式中　Q_1——产品原需求量

Q_2——产品现需求量

P_1——产品原价格

P_2——产品现价格

例题5-5:假设某治疗仪的售价为850元/台时,需求量为5000台;当售价降为600元/台时,市场需求量为10000台。则该产品的需求价格弹性为多少?

解:

$$\text{某治疗仪的需求价格弹性}=\left(\frac{10000-5000}{5000}\right)\bigg/\left(\frac{600-850}{850}\right)=-3.4$$

由于价格与需求量成反比关系,因此,需求价格弹性一般是负数,在比较弹性大小时,要对其取绝对值。在例题 5-5 中,当治疗仪的价格下降 1%时,需求量增加幅度为 3.4%。

1. 需求弹性的不同状况

当 $|E|=1$ 时,表示需求量与价格等比例变化,称为单元弹性需求。在这种情况下,销售量虽然减少,但价格的提高使总收入不变。当 $|E|>1$ 时,表示需求量变动的百分比大于价格变动的百分比,称作富有弹性或需求弹性大。在这种情况下,价格的变化会引起需求量大幅度地反比例变化。当 $|E|<1$ 时,表示需求量变动的百分比小于价格变动的百分比,称为缺乏弹性或需求弹性小。在这种情况下,价格的升降不会引起需求量较大幅度的变化。

需求弹性的不同类型说明:价格无疑会影响顾客购买的数量,但它对需求价格弹性不一的商品影响程度是不一样的。对于生活必需品而言,由于其弹性系数小,因此降价或涨价对需求量的影响不会太大;而对于弹性充足的商品,如耐用消费品,价格的影响就会大得多,此时企业定价需十分慎重,过低容易引起价格战,过高则堵塞销路。药品的专用特征决定了药品的低需求弹性。

2. 影响价格需求弹性的因素

当产品代用品很少或没有,或者没有竞争者时,产品的需求价格弹性会比较小。当消费者对价格不敏感时,产品的需求价格弹性会比较小。当消费者不大愿意改变购买习惯时,产品的需求价格弹性会比较小。当消费者存在便宜无好货的心理时,产品的需求价格弹性会比较小。

案例 5-3

区分不同顾客的需求,B 连锁药店巧赢价格战

在华南某市,医药零售行业在近 20 年的时间里一直由 A、B 两家连锁药店所支配。A、B 两家医药连锁公司在资金实力、分店数量、品牌影响力、忠诚顾客数量等方面不相上下,分别拥有某市医药零售市场约 25%的份额,余下 50%的市场份额则由一些中小型医药零售企业分得。为打破竞争均势,获取市场领导地位,A 公司宣布了一项促销方案:除按国家规定不得随意销售和调整价格的药品外,A 药店的个人护理产品、功能食品等,一律削价 5%;此外,A 公司还将在旗下各连锁药店增加中、西药师及营养咨询师,为顾客提供药学咨询、营养方案设计、建立健康档案等各项增值服务。为收回促销成本,A 公司的销售额必须增加 23%。在 A 公司宣布促销方案之前,B 公司的市场情报部门一直关注着 A 公司的动态,同时,营销部门还委托专业市场调研公司测试削价对不同类产品的影响,调研发现:对于那些消费者使用频率较高的、可以储存的健康产品如减肥茶、妇科日常护理洗液、药用面膜等,削价的平均价格弹性是-2.75,提价的平均价格弹性是-1.21,表现出需求具有

价格弹性;对于消费者难以储存、使用频率较低的产品,削价的平均价格弹性是-0.38,提价的平均价格弹性是-0.53,表现出需求缺乏价格弹性。在A公司宣布促销计划的次日,B公司也根据前期调查结果,筛选出500种消费者需求价格弹性较高的产品进行了比A公司幅度更大的削价。三个月后,竞争形势变得明朗了:A公司实行全面削价,但因许多产品缺乏需求价格弹性,所增加的销售额并不能弥补促销的成本;B公司虽然也损失了一些利润,但可以通过增加的销售额得到弥补。最终,B公司不仅挺过了价格战,还提升了自己的市场地位。

三、竞争导向定价法

竞争导向定价法主要根据产品的竞争状况制订价格,通过分析本行业的市场结构、本企业产品市场竞争程度以及与其他竞争者的关系,来确定本企业产品价格。

(一)完全竞争条件下的商品价格

1. 完全竞争的市场表现形式

完全竞争又称纯粹竞争,是指一种竞争不受任何阻碍和干扰的市场结构。完全竞争的市场需具备以下条件:市场上有许多买主和卖主,他们买卖的商品只占商品总量的一小部分;他们买卖的商品都是相同的;新卖主可以自由进入市场;买主和卖主对市场信息(尤其是市场价格变动信息)完全了解;生产要素在各行业之间有完全的流动性;所有卖主出售的商品条件(如质量、包装、服务等)都相同。完全竞争的绝对状态并不存在,很多商品市场只是接近于完全竞争状态。例如一些生产简便、供应来源便捷的日用小商品等,对于这类商品,买卖双方都不可能控制价格走向,现实生活中农贸市场是最接近完全竞争状态的市场。

2. 完全竞争条件下的定价方法

完全竞争条件下,适合采用随行就市的定价方法,即与本行业同类产品的价格水平保持一致的定价方法。在接近完全竞争的条件下,市场上已经形成了一种行业价格,企业轻易不会偏离这个通行价格,除非它有很强的竞争力和营销策略。采用这种方法的优点是:可以避免挑起价格战,与同行业和平共处,减少市场风险,同时可以补偿平均成本,获得适度利润,易为消费者所接受。因此,这是一种较为流行的保守定价法,尤其为中小企业所普遍采用。

(二)完全垄断条件下的商品价格

完全垄断市场又称纯粹垄断市场或独占市场,指一种产品完全由一家或少数几家企业所控制的市场状况。完全垄断一般只能在特定的条件下才能形成,比如拥有资源垄断、专卖、专利产品的企业。从理论上讲垄断企业完全可以在国家法律允许的范围内随意定价。但实际上,垄断企业提高产品价格总会引起消费者的抵制;同时,对市场的完全垄断会使企业缺乏降低成本的外在压力,导致销售价格较高及生产效率低下,社会资源配置不佳,因此完全垄断还会受到政府的干预。政府是影响定价策略的一种重要外部因素,政府为了打破某些行业对价格的垄断,会采取价格听证会等形式进行干预。鉴于药品的特殊性,国家对有些药品甚至直接进行价格管制。

(三)垄断竞争条件下的商品价格

垄断竞争是一种介于完全竞争和完全垄断之间的市场形势,属于一种不完全竞争,是现代市场经济中普遍存在的典型竞争形式。其主要特征是:同类产品在市场上有较多的生产者,市场竞争激烈,由于产品存在着差异性,使少数拥有某些优势的企业可以创造一种独特的市场地位,影响并控制一定的市场价格。

(四)寡头垄断竞争条件下的商品价格

寡头垄断竞争是竞争和垄断的混合物,也是一种不完全竞争。它是指某种产品的绝大部分由少数几家企业垄断的市场状况。其主要特征是:少数企业共同占有大部分的市场份额,并控制和影响市场价格,个别企业难以单独改变价格。在寡头竞争条件下,商品的价格主要实行操纵价格,即由寡头们通过协议或默契决定。这种价格一旦决定,会保持较长时期不变,但各个寡头在广告宣传、促销方面竞争较激烈。

四、消费者心理定价策略

心理定价策略主要运用于零售环节,它是运用消费心理学的原理,根据不同类型顾客购买商品的心理动机,来制订产品价格的一种策略。在零售环节中,价格主要面对的是消费者,因此必须掌握消费者的心理特点,适应其心理变化的要求,采取灵活的定价策略。可供企业选择的心理定价策略主要有以下几种。

(一)尾数定价法

尾数定价法是指在产品定价时,保留尾数,而不取整数的定价策略。一般说,价格较低的产品采取零头结尾,常用的尾数为 9 和 8,给消费者以便宜感,同时因标价精确给人以信赖感而易于扩大销售。这种定价法一般适用于消费者熟悉的国产普通药品的零售价格的制订。

(二)整数定价法

整数定价法与尾数定价策略相反,企业有意将产品价格定为整数,这种定价方法主要为适应高收入阶层的享受豪富和虚荣心理需要,所以也称为“炫耀价格”。通常而言,人们均认为“一分钱一分货”,价高意味着质量高,特别是对于那些慕名求购,但又对产品不够了解的顾客来说,较高的整数价格可以显示其高人一等的购买能力,以此满足其虚荣心理。对于药品市场,这种定价方法一般适合于新特药品、合资企业药品和进口药品的价格制订工作。

(三)最小单位定价法

尽管产品销售的数量较大,但在报价时如能以较小单位报价,将会更能促成交易。在药品市场零售或广告宣传环节中,经常用这种定价方法,将药品价格分解到每一粒药片或每一天的用量上,从而给人以所费不多的一种心理错觉。如西安杨森制药有限公司的畅销产品“吗叮啉”曾经这样宣传“每天只需 1. 33 元,便可有效解决胃胀问题。”

(四)习惯定价法

习惯定价法就是按照长期的、一贯的固定价格定价。因为有许多药品,特别是普药,在市场上已经为消费者十分熟悉,长期以来,一直是按不变的固定价格出售,已形成一种习惯价格。对于这些商品,一般不能轻易变动价格,尤其是在涨价时更是要慎之又慎,如果受到成本上扬等刚性因素的影响,企业不得不涨价时,也往往是利用消费者对产品不同属性的感受差异来变相调整价格。

案例 5-4

适应消费者习惯,凉茶饮料始终不涨价

两广地区气候湿热,居民普遍习惯将凉茶作为日常饮料。所谓凉茶,就是由金银花、菊花、夏枯草、鸡蛋花、茵陈等各种具有清热解毒、祛湿等功效的草本植物煎煮而成的饮料,根据配方的不同,又分清热祛湿茶、感冒茶、护嗓利咽茶等多个品种。在广东省,不论是大中城市还是乡镇集市,凉茶铺比比皆是,除现煲现卖各类凉茶外,还出售瓶装凉茶。喝凉茶是两广居民生活习惯的一部分,消费者对一杯凉茶的价格也形成了习惯心理。近些年来,随着中草药价格、商铺租金等成本的节节上扬,3~5 元一杯的凉茶已让经营者无法获利,涨价又会冒触怒消费者的风险,凉茶铺的老板们只好将目光转向消费者不大关注的凉茶杯容积,通过不断的试验,以 5mL 为单位,逐渐减少每杯凉茶的容量,当消费者开始感觉容量变少时,就不再减量。一般消费者对价格比对产品容量更敏感,凉茶减量不减价,既抵消了成本上涨的压力,又留住了消费者,可谓一举两得。

(五)声誉定价法

声誉定价法是指根据生产企业或产品品牌的良好形象、声誉制订相适应的价格。只有当消费者对名牌产品有了信任和信赖,认为价格高代表质量好,愿意出高价格购买名牌产品时才能使用。所以知名医药企业一般不宜采用低价策略,以免给消费者造成误解。

实践训练 5-2

价格策略选择分析

某大型的化工企业 P 公司推出了自己的特惠装全效清洁剂,适用于家庭瓷砖地面、卫生洁具、厨房等各种场所的消毒,产品的化学成分几乎同某畅销全国的品牌 F 完全一样,而且连包装也非常接近。品牌 F 的定价为 20 元/瓶,特惠装的定价只有7.5元/瓶。虽然质优价廉,但无论P公司的促销人员在商场、药店如何卖力地向消费者证明它的产品同F一样好,消费者就是无动于衷。最后,P公司不得不将特惠装产品撤下柜台。

分析:P公司的低价策略为什么会在市场竞争中失利?

讨论:如果P公司不想放弃该产品,应该采取哪些价格相关措施扭转不利的竞争局面?

任务二　药品渠道策略

一、药品渠道概述

(一)药品分销渠道的含义

市场营销渠道(Place)是指商品或服务从生产者向消费者(用户)转移过程中所经过的整个通道,这个通道由一系列的市场中介机构或个人组成。药品分销渠道就是指药品的市场营销渠道,其起点是药品生产企业,终点是最终消费者,中间环节由一系列的市场中介机构或个人组成。对药品分销渠道的含义可从以下四个方面进行理解。

1. 药品分销渠道的构成

药品分销渠道是由一群相互依存的组织或个人集合构成的,这些组织或个人包括生产企业、中间商、消费者或用户。这些渠道成员相互依存,一方面为解决药品价值的传递问题各自发挥营销功能,因共同利益而合作,结成共生伙伴关系;另一方面也会因不同的利益和其他原因发生矛盾和冲突,需要协调和管理。

2. 药品分销渠道是传递药品价值的通道

药品分销渠道一端连接药品生产企业,另一端连接消费者(或用户),是药品从生产企业到消费者(或用户)的完整流通过程。

3. 药品分销渠道是一个多功能系统

药品分销渠道不仅要通过在适当的地点,以适当的质量、数量和价格供应药品或服务以满足需求,而且要通过渠道成员的营销活动来刺激需求,是一个为最终消费者(或用户)实现价值的协调运作网络系统。

4. 药品分销渠道具有很强的外部性

药品分销渠道成员大部分都不属于本企业,是独立的法人利益主体,如何有效管理渠道成员是渠道策略的重要内容。

(二)药品分销渠道的流程

1. 实体流程

渠道的实体流程是指实体原料及成品从制造商转移到最终消费者的过程。在药品分销渠道中表现为:原、辅材料等从供应商运送到仓储企业,然后被运送到药品生产商的企业制成药品。成品药品也需经过仓库仓储,然后根据商业客户(代理商)订单而运交商业客户(代理商),再运交医院或药店等零售企业,最后再送到最终消费者手中。在某些分销情况下,成品药品也可由仓库或工厂直接供应到零售企业。在这一过程中,往往是多种运输方式共同协作,保证药品的实物流转。

2. 所有权流程

所有权流程是指货物所有权从一个分销机构到另一个分销机构的转移过程。在药品分销体系中,原、辅材料的所有权由原料供应商转移给制药企业,药品所有权则由制药企业转移到商业客户(代理商),而后转到医院、药店,最后到达最终消费者手中。

3. 信息流程

信息流程是指在药品分销渠道中,各分销机构间相互传递信息的过程。通常,渠道中每一相邻机构间会进行双向的信息交流,而互不相邻的机构(如药厂、商业客户、医院、药店、最终消费者)间也会有各自的信息流程。

4. 营销流程

营销流程是指广告、人员推销、宣传报道、学术推广等活动由一个单位对另一个单位施加影响的过程。营销包括原料供应商向药厂推销其产品,药厂向商业客户推销其品牌及产品等。药厂还可委托广告商向最终消费者宣传推广自己的品牌及产品,以便影响商业客户购买其药品。

(三)药品分销渠道的功能

1. 销售与营销

大多数生产企业缺乏将产品直接销售给最终消费者所必需的资源与能力,而这些正是中间商与中介机构所擅长的。作为社会分工的产物,中间商由从事市场营销职能的专业人员组成,他们更了解市场,更熟悉消费者,并掌握更多的营销信息和交易关系。因此,由他们承担分销职能,工作将更有成效,营销费用相对较低。另一方面,中间商有自己独立的投资,如果生产企业自己承担分销职能,它必须为此投入资金、人力和设备;如果将营销职能转给中间商,不仅可得到专业人员的工作效率,还能相应地节省资金投入,或将这笔资金用在技术开发和扩大生产规模上。这与企业在其他方面购买的专业服务,如金融服务、医疗服务、清扫服务、安全保卫服务等十分相似。

2. 仓储与运输

药品生产企业的产品进入药品中间商的仓库储存时,实际上已成为生产企业仓储与配送功能的进一步延伸。由中间商储存产品,可以降低生产者的产品储存成本和风险。另外,中间商比生产企业更接近顾客,因此可以提供更快捷的运送服务。

3. 融资功能

融资功能一是中间商向生产企业预购或者及时付款,就相当于为生产企业提供了融资服务;二是生产企业在一定信用额度内赊销药品,可在一定程度上解决中间商的资金不足问题,对中间商而言也是融资。

4. 风险承担功能

生产企业与中间商发生业务联系后,生产企业可将部分商业风险转嫁给中间商。如中间商可以承担药品在分销过程中破损和过效期的风险,另外还可在一定程度上避免拖欠货款的风险等。

5. 信息沟通功能

药品渠道成员进行产品传递时,也承担着信息的传递、收集、整理和加工功能。渠道成员既能将产品信息通过各种方式传递给市场从而促进市场需求,又能将市场信息反馈给生产企业,以便生产企业及时调整生产计划和营销策略。如制药企业生产出的产品在规格、包装等方面与消费者的需求是否相符,中间商可以为制药企业传递消费者的用药信息,以及竞争企业的相关信息。

总之,分销渠道的出现是社会分工的产物,它既可以使整个销售过程更加高效,还可起到降低社会整体交易成本的作用。如图 5-2(1)表示 3 个生产者分别对 3 个顾客直接销售,整个过程需要进行 9 次交易;图 5-2(2)表示 3 个生产者通过一个中间商完成交易,交易次数降至 6 次,这样,中间商的介入帮助减少了工作量。依此类推,卖者和买者数量越多,中间商介入所减少的交易次数及节约的社会总劳动就越多,这是中间商最重要的贡献。

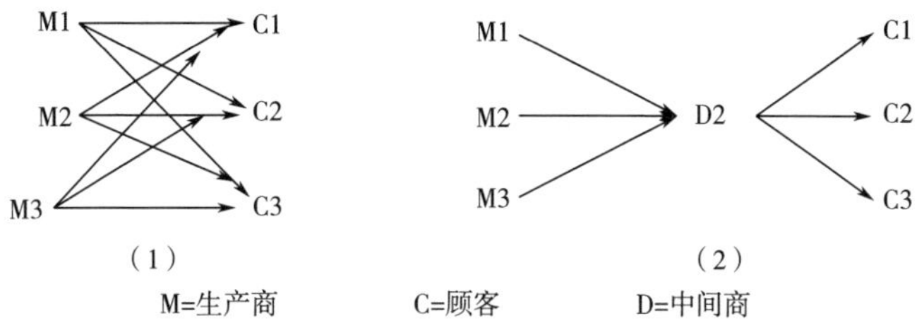

图 5-2　中间商如何减少渠道交易的数量

二、药品主要渠道成员的特点

药品分销渠道体系是由多种成员共同构成的多元化的体系,除生产企业外,还有中间商、营销服务机构、金融机构等参与其中。中间商是指处在分销渠道中间环节的市场中介机构或个人,即进行药品批发、零售或代理的专业公司,是联系药品生产企业和最终消费者的中间环节。中间商是药品渠道体系中的重要成员。

(一)药品批发企业

药品批发企业是指将购进的药品销售给药品生产企业、药品经营企业、医疗机构的药品经营企业。药品批发企业的特点是成批购进和成批出售,并不直接服务于最终消费者。

1. 药品批发企业的作用

药品批发企业是药品销售渠道中不可缺少的机构,在沟通药品生产与销售的过程中,发挥着重要的作用。无论是处方药或OTC药品,绝大部分都是经由批发商转售给医疗机构药房或社会药房。因为药品零售商(医疗机构药房或社会药房)的数量庞大、规模小、经营品种多,而且分布于城乡各处,非常分散。另一方面,药品生产企业相对数量较少,比较集中,每家企业生产的药品品种比较少,有的甚至仅生产几种。药品的最终消费者更是分散,治疗需求的药品必须及时。所以,药品市场供需之间的空间、时间、品种、数量、拥有权等方面的空隙,必须由药品批发商涉足其内,促使药品、信息、资金流动,所有权和管理权转移,实现药品为人民健康服务的目的,具体有两个作用。

(1)简化交易关系,提高经济效益　药品批发商的存在可以大大降低药品销售中的交易次数。如果由生产企业直接与零售商交易,其交易次数远远高于通过批发商与零售商的交易次数。由于每一次交易都涉及一系列商业活动和费用开支,减少交易次数就是减少人力、物力的投入,从而用较少的人力、物力实现较大的商品流通量,简化了交易关系,提高了经济效益。

(2)合理储备药品,保证市场供应　由于药品的生产和消费存在着销售时间、空间上的差异。药品需求的及时性、方便性、突发性、分散性等要求药品在离开生产领域但未进入消费领域之前,必须有一定的数量储备,才能保证市场供应。一方面,医疗机构药房和社会药房,库容量比较小、资金比较少,客观经济条件决定了他们无法大量库存药品,另一方面,生产企业也不用担心在市场需求其产品时,出现由于时间和空间上的原因造成的产品库存不足从而无法实现销售。因此,通过药品批发商的集中与分散功能,药品实现了及时供应。

2. 药品批发企业的优势

(1)经营优势　批发商长期从事批发业务,分工较细、专业化较强,分销经验比较丰富,在长期的分销实践中形成自身的分销网络和市场,很多批发商还拥有较先进的运输设备、存储场地及检验检测的仪器等资源。

(2)资金优势　由于每次交易医药产品数额较大,批发商一般除自有资金较为雄厚外,还能够获得银行等金融组织的贷款支持,所以能够为生产企业减轻药品流通领域内的资金压力。

(3)信息搜集优势　药品批发商在分销渠道中上联生产企业,下联零售商,处在信息流通的枢纽位置,所以能够大量搜集市场信息,可以及时传递给生产企业。

(二)药品代理商

药品代理商是受制药企业委托,代理销售其几种或全部产品,但不拥有药品所有权的中间商,常见的药品代理商包括以下3类。

1. 生产代理商

生产代理商是指受生产企业委托,签订销售协议,在一定区域内负责代销生产企业产品,收取一定佣金的中间商。生产代理商和生产企业间是委托代销关系,它负责推销产品,履行销售商品业务手续,生产企业按销售额的一定比例付给生产代理商酬金。生产代理商可以同时为几个生产企业代理非竞争性的药品;生产企业也可委托若干个生产代理商在不同地区推销其产品。

2. 销售代理商

销售代理商是一种独立的中间商,受生产企业委托全权独家经销生产企业的全部产品。销售代理不受销售地区限制,并对商品售价有一定的决策权。生产企业同一时期只能委托一个销售代理商,销售代理商也不能代销其他企业的药品。因此,销售代理商要对生产企业承担较多的义务,如一定推销数量、为生产商提供情报、负责药品促销等。

3. 采购代理商

采购代理商一般有良好的客户基础,往往负责为生产企业采购、收货、验货、储运,并将货物运交买主。

(三)药品零售机构

药品零售是指将购进的药品直接销售给消费者。零售和批发都是商品流通渠道的中间环节,批发商是流通领域的起点或中间环节,零售商是流通环节的终端。二者的根本不同之处是批发的销售对象是零售商或另一批发商,而零售的销售对象是最终消费者。广义的药品零售机构包括药品零售经营企业,又称零售药房(药店)(Retail Pharmacy, Drug Store)或称社会药房(Community Pharmacy);以及医疗机构药房(Institutional Pharmacy),含医院药房(Hospital Pharmacy)、诊所药房和各种保健组织的药房,此外还有各种其他药品终端销售形式。

1. 医疗机构药房

在现行医疗卫生管理体制中,医院等医疗机构普遍设立药房,药房是医疗机构的组成部分,不具有法人资格,不承担投资风险。

随着医疗卫生管理体制改革的深入,医疗机构药房也在不断改革,出现了药房托管、医疗集团开设药店等多种形式。

2. 药品零售经营企业

药品零售经营企业是从事药品终端销售的企业,要承担投资风险。随着市场经济和信息技术的不断发展,药品零售企业发展出多种类型。既包括连锁药店、单体药店、商超中的OTC药品专柜等各种有店铺零售店,也包括网上药店、自动售药机等各种无店铺零售形式。

(四)药品第三方物流企业

药品市场分销不仅意味着满足和发掘,并刺激消费者或用户的需求和欲望,而且还意味着适时、适地、适量地提供药品给消费者使用,从而满足其需求和欲望。为此要有效地安排药品的运输、仓储、包装、装卸、流通加工、配送和信息处理等活动,使药品以“5R”的标准送达顾客,即以最少的成本(Right Cost),在正确的时间(Right Time)、正确的地点(Right Location),将正确的商品(Right Goods)送到正确的顾客(Right Customer)手中。进行药品的仓储、运输、包装、装卸、流通加工和配送等与药品流通有关的活动,就是物流管理。药品批发零售企业一般都有自己的仓储配送中心,但随着社会化分工和现代物流的发展,第三方药品物流发展迅猛。

1. 第三方药品物流的特点

第三方物流也称合同物流、契约物流,是由供方与需方以外的物流企业提供物流服务的业务模式。具体是指由物流的实际需求方(第一方)和物流的实际供给方(第二方)之外的第三方,部分或全部利用第三方的资源通过合约向第一方提供的物流服务。这里的第三方就是指提供物流交易双方的部分或全部物流功能的外部服务提供者。第三方物流作为分销渠道的新成员,是物流专业化的一种形式,是社会化分工和现代物流发展的方向。第三方药品物流企业以计算机网络技术为依托,以现代物流设施、设备为基础,以完善的药品保障体系为核心,为药品生产、经营企业和预防、医疗单位,提供廉价、快捷、规范的新型药品物流综合服务平台。药品经营企业部分或全部利用第三方资源进行物流配送的,需符合《药品经营质量管理规范》(GSP)的相关规定。

应用物流自动化技术、现代人工智能技术、自动识别技术、数据挖掘技术等现代技术,药品物流企业特别是第三方药品物流企业可以对客户提供实时的信息交换接口,提供网上查询、邮件、手机信息等多种形式的服务,客户可以通过物流系统获得从货物起运开始到货物到达的时间、位置等信息。实现与客户系统间的信息集成,通过系统间信息的及时传递,加强企业与客户联系的紧密性,以完善、及时的信息服务提高企业竞争实力。

2. 第三方药品物流现状

随着物流管理水平的提高,邮政、顺丰等物流巨头纷纷布局药品物流行业。2014 年 3 月快递巨头顺丰单独成立了“医药物流事业部”;两年后正式成立了“冷运事业部”,分离医药冷链和生鲜冷链资源。为保证药品冷链运输的专业性,顺丰制订了医药冷链物流运输标准操作流程;针对医药冷链专业人才短缺,顺丰建立了自己的执业药师和专业管理团队,并在建立药品追溯系统方面不断努力。京东、阿里等电商巨头也在积极向药品物流领域渗透,2017 年 8 月 29 日,京东宣布进军医药物流行业,提出建立医药物流供应链解决方案。根据京东的方案,将聚合具有符合《药品经营质量管理规范》(GSP)认证资质的仓库资源作为京东医药“云仓”,同时加入体系化的运输和配送能力,生态链各方将发挥各自优势,既能提供符合 GSP 认证要求的商品验收、入库、存储、养护、出库等服务,又能构建强大的、符合资质的医药物流配送网络,覆盖运输车辆、运输司机、干线配送、终端配送等各服务环节,贯穿医药产业链上下游,各环节强化联动并深化融合,共建一个一体化的医药物流生态。

三、药品分销渠道的类型

(一)直接渠道与间接渠道

1. 直接渠道

直接渠道是指产品从生产企业不经流通领域的中间环节,直接销售给消费者

（用户），这是分销渠道类型中最短的一种销售渠道。

图 5-3 中，原料药渠道中的①属于直接渠道。原料药及其他用于药品再加工的医药工业品等多采用直接渠道，因为这些产品需求品种规格少、数量大、前后道工序联系性强、用户数量少而相对集中。根据 GSP 的规定，药品生产企业不允许直接供货给个人消费者，所以在成品药的销售渠道中不存在生产企业直接销售给个人消费者的直接渠道。

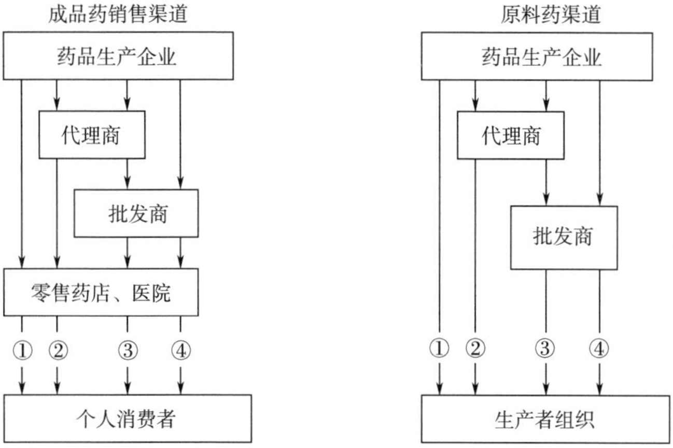

图 5-3　医药产品分销渠道基本类型

2. 间接渠道

间接渠道是指生产企业通过中间商转手把产品销售给消费者（用户）。图 5-3 中，药品销售渠道的①、②、③、④和原料药渠道中的②、③、④都是属于间接渠道。

直接渠道和间接渠道各有优缺点，具体对比如表 5-1 所示。

表 5-1　　直接渠道和间接渠道优缺点比较

优缺点	直接渠道	间接渠道
优点	（1）生产者直接与消费者接触，能及时、具体、全面地了解市场需求及变化，从而及时调整生产经营决策，能为消费者提供售前、售后技术咨询、服务 （2）销售环节少，商品能很快地到达消费者手里，从而缩短商品流通时间，降低流通成本，增加生产者的利润和提供给消费者更多的利益	（1）通过中间商交易，相应减少了交易次数，节省了生产企业花费在销售上的人力、物力、财力，可以借助中间商的销售经验、销售网络和商誉，扩大商品销售范围，提高市场占有率 （2）可以减少资金占用，增加生产资金投入，减少生产者经营风险

续表

优缺点	直接渠道	间接渠道
缺点	(1)直销生产者要设置销售机构、销售设施和配备销售人员,相应增加了销售费用,同时也分散了生产者的精力 (2)存货增多,生产者负担更多的仓储费用和商品损耗所带来的损失 (3)如果市场供求关系发生变化,价格下降,商品积压在生产者手里,生产者要承担市场风险	(1)由于中间商的介入,相应增加了销售环节,延长了商品流通时间 (2)中间商不可能对其经销的所有商品的有关知识、技术要求都了如指掌,故难以为消费者提供完善的、良好的售前、售后技术服务 (3)生产者与消费者之间有了许多隔层,因而生产者对市场的微妙变化反应比较迟钝

(二)长渠道与短渠道

按照产品流通过程中中间环节的多少,分销渠道又可以分为长渠道和短渠道两类。

药品生产者使用两个以上的不同类型的中间商来销售自己的产品,这样的分销渠道称为长渠道。图 5-3 中,成品药销售渠道的③、④和原料药渠道中的③属于长渠道。

药品生产者在销售过程中只使用一个环节或者没有经过中间环节的营销渠道称为短渠道。图 5-3 中,原料药销售渠道的①和成品药渠道中的①、②都属于短渠道。

长渠道和短渠道只是相对而言,并各有优缺点,具体对比如表 5-2 所示。

表 5-2　　长渠道和短渠道优缺点比较

优缺点	长渠道	短渠道
优点	渠道长,分布广,触角多,能有效地覆盖目标市场,扩大自己的产品销售。通常销售量大、销售面广、单位价值低的普药适合采用长渠道策略	中间环节少,商品经过时间短,流通费用低,能增强药品的价格竞争力;有利于生产企业了解市场信息,决策及时;也利于生产者与中间商合作
缺点	由于组成长渠道的中间商多、环节多,从而使销售费用增加,最终造成药品销售价提高,从而削弱了药品的价格竞争力;中间环节多、信息路线长、失真率高,从而影响生产者决策;中间环节多,商品运输距离远、时间长,货物配送成本高,也容易使药品的损耗增大;各环节中工商之间、商商之间难以建立密切的合作关系	由于渠道短,市场覆盖面相对较小,不利于药品的大量销售,因而只适合单位价值高的新特药品、进口药品等的销售;此外由于流通渠道短,市场稍有变化,就可能直接波及生产者,因而生产者经营风险也较大

(三)宽渠道与窄渠道

营销渠道的宽度是指营销渠道中每个层次使用同种类型中间商数目的多少。多者为宽,少者为窄。渠道宽窄的具体数量并没有严格的界定,只是根据产品特征相对而言。

生产者在每一个流通环节上选用两个以上的同类型中间商推销其产品称为宽渠道;在每一层流通环节上只选用一个中间商来销售自己的产品,这种营销渠道一般称为窄渠道。宽渠道和窄渠道各有优缺点,具体对比如表 5-3 所示。

表 5-3　　宽渠道和窄渠道优缺点比较

优缺点	宽渠道	窄渠道
优点	大批量的药品可以迅速进入市场,增加销售量;同类中间商之间互相竞争,可促进整体营销效率提高;有利于生产企业对渠道成败进行评价、取舍。在目前市场条件下,OTC 药品和普通药品生产者多采用这种渠道	生产者与中间商协作关系密切,生产企业对中间商的支持力度相对较大,易于控制、管理中间商
缺点	中间商与生产者的合作关系不密切,对本企业药品的忠诚度很难保证,在销售过程中有可能推销不专一,不愿付出更多的费用和精力,从而影响药品的销售。此外,生产者对营销渠道难以实行有效的控制	生产者对中间商的依赖性太强,一旦关系改变,生产企业面临巨大市场风险。这种营销渠道类型适用于单位价值高的处方药品、进口药品和新特药品的销售工作

(四)渠道类型的线上线下融合

随着互联网信息技术的不断发展,电子商务在医药领域也得到了大规模应用,所有渠道成员都同时在线上线下开展业务,企业对企业(B2B)、企业对消费者(B2C)、企业对政府机构(B2G)、消费者对政府机构(C2G)等各种电子商务平台都尽量融合线上线下资源,形成 O2O(Online to Offline)模式,即将线下的商务机会与互联网结合,让互联网成为线下交易的平台。目前,互联网企业与医药企业都在合作探索形式多样的 O2O 模式。如阿里巴巴集团正在试行的阿里健康模式:患者到医院拿处方后拍照上传到阿里健康平台,药店在平台抢单,患者根据距离、价格和服务等来挑选药店,以自提或药店配送的方式拿到药品并支付费用。叮当快药是仁和(集团)发展有限公司推出的医药 O2O 平台,在线下与全国数十个城市的数百家实体药店合作,在线上则与问诊平台春雨医生、外卖平台美团、生活消费平台大众点评等展开合作。有了庞大的实体药店,叮当快药平台提供中西药品、中药饮片、营养保健、成人用品、医疗器械及个人护理六大类上万种医药用品的展示,基本涵盖了家庭常备和急需用药的各种品类。与叮当快药合作的药店当接到线上的订单时,系统就会提醒工作人员对订单进行确认。配送员在配送前会将药品放置在保温保湿箱当中,确保药品在配送的过程中不会受外部环境的影响,用户也可以在订单详情中查询到药品温度、湿度的实时数据。通过实验员骑电动车的空跑测试,叮当快药公开承诺 28min 免费送药到家的服务保障。2015 年 2 月上线以来,叮当快药 APP 的用户量和日订单量都在不断增长。

四、药品分销渠道的设计程序

(一)分析目标市场的需要

药品分销渠道本质上就是将药品提供给顾客,因此药品生产企业在设计分销渠道时,首先必须明确顾客实际需要的服务。这就需要对购买者进行调查研究,了解他们所需购买产品的数量、质量、品种,购买能忍受的等候时间,对购买便利性的要求,购买时需要的服务类型和水平等。

(二)确定渠道目标

药品的分销渠道目标有多种选择:有的强调速度,致力于快速传递;有的体现便利,使顾客能够就近购买;有的突出选择,提供丰富的产品品种规格;有的重视服务,将售后服务放在首要位置。实际工作中部分药品生产企业追求单一目标,更多的企业追求多重目标。每一个药品生产企业都必须在顾客、产品、中间商、竞争者、企业政策等所形成的限制条件下,确定其分销渠道的目标。

(三)制订渠道备选方案

在综合考虑各种限制条件明确了渠道的目标之后,渠道设计的下一步工作就是根据目标设计渠道备选方案,该项工作主要涉及以下三方面的内容。

1. 分销渠道长短的选择

对药品而言,渠道长短的选择主要是对以下问题做出选择。

(1)药品的最终销售地点　是通过零售药店销售还是医疗单位销售?或者既在零售药店销售又在医疗单位销售?

(2)是否使用中间商　是企业自己将药品销售给零售药店、医院,还是通过中间商实现上述目标?或者既用中间商同时也自己销售?

(3)中间商的类型和数量　如果决定选用中间商,那么选用什么类型的中间商?

2. 分销渠道宽窄的选择

在每一渠道类型中的不同层次使用多少数目的中间商,要受到企业分销渠道战略的影响。企业可以根据自身实力,结合产品特点,选择不同的分销战略,即密集分销、独家分销和选择分销。

(1)密集分销　即寻找尽可能多的中间商,运用尽可能多的分销网点,使渠道尽可能加宽,让每一个潜在消费者都能接触到产品,从而以销售量的扩大取胜。适合于普通用药,如治疗感冒、高血压、胃炎等常见病、多发病的药品等。选择渠道时,则要根据自身情况由窄到宽,并且以最佳方式达到宽渠道的程度。因为中间商多,分销点多,又存在广大的消费人群,宽渠道更容易达到销售目标,这种方式称为密集分销。

(2)独家分销　是厂家在某地区仅选定一家中间商经销其产品,通常双方协商签订独家经销合同,同时,生产企业要求这种经销商不得再经营与之竞争的其他产品。通过授权独家销售,生产企业希望经销商在销售活动中更加积极,而且能够在价格、促销、信用、技术支持服务方面对中间商加强控制。独家分销还可发生在药品投放市场的前期,药品企业分析市场情况或需求强度,有时会选择一家公司或综合性医院进行试销,取得市场资料及反馈信息,为企业开发和拓展市场提供参考和决策依据。

(3)选择分销　指药品企业在某一地区仅仅通过少数几个精心挑选的、最合适的中间商推销其产品。适用于非普通用药(新特药),即药品使用对象分布不平衡,有明显地域性或阶段性,消费人员少且分布不均匀时,药品企业就要进行选择性分销,即在一定地区,有条件地选择几个中间商经销本企业产品。与密集分销相比具有节约费用、提高市场占有率、提高控制量等优点。同时,也可以对选择性分销商进行再选择,优胜劣汰。

3. 确定渠道成员的权利与义务

每一个生产者都必须解决如何将产品转移到目标市场这一问题。在转移的过程中,会有许多工作要做,如运输、广告、储存等。这就涉及对渠道成员进行任务的分派,某一特定层次应有其特定的工作任务,这样才会使所建立的渠道经济、合法、稳定,这方面主要内容有价格政策、销售条件、经销区域或特殊服务等。

价格政策是决定生产者与中间商双方经济利益的关键。生产企业所制订的价格和折扣计划必须使中间商认可,才能在实际中得以很好执行。价格政策的制订需考虑众多因素,如企业产品特征、市场供求关系、同行业平均水平与商业惯例等。

销售条件中最为重要的是明确付款条件和生产者保证。为促进货款及时回笼,企业可制订一些奖励措施,如现金折扣、优先供货等。生产者保证及规定在何种条件下企业允许退货与途中损耗的分担等,其目的是解除中间商的后顾之忧,积极主动地销售本企业产品。

在经销商权利与义务中经销区域权也是一个重要问题,企业需根据具体情况明确划定各个经销商的销售区域,以防窜货和产品倒流,造成市场的混乱。

一些特殊的服务条例也必须与中间商在签订经销合同时认真商定,尤其是在采取独家经销渠道时,否则项目不明、责任不清,必然影响双方的经济利益与合作关系。

五、影响药品分销渠道设计的主要因素

有效的渠道设计,是确定到达目标市场的最佳途径,在设计过程中要充分考量顾客、产品、中间商、竞争者、企业和环境等因素的限制。

(一)顾客因素

渠道设计深受顾客人数、地理分布、购买频率、平均购买数量,以及消费者对不同市场营销方式的敏感性等因素的影响。当顾客人数多时,生产者倾向于利用每一层次都有许多中间商的宽渠道。但购买者人数的重要性又同时受到地理分布的修正。例如生产者直接销售给集中于同一地区的500个顾客所花的费用,远比销售给分散在500个地区的顾客少,而购买者的购买方式又修正购买者人数及其地理分布的因素。如果顾客经常小批量购买,则须采用较长的市场营销渠道为其供货。因此,少量而频繁的订货,常使得药品生产企业依赖批发商为其销货。同时,这些相同的生产企业也可能越过批发商而直接向那些订货量大且订货次数少的大顾客供货。此外,购买者对不同市场营销方式的敏感性也会影响渠道选择。例如,近年来,消费者热衷于在各种展销会上选购大件商品,直接推动了会展营销这种渠道的迅速发展。

(二)产品因素

产品本身的特点对营销渠道的设计、选择与管理也起着决定性的作用。有严格储存条件限制的产品,如药品中的一些生物制剂,通常需要选用直接渠道。那些与其价值相比体积较大的产品,如医疗器械,需要通过生产者到最终用户搬运距离最短、次数最少的渠道来销售。非标准化产品,通常由企业推销员直接销售,这主要是由于不易找到具有该类知识的中间商。需要安装、维修的产品经常由企业自己或授权独家专售特许商来负责销售和保养。单位价值高的商品则应由企业推销人员销售而不通过中间商。

此外,药品渠道选择还受到不同药品的储存条件和有效期、处方药还是OTC药品、是否在《国家基本医疗保险和工伤保险药品目录》中等多种因素的影响。

(三)中间商因素

设计渠道时,还必须考虑执行不同任务的市场营销中间机构的优缺点。例如,由制造商代表与顾客接触,花在每一个顾客身上的成本比较低,因为总成本由若干个顾客共同分摊,但制造商代表对顾客所付出的销售努力则不如中间商的推销员。一般来讲,中间商在执行运输、广告、储存及接纳顾客等职能方面,以及在信用条件、退货特权、人员训练和送货频率等方面,都有不同的特点和条件。

(四)竞争者因素

生产者的渠道设计还要受到竞争者所使用的渠道的影响,因为某些生产者希望在与竞争者相同或相近的经销处与竞争者的产品抗衡;有时,竞争者所使用的分销渠道反倒成为生产者所避免使用的渠道。企业特性在渠道选择中扮演着十分重要的角色,企业的总体规模决定其市场范围、较大客户的规模及强制中间商合作的能力。企业的财务能力决定了哪些市场营销职能可由自己执行,哪些应交给中间商执行。财务薄弱的企业,一般都采用“佣金制”的分销方法,并且尽力利用愿意并且能够吸收部分储存、运输以及顾客融资等成本费用的中间商。

(五)企业因素

1. 企业综合实力的强弱

企业综合实力主要包括人力、物力、财务、信用等。如果企业实力强,对营销渠道就有更多的选择余地,而对于实力较弱的中小企业而言,通常主要依靠中间商的力量来营销药品。

2. 企业管理能力的强弱

营销管理能力较强、市场营销经验丰富的企业通常采用短的分销渠道,相反则应尽可能地借助中间商进行销售。

3. 企业对渠道的控制能力

目前大多数企业对药品营销渠道的控制能力比较弱,这不利于药品的营销,因此企业应尽可能地提高对渠道的控制能力。

(六)环境因素

确定渠道目标除受上述因素影响外,还受到营销环境的影响。如药品营销所处的国家(地区)、有关药品的购销政策、价格政策、法令、条例和交通运输条件等。这些都是企业在选择营销渠道时应认真考虑的因素。特别是政府有关立法及政策规定,包括财税政策和整顿药品市场的一系列法律法规。例如公费医疗制度、基本医疗保险药品目录、处方药与OTC药品分类管理及有关药品经营销售方面的具体法律法规,都直接影响或制约了医药营销渠道类型的设计与选择,而一些特殊药品则必须按照法定渠道流通。

实践训练 5-3

手工中药护理品渠道设计

(产品可替换,根据实际情况选择)

“青霭堂”是一个在深圳的小型公司,由一群中药专业毕业的大学生创立,公司采用传统配方,生产各种纯手工中药护理品。产品包括:①个性定制中药手工皂,如艾草排毒皂、玫瑰保湿皂等。②个性定制各种中药香囊,既可以随身佩戴,也可以作为汽车等各种场合上的挂件。③个性定制各种中药沐浴汤,如有消炎功效的兰汤等。产品已注册“青霭”牌商标,由国药养生大师提供配方,纯手工生产。根据以上假设的背景资料,按照渠道设计的内容要求,为“青霭”牌手工中药护理品设计渠道体系,并陈述理由,具体包括但不仅限于以下内容。

(1)目标消费人群假设　根据产品及企业特点,描述“青霭堂”系列产品准备面向的目标消费人群特征。对人物的生活消费习惯特征进行细致描述。

(2)考虑影响渠道设计的多种因素,结合渠道设计要求,明确现阶段渠道设计目标。

(3)根据目标进行渠道具体内容设计　要求在一定市场调查的基础上,将每一项渠道设计内容具体化。例如在确定渠道模式时,如果采用直接营销渠道,则要具体到是公司直接开专卖店还是直接建立网购、手机支付平台等。

任务三　药品促销策略

一、药品促销的含义

促销(Promotion)是促进产品销售的简称,英文的原意是“促进”“前进”的意思,在市场营销中是指企业通过人员和非人员的方式,沟通企业与消费者之间的信息,引发、刺激消费者的消费欲望和兴趣,使其产生购买行为的活动。企业设计并生产出了好的产品、制订了合适的价格,并在消费者能够看到的地方进行展示,有了上述工作并不意味着消费者会主动购买,企业要想让消费者对一个好的产品产生购买行为,还必须让消费者相信企业所提供的是适合他需求的、质优价实的好产品。为达到让消费者信任并购买的目的,企业必须采用多种方法与消费者沟通。因此,促销的实质就是卖方与买方之间的信息沟通。

药品促销是指药品企业将药品、服务的信息通过一定的沟通方式传递给目标顾客,促进目标顾客对药品企业及产品服务的了解和信任,刺激其在适当的情境下采取购买行为的一系列活动的总称。

二、四大促销方式

促销的实质是卖方与买方之间的信息沟通,随着技术的发展,沟通的媒介、手段和方法都在不断发生变化,不论具体方式、方法如何变化,企业与消费者的沟通包括人员和非人员两种形式,沟通的场所则分为销售现场与非销售现场两大类。企业除通过人员推销的形式与消费者当面沟通外,还采用营业推广、广告和公共关系等非人员形式与消费者进行沟通,这四种沟通形式各有其优缺点,适用于不同的市场环境,企业需要根据产品的特点和营销目标,灵活地组合运用各种沟通形式,以达到促进销售效益最大而成本最低。

(一)人员推销

1. 人员推销的定义

美国营销协会对人员推销所下的定义是:推销是个人或公司劝说并协助潜在顾客购买商品或服务的过程,或者给予潜在顾客具有在商业上富有建设意义的想法。从中我们可以看出,影响和劝说潜在顾客,是推销的一个极其重要的方面。推销可视为是一种协助潜在顾客满足需求的具有艺术性、创造性的活动。当然,推销还包括帮助顾客弄清问题,提供可能出现的问题的解决方法,提供售后服务,使顾客长期得到满意。

因此,推销人员包含着极为广泛的含义。一方面,一个销售人员可能是一个接受订单的人,如药店里的营业员。另一方面,他也可能是努力得到订单的人,需要能创造性地将产品与服务销售出去,如工业设备、保险等产品的销售人员。其他的销售人员不必甚至不允许得到订单,他们只不过是建立好感或是向买主做宣传。

2. 人员推销的形式

从推销活动本身来看,推销形式目前可分为以下 4 种形式:①单个推销员对单个顾客进行一对一的推销活动。②单个推销员对一个购买群体进行推销活动。③推销小组对某一购买组织进行推销活动。④推销会议,即推销人员会同客户各相关人员召开业务洽谈、技术研讨等各种会议。推销会议并不在于即刻达成交易,而是培养买方对本企业的认识和偏好。学术推广是处方药的重要促销形式,是药品企业以药品特点与临床价值介绍为核心,让医生和患者了解药品的功能以及适应证,提高处方质量,优化治疗方案,架起药品企业、医生和患者之间沟通的桥梁。

从上述不同的推销形式可以看出,推销员不一定要处理全部推销工作,有的时候推销员可能只是把买卖双方组织联系起来,并使双方人员顺利地相互交往。需要注意的是,现代企业的推销越来越显示出集体性,往往需要群体人员的协作和配合,包括主管领导、技术人员、服务人员、业务分析人员等。

随着移动互联技术的发展,各种形式的人员推销活动既包括线下活动,也包括各种线上活动。

3. 药品推销人员的职业分类

(1)按照推销人员所处的行业,药品推销人员可以分为以下三种。

①药品零售企业销售与药学服务人员:随着网络信息技术的不断发展,实体店、互联网等线下线上都成为药品销售的零售终端,在各种终端有不同类型的现场销售与服务人员,如药师、健康顾问等,医药零售企业销售服务人员是药品推销人员的重要组成部分,且医药零售企业营销自成特点。

②药品批发企业销售人员:药品经销、代理商等经营企业的药品需要转售给药店、医院等终端或最终消费者,这些企业的销售人员的主要任务是开发终端,向终端提供物流配送、促销推广、产品培训等各项销售支持工作。

③药品生产企业销售人员:开发经销商,向经销商提供促销推广、产品培训、学术推广等各项销售支持工作。

(2)按照所推销的产品分类,药品推销人员可以分为以下两大类。

①处方药学术代表:指面向医院的临床工作人员主要推销处方药的销售人员,这些销售人员多数是供职于厂家或经销商的学术代表。在医院的处方药销售全过程中,药品的购买决策者及最终使用者的角色是分离的:决策者是医生,而使用者是患者,医生在处方药的销售中有相当高的权威性。因此,学术代表不只是推销药品,更重要的是在药厂和临床医生之间架起“桥梁”,即对药品尤其是新面世的药品成分、功效及副作用担当起“答疑”任务,以此加深医生对药品的了解,进而提高

医生开处方的数量。

②OTC药品学术代表:我国从1999年开始实施处方药与非处方药分类管理制度,随着该制度的不断推行,“自我药疗”与“非处方药”概念已普遍被接受。非处方药(OTC)是英文Over the Counter的简称,即柜台药,消费者不需处方就可购买。OTC药品现已成为国际上非处方药的习惯用语,代表生产企业从事OTC药品推销的人员,就被称为OTC学术代表,简称OTC代表。OTC代表主要推销OTC药品及各种在医药单位销售的保健食品、功能性护理用品等,他们面向各类药店或药品经销代理机构等医药商业单位,促进医药商业单位进货,通过各种促销活动提高商业单位及药店终端工作人员对本公司药品的推荐力度,进而提升产品销量。

4. 药品推销人员的基本素质要求

推销员是企业开拓市场的先锋,是企业形象的重要代表,必须具备一定的基本条件。所谓推销员素质,是指推销员胜任推销工作的综合能力。一个理想的推销员应具备以下素质。

(1)良好的心理素质

①乐观开朗的情绪:市场是千变万化的,因而推销人员必须具有乐观的性格,不能为了小小的挫折或失败就手足无措。一个人心态积极、乐观地面对人生,开朗地接受挑战,那就成功了一半。

②坚忍不拔的毅力:推销工作是整个企业运转循环中最艰苦的环节,推销人员必须具备吃苦耐劳、坚忍不拔的毅力。成功的推销员是屡败屡战的,他们不相信失败。短暂的失败,使他们学会了用更好的方法去争取胜利。面对挫折和失败,推销人员要有很强的适应性,以韧性、理智、自信的态度处之。不管面对何种情况,都永远保持平和的心态和永不服输、永远进取的精神。真正的推销人员从不自满也不自卑和自弃,他们绝对不因为今天的挫折而丧失明天的信心,更不会因为现在的成绩而放慢了迈向新里程的脚步。他们深知前面还有无数的困难等着他们去克服,他们乐于接受这种挑战,并以不断克服这些困难和障碍为荣。

③坚定自信的态度:推销人员要成功地把产品推销出去,主要依赖他们坚定自信的信念,这是他们热爱自己的工作、热爱自己推销的产品、热爱自己的企业而形成的心理表露。

坚定自信的态度在推销实践中主要表现为:开拓市场时勇往直前;开发客户时努力争取;介绍商品时语言坚定自信,富有感染力和说服力,说明演示清晰明了;说话办事干脆利落。推销员不仅对自己和自己的工作充满热情和信心,也对顾客充满着热情和关心。通过他们的坚定自信,把他们对自己、对商品、对企业的信心传达给客户,促使客户产生信任感。

④拥有强大的亲和力:对于一位推销家而言,必须能被对方接受。如果给人一种嫌恶的印象,往往会叫对方避之唯恐不及。或许,你不能拥有俊俏、靓丽的容貌,但如果你是一个有亲和力的人,那么在你的人格及个性中就已具备了被人接受的

要素了。

(2)完备的知识结构

①商品知识:如果推销员对所推销的产品缺乏充分的了解,很难将商品推销出去。因此身为一位专业的推销家,本身必须先有丰富的商品知识。

②药学专业知识:医药推销人员宣传、推广的药品一般是新药,或是老药品的新剂型、新用途。完整准确地介绍所推广药品的新知识是让医生接纳药品的关键,包括该品种的理论及临床的发展背景、该药品及相关药品的发展历史及相互比较。

③医学专业知识:包括药品在临床应用中实际效果的理论基础,药品在临床验证或实际应用中的具体情况等知识。熟悉以上知识,从各方面都可回答医生或药师可能的疑问,也是对医药推销人员医学知识的检验。医药推销人员须不断通过各种途径,收集有关最新资料,并应用于推销之中。

④销售专业知识:掌握专业的销售方法和技巧是成功销售的前提。为了要充实自身的推销知识,可多听成功推销家的演讲或看成功推销家的著作,汲取其经验。

(3)过硬的专业销售能力

①市场判断能力:推销人员应该具有较强的判断能力,以对市场需求、市场状况、市场走向、顾客的购买需求及其变化进行判断。如果没有这些方面的判断能力,推销工作根本无从做起。

②市场开拓与进入能力:在竞争激烈的市场经济时代,推销人员必须具备敢于作战的市场开拓与进入能力。表现为:把握产品特性与可适用市场的能力,分析产品价格与患者承受度的能力,把握选择渠道的能力及进行促销策划和实际运作的能力。

③市场销售与回款能力:真诚和信誉是顾客接受推销的首选条件,而只有推销人员的服务精神和提供的服务项目最能说明推销人员的真诚与信誉。推销员只有做好推销的售前、售中和售后服务,才能强化顾客的满意,提高自已的知名度和美誉度,成功完成产品的市场销售和回款。

④综合协调与沟通能力:良好的语言表达能力是推销员最应具备的综合能力。在推销过程中,推销人员需要向顾客宣传、介绍,还要不断地启发、说服顾客,这都需要良好的语言表达能力。

推销人员大多是远离企业独自在外开展工作的,在工作中遇到各种各样的问题和困难要由他们独力去解决,所以,作为推销员,还必须有较强的综合能力。在各种复杂的特别是突如其来的情况下,推销人员如果墨守成规地以通常方式对待顾客是很难奏效的。这就要求推销员要有灵活的应变和协调能力,在一定的原则下,以一定的变通方式去达到自己的目的。

(4)注重推销中的伦理道德　具有职业道德是从事任何事业的基本要求,对药品推销人员来说,尤其要求具有高尚的职业道德。因为药品是涉及人体生命安全的特殊商品,药品消费必须在专业人士的指导下才能收到好的使用效果,药品推销人员在实际工作中更应该注重向消费者普及正确的用药及养生保健知识。目前,我国的抗生素滥用现象比较严重,就与药品推销人员为了完成销量盲目误导消费者有较大的关系。药品推销中的职业道德主要表现为:药品推销人员不夸大药品的功效及适用范围;不隐瞒药品的不良反应;不为伪劣药品做宣传;充分考虑患者使用药品的有效性及经济承受能力;不对医生做无原则地使用或增加使用药物方面的误导。

5. *药品推销的基本模式*

药品的特殊性决定了信任感在成功销售中的重要地位,销售人员必须通过良好的个人和专业形象,在销售过程中真正为客户解决问题,运用良好的沟通技巧,才能增强客户对产品的信任,进而产生购买。因此,药品销售过程非常适合采用费比公式。

费比公式是由美国俄克拉荷马大学企业管理博士、中国台湾中兴大学商学院院长郭昆漠总结并推荐的推销公式。“费比”是四个英文字母 FABE 的译音,这四个英文字母分别为四个英文单词的第一个字母,它们表达了费比公式的四个推销步骤,如下所示。

第一步,把产品的特征详细地介绍给顾客(Feature)。

第二步,充分分析产品优点,尤其是本产品在同类产品中的比较优势(Advantage)。

第三步,详细阐述产品给顾客带来的利益,激发顾客的购买欲望(Benefit)。

第四步,以“证据”证明产品利益,说服顾客(Evidence)。

销售人员要成功实施该方法必须进行充分的客户观察和分析。客户的需求是多维度的,同时,每一个产品的特性都可以转换成一个或多个不同的客户利益。因此,销售人员要善于挖掘客户需求,并通过产品利益点满足客户的需求。例如,从产品成分、作用机理、价格、售后附加价值等各方面进行挖掘,可满足不同客户的不同需求。FABE 销售法是一种简单易行的特性——利益推销法,甚至可以采用标准句式进行归纳:因为(产品的某种特性),从而有(产品的某种利益),对您而言(客户的利益),您看(证据)。

后续各项目将结合不同药品销售与药学服务岗位,针对不同客户情境,对药品推销过程进行具体阐述和实践训练。

(二)营业推广

营业推广是为促进顾客购买而在销售现场采取的各种短期刺激行为。在 4 种促销措施组合中,营业推广是被广泛采用的促销工具,据各类商业协会统计,在促销活动中,企业投在营业推广上的费用与广告费用之比大约是 7∶3。在一些商业发达地区,参加企业举办的营业推广活动甚至已经成为居民的一项休闲活动。例如,在深圳市各类社区,有许多保健器械的生产厂家通过仪器免费试用、开办健康讲座等方式促销产品，免费享用各种按摩仪、试用理疗机、听听健康讲座已成为许多深圳老人打发时间的一种方式，长期试用效果好就会购买。

1. 营业推广的适用范围

虽然营业推广的促销效果明显，但也并非适合所有产品和同一产品的不同生命周期。营业推广是一把争夺市场的双刃剑，若应用得当能为企业带来可观的经济效益，但若应用不得法，不仅增加企业的促销成本，还会导致消费者对产品产生疑虑。例如，药店如果一味地以降价吸引顾客，反倒让消费者认为促销价才是正常价格，陷入不降价就不购买的怪圈，令企业损失利润。再者，营业推广只是一种促销辅助手段，当产品本身不适合市场需求时，并不能依赖营业推广来改变“不被接受”的产品的命运，营业推广也并不能挽回已经衰退的销售趋势，单纯依靠营业推广也不能建立品牌忠诚度。营业推广更适合在以下情况开展：①产品刚上市，通过营业推广促使消费者关注本产品。②竞争激烈时通过营业推广有效地抵御和击败竞争者的促销活动。③通过营业推广活动带动关联产品的销售。

2. 针对消费者的常见营业推广形式

在实体店、网店等线下线上针对消费者开展各种营业推广活动，可以促使现有顾客增加产品的使用频率、提高购买量，吸引尚未使用的顾客群。因此，商家总是热衷于开展各种营业推广活动，由电商推出的“双十一”“双十二”等网购营业推广活动甚至变身为一场网络狂欢节日。在法律允许的范围内，药品生产经营企业也针对广大消费者开展各种营业推广活动，尤其是 OTC 药品、功能食品，所采用的营业推广形式更变化多样，主要有以下几种形式。

(1)附送赠品　附送赠品主要是指消费者在购买产品的同时可以获得一份与所推广产品不同的礼品的推广活动。在消费品领域有许多产品，如果有吸引人的小礼品，销售往往会大幅增加。OTC 药品及保健食品或药用化妆品，某些特征与普通消费品相同，因此，这种买某种商品送一件小礼品的推广方式也经常被 OTC 药品生产经营企业采用。例如某治疗阴道炎的产品凡买一盒该产品，即送卫生护垫；某知名的感冒药为了打击竞争对手，凡购买该公司的产品，即送体温计一只；治疗胃病的药，每购买一个疗程的药品，厂家给患者提供一次免费胃镜检查；治疗肝病的药品，每购买一个疗程数量的药品，厂家给患者提供一次“二对半”检查等。附送赠品是 OTC 药品市场普遍采用的一种推广方式，很多厂家运用它取得了成功，但也有一些失败或者效果不好的案例。要使赠品推广的效果最大化，赠品的选择需遵循以下原则。

①赠品要特别：例如麦当劳曾经在广东市场推出史奴比套装公仔作为赠品，一些消费者为了收集到这样一份特别的礼品甚至通宵排队去抢购汉堡包。厂商如果能够设计出一款让消费者怦然心动的赠品，消费者就会产生“药品成分都一样，我不如就买这个”的心理，进而促进产品销售。

②赠品要实用：比如买感冒药送体温计，许多顾客也许就会因为体温计很实

用,而顺便买了该品种的感冒药品。

③考虑成本:在选择赠品时还必须考虑到成本因素,由于 OTC 药品的单价普遍不高,如何选择一个物美价廉的赠品,的确需要花费很大的精力。

(2)各种形式的折价促销　折价是指厂商通过降低产品的价格,以优惠消费者的方式促进销售。价格是患者选择药品的重要因素,因此,折价也成为药品市场的主要推广方式。折价既包括直接降价,也包括赠送优惠券、附送赠品等间接降价形式,制药厂家开展折价推广活动可以不必依赖医药公司等商业单位,既改变了现有价格体系而对药品实施一定范围的降价,同时对推广药品的价格恢复原来价格体系影响不大。因此折价推广活动是一种最有效、最实用的竞争手段,可以帮助药品生产厂家抵御竞争者同类产品的进入,便于迅速提高推广药品的销量,提高患者再次购买率和市场占有率。但是,折价推广活动也有几个非常明显的缺点:①直接有损于企业的利润,而且推广活动结束后,因为消费者购买饱和,销量可能有一个下降的过程。②折价推广并不能帮助提高消费者对推广药品的忠诚度,因为折价吸引的消费群是对价格敏感的患者,当推广活动结束时,随时可能转移到价格更低的同类产品。③频繁的折价推广活动会对品牌形象造成伤害,因为过于频繁的折价活动,容易让人以为推广价格才是正常价格,进而怀疑推广产品可能是暴利、虚高定价,损害消费者的利益。因此,折价推广活动要根据各种具体情况进行选择。

(3)集点换物　集点换物是指消费者收集产品的购买凭证,达到活动规定的数量即可换取不同的奖励(奖励可以是现金,也可以是礼品,或者是下一次购买的折扣优惠等)的一种推广活动。随着信息技术的发展,开展集点换物不用再像以前一样收集积分卡、瓶盖、包装等凭证,而是直接通过手机网络系统计分,大大提高了消费者的参与度。例如,购买一定数量的治疗口腔溃疡的药品,就可以兑换与口腔卫生健康有关的奖品,如牙刷、牙膏等。集点换物可以刺激消费者重复购买或大量购买,在不断的重复购买过程中进一步了解产品,继而养成持续的购买习惯,如果产品具有明显的品质优势,可以达到压制竞争品牌的作用。对于一些疗程药品,开展按疗程购买送礼品的集点换物活动,鼓励消费者按疗程购买,既提高了销量,又促使消费者通过疗程试用加深对产品的认识。

(4)组合销售　这是一种将相关产品(互补产品)“打包”销售的推广形式。例如在旅游旺季到来的时候,将创可贴、风油精、止泻药、解热镇痛等药品一起“打包”成一个旅游小药箱,可以较好地提高销售。再如某厂家正在促销减肥产品,很多服用减肥产品的顾客会很担心服用这些产品的副作用,比如脱水、维生素缺失……如果开展联合的促销,在卖减肥产品的同时,给消费者一个减肥的健康套餐,将减肥产品和维生素产品“打包”在一起销售,并且可以获得一定的优惠。那对于消费者来讲,他们也是非常乐意接受这样的促销形式。

(5)抽奖与有奖竞赛　抽奖是利用人们普遍存在的侥幸及以小博大的心理,提高消费者购买欲望的一种推广方式。抽奖方式有即开即中式抽奖、多重连环抽奖或抽奖与其他推广模式组合运用等。有奖竞赛是指厂家为消费者提供一个丰厚诱人的奖励,人们利用所学的知识,展示自身才华,通过竞争参加竞赛活动而获取奖赏,厂家因此而获得自己应得利益的一种推广方式。如药厂为某一 OTC 药品征求广告语,被采纳者将获得高额回报等。不论是抽奖还是有奖竞赛,诱人的都是奖励。因此,一定要避免消费者过于关注活动而忽视了产品本身。

3. 针对商业客户的营业推广

药品生产企业为了保证中间商重点推销本企业产品,也会针对医药公司、药店、医院等药品批发零售企业展开各种营业推广活动。除价格折让外,还有以下常见的推广形式。

(1)销售积分等各种竞赛　销售积分竞赛多为药品生产厂家在医药零售企业之间、同一医药零售企业旗下各分店之间开展销量竞赛的活动。在某一城市或地区的铺货率已经到位,销量尚不如意时,为提高药品在药店的销量,鼓励药店积极参与推广产品的活动中,提高对推广产品的关注及产品知识的认知,提高店员的推荐率,常采用这一方法。通常可以把被促销产品用盒数作为统计单位来设置一定的分值。在竞赛活动中,设定各项竞赛指标:如推荐率、总销量、销售增长率等,从而评出各种奖项,同时给予相应不同金额的奖金或其他奖励。开展这一推广活动的不足之处在于竞赛活动所设的奖励数量有限,部分参加竞赛的药店投入了一定的人力或物力参加了竞赛,可能在活动评比中拿不到任何奖项,从而会挫伤部分药店的积极性,对厂家带来一定的负面影响。因此,在开展销量积分竞赛时要注意选择所参加的药店在地理位置、营业面积等方面条件相近;同时,在进行竞赛规则设计时,要兼顾效率和公平,既要有经营性指标,还要有管理性指标。如小型药店规模小,无论如何努力其销量也不能和大药店相比,通过设置销售成长奖则可保证相对较小的药店也有获奖机会;此外,还可设置一些最佳组织奖、最高推荐率奖等管理性指标。为了避免评比中的偏颇,可挑选一些人员假扮顾客,也即担当"神秘顾客",在药店店员毫不知情的情况下,对其推荐率等指标进行评比。除销售积分竞赛外,厂商也可组织开展各种其他性质的竞赛,如陈列竞赛等。

案例 5-5

良济药业的手绘海报比赛

贵州良济药业有限公司(以下简称"良济药业")利用黔西南山区丰富的野生植物资源及民间防治感冒偏方,开发出一种"防感涂鼻膏",在感冒高发季节或感冒初起时,将膏体涂抹在鼻腔内,即可起到预防、治疗感冒的作用。该产品为纯植物制剂,无毒副作用,得到了有关医药学专家的好评。为了提高广大药店店员的认知率和推荐率,良济药业经过策划,在深圳海王星辰各连锁药店开展了一次别开生面的手绘海报比赛。活动在南方感冒高发季节12月份开始,要求各参赛药店采用下发的空白海报纸及马克笔,以"冬季防感冒大比拼"为主题,为"防感涂鼻膏"设计一个手绘海报,并张贴在参赛药店的橱窗上。为保证手绘海报的质量,良济药业特别聘请平面设计师对各参赛药店的兼职美工(对一些连锁药店总部无法统一配置的小型海报,各连锁药店普遍采用统一下发的空白海报纸,由分店有一定美术特长的人来设计与绘写,因此他们被称为兼职美工)进行了专业培训。该项活动因为能够切实提高门店员工的手绘海报与陈列水平,受到了海王星辰市场部的大力支持和门店的积极配合;活动期间张贴在各门店的海报扩大了良济药业在消费者中的影响面;整个活动别开生面,极大地调动了店员的参与热情并丰富了店员的业余生活,无形中加深了店员对良济产品的认知,提高了对良济产品的推荐率。

案例 5-6

西安杨森的"华山论剑"

为了扩大西安杨森制药有限公司(以下简称"西安杨森")在全国范围内的影响面,从2005年开始该公司联合《中国药店》杂志社,在全国范围内开展药店店员"华山论剑"竞赛活动,比赛采用分区淘汰的方式,先由西安杨森设在全国的各个销售分公司组织所在地的药店进行分区选拔赛,最后进行全国总决赛。整个比赛过程,《中国药店》杂志社进行了全程报道,如选手介绍、比赛花絮等。比赛分杨森文化和杨森产品知识两部分内容,产品知识涵盖与其产品有关的各类医药学知识。如针对"达克宁",就有各种皮肤用药知识。该活动因为有媒体的全面支持,各大医药零售企业为扩大企业影响面而积极参与,西安杨森则在此过程中宣传了自身的企业文化与产品知识,整个活动充分体现了厂商合作双赢的原则。

(2)销售订货会议　销售订货会议一般是厂家为新产品上市或针对某一区域的产品销售状况不好时,召集相关的医药公司、零售药店、医院而举行的一种产品推广活动。在销售会议中也同样需要与折让、样品赠送、附送赠品等推广手段组合使用,给予经销渠道中各个环节一定的奖励,以吸引他们的关注,鼓励他们采购,以帮助厂家提高产品铺货速度及铺货率,保证在销售渠道的各个环节中均有推广产品,方便患者购买,最终打开市场,提高市场的占有率。

需要注意的是:销售会议的对象是渠道,销售会议的作用,仅仅是保证产品在渠道中的存在;而患者的购买用药才是真正的销售,所以销售会议还要和其他营销方式配合才能发挥其最大的作用。

(三)广告

根据美国市场营销协会的定义,"广告是由明确的发起者以公开支付费用的做法，以非人员的任何形式，对产品、服务或某项行动的意见和想法等的介绍”。由于药品是涉及生命安全的特殊消费品，世界各国对药品广告的发布都有一定的特殊规定，各类规定都有一个共同特点，即药品广告必须具有真实性、合法性、科学性。药品广告的真实性是指药品广告应真实客观地传播有关药品的信息，不夸大，不弄虚作假。世界各国都在各自的相关法规中对保证药品广告的真实性做了明确规定，真实性也是我国及政府对药品生产、经营企业及发布药品广告的媒体的基本要求。药品广告的合法性是指药品广告必须符合相关法律法规的要求，取得药品广告批准文号后发布。例如，根据我国的规定，麻醉药品、精神药品等属于不得发布广告的药品。药品广告的科学性是指药品广告的内容不能违背药学和医学的基本原理，不得含有不科学的表示功效的断言或保证，不得利用国家机关、医药科研单位、学术机构或者专家、学者、医师、患者的名义和形象进行广告宣传。

案例 5-7

名不副实的代价

美国联邦贸易委员会从 20 世纪 70 年代开始对误导性广告采取利用矫正广告弥补过失的惩罚措施，即责令做出误导性广告的广告主，自己发布矫正广告，以消除误导性广告在消费者心目中造成的印象。利斯特灵漱口水事件是其中的典型。

沃纳–兰博特公司自 1921 年起就为其生产的利斯特灵漱口水进行广告宣传。在随后的 50 年里，其广告主题始终是“含利斯特灵漱口水，就能防治感冒和咽喉肿痛”。该公司甚至声称自己的测试表明，成千上万的细菌一接触利斯特灵漱口水即被消灭。许多消费者投诉这个广告有误导嫌疑，美国联邦贸易委员会向沃纳–兰博特公司发出警告，但该公司仍一意孤行。1972 年，联邦贸易委员会就利斯特灵漱口水所宣称的功效召开了医学听证会，与会的医学专家一致认为，利斯特灵没有防治感冒和咽喉肿痛的功效。含漱该水后，咽喉得到的暂时舒适是使用盐水和热水也可以达到的。况且就算利斯特灵漱口水能够杀死细菌，医学研究也证明感冒并非由口腔内的细菌引起。听证会结束后，联邦贸易委员会当即向该公司发布了停止停播虚假广告的制裁决定：50 年来消费者心目中形成的有关利斯特灵漱口水能防治感冒和咽喉肿痛的印象，主要是由于广告主的欺骗性广告建立起来的；即使在广告停播很长一段时间后，很多人依然会继续相信漱口水的“治疗”效果。因此，制裁决定严厉要求沃纳–兰博特公司做矫正广告，另外还规定了矫正广告的花费必须相当于 1962 年 4 月至 1972 年 3 月间利斯特灵漱口水的实际广告总额。决定甚至还严格规定矫正广告所用的语言必须如下：“完全与我们过去的广告宣传相反，利斯特灵对防治感冒、咽喉肿痛或减轻这类症状毫无效力。”

在总体营销战略的指导下,企业营销部门对广告投放活动进行系列规划和控制主要包括以下五个方面的内容:即确定广告的目标(Mission)、确定广告经费预算(Money)、设计广告信息(Message)、选择广告媒体(Media)和衡量广告效果(Measurement),也被称为5M,如图5-4所示。

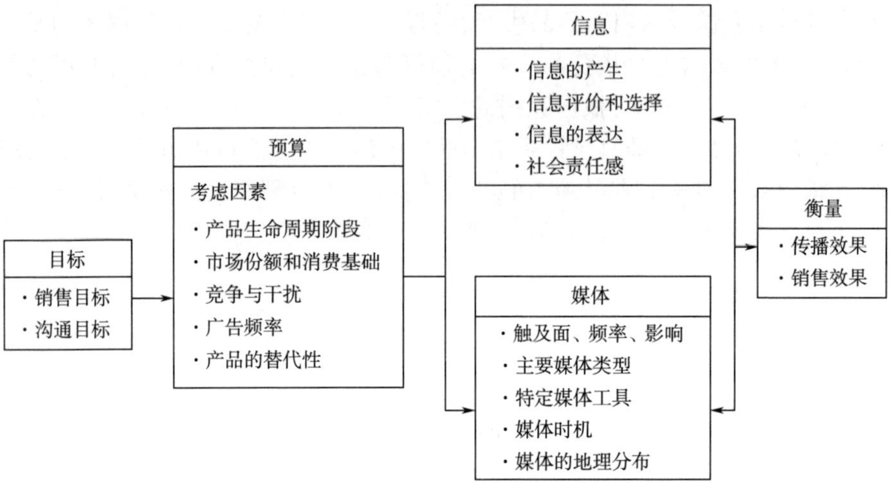

图5-4　广告投放计划的5M

1. 确定广告目标

广告目标是指在一定期限内,针对既定的目标接收者要达到的特定的沟通任务。制订广告目标应围绕着产品的目标市场、定位以及营销组合策略,在明确广告目标接收者的基础上,预设目标接收者的反应,真正做到将沟通目标与销售目标有机融合,避免出现广告看起来很美,却不能激发消费者购买欲望的情况。

2. 确定广告预算

广告预算是指企业在一定时期内预期分配给广告活动的总费用。广告有维持一段时期的延期效应,好的广告可以用来逐渐建立被称为品牌权益的无形资产。一般来说,确立广告预算要综合考虑以下多种因素。

(1)产品的特性　产品特性的不同会影响广告促销作用的大小,从而影响广告费用的分配。如原料药产品的顾客是制药企业,无需通过大量的广告来传递信息,广告费用较少。与此相反,医药消费品如OTC药品的顾客是广大医药知识欠缺的普通消费者,需要企业投入较高的广告费用帮助消费者了解产品的特点。如果产品的替代性较强,同一商品种类中存在很多商品品牌,则需要企业做大量的广告把自己的产品同别的产品区别开来。如预防和治疗感冒的药品,市场上有数百家制药企业在生产,不同品牌的同种化学成分的药品众多,企业应依靠广告来树立产品品牌的特色和独特的功能利益。

(2)市场规模和市场份额的大小　如果企业面对的市场规模不大,消费者人口总数小,地理位置相对集中,较小的广告投放量就可以达到预期效果。如果企业面对的市场规模大,人口总数大,消费者地理位置分散,则企业需选择多种传播媒体投放大量广告。如果企业占领的市场份额很高,投放广告的目的是通过提高销售量抢占市场份额,则需要大量的广告费用。

(3)竞争状况　如果市场上的竞争对手众多,就会给企业广告信息的传递产生干扰。因此,广告宣传的力度必须能够超过竞争对手的干扰强度。如果企业的产品在市场上暂时不存在竞争对手,广告宣传无需克服任何干扰,预算经费可适当减少。

(4)广告的投放频率　提醒性广告需要反复不断地加强消费者对产品的印象,重复传递信息的次数较多,广告投放频率较高,因此需要较高预算。

(5)产品所处生命周期的阶段　处于导入期和成长期的新产品主要依靠广告宣传的作用建立知名度,其广告经费预算宜高不宜低。处于成熟期和衰退期的老产品则可适当减少广告预算。

3. 设计广告信息

广告信息只有能够充分吸引消费者的注意力并引起共鸣,才能促进产品的销售。广告信息的设计离不开对消费者的调查与分析,只有充分了解消费者的行为、习惯和需求之后,才能精心设计出最合适的广告信息。因此,广告信息设计一般包括以下步骤。

(1)分析目标受众　广告信息内容建立在对目标受众仔细分析的基础之上,营销人员必须调查并明确谁是广告的目标受众,目标受众的性别、年龄、教育状况、民族、收入、职业、生活方式、价值观念等特征如何,分析中还需结合社会宏观环境变化带来的家庭观念、伦理道德等方面的变化,明确广告目标接收者,决定应寻求的反应。同时,还必须对产品进行深入研究,将产品的多种利益点与目标受众特征结合起来,确立广告信息基本思路。广告目标受众的不同会深刻地影响广告决策的各项具体内容,如传递的内容、方式、时间、地点及传递者的人选等。例如,在虫草、参茸等名贵滋补药品的购买行为中,子女为表孝心为老人购买的情况很多,在这种情形下,产品的使用者和购买者是分离的,此时的广告接收者既可以面向老年人,以让老年人对产品产生信任为目标,选择老年人喜闻乐见的媒体和传播方式,也可以将收入较高的中年人作为沟通对象,以促使该类人群产生孝敬爸妈就选某某某的联想为目标。

(2)确定广告信息的诉求点　广告信息应能反映本品牌产品的特色和利益,能够把本产品品牌与竞争对手区分开来,这就要求营销人员在分析目标受众的基础上确定广告的诉求点。USP (Unique Selling Proposition)策略是最常用的广告诉求构思方式。USP 是独特的销售主张的英文缩写,该策略主要是强调产品的差异性,向消费者说明购买广告中的产品可以获得什么具体利益,并且产品利益必须是竞争对手做不到的或无法提供的,在广告说服中聚焦一点,集中打动、感动和吸引消费者来购买相应产品。USP 策略比较适合:①新产品、新功能出现时,将这一信息告知目标受众。②产品的功能特色在较长时间内难以被模仿。③产品专业化程度高、企业实力雄厚,产品在消费者心目中建立了良好的信誉,消费者相信只有该产品才具有某一特性。USP 策略在药品及其他健康产品运用非常普遍,例如:六味地黄丸是一味传统中药,市面上品牌众多,“仲景”牌六味地黄丸就强调原材料来自延绵八百里的伏牛山,山中盛产各类中草药,是高品质的天然药库,使消费者对“仲景”牌六味地黄丸“药材好,药才好”的品质定位有了高度的认同。USP 策略主要是通过理性呼吁的方式向消费者反映本品牌产品的特色和利益,但有些产品并不具有满足人类基本需求的实际价值,这些产品带给消费者的更多是一种心理满足,该类产品应以感性的呼吁为主,激起消费者消极的或积极的情绪,以刺激购买。如是否听一场音乐会,并不会对消费者的生活带来立竿见影的实际影响,音乐会的广告就突出音乐对人心灵的影响,通过激发消费者的积极情感吸引听众。除理性和感性诉求外,企业也可以对目标受众进行道德上的呼吁,即向广告接受者传输什么是“对的”和“适当的”,进而影响消费行为。例如某价廉物美的日化产品面对众多国际大牌在中国市场的广告攻势,以“只买对的,不买贵的”为诉求,促使消费者在日常用品选择中能进行理性思考,避免盲目追求大牌的情形。

(3)确定信息内容的表达方式　确定了广告的诉求点之后,还要注重广告信息的表达方式,即确定了广告“说什么”之后,还得确定广告“如何说”。广告信息的表达方式要有一定的独创性、感染力、亲和力,不能只是平淡无奇地进行客观描述,可以根据不同广告媒体采用不同的方式表达。在广告信息表达中还必须注意国家法律、法规和社会道德规范的限制。

①选取生活片段进行说明:消费者在生活中经常使用的产品,选取消费者在生活中使用该产品的片段进行诉求,会令消费者觉得真实、自然,可信度高。如宝洁公司多个品牌的洗衣粉电视广告,选择普通老百姓做演员,设计了调皮男孩在泥水中与小伙伴玩耍后母亲清洗脏衣服、刚参加工作的人不小心将墨水溅到衣服上等场景,拉家常般娓娓道来的诉求在潜移默化中影响了消费者。

②选取幻景\情调\形象片段:对于一些非生活必需品或奢侈品,则适合营造某种情调或氛围向消费者诉求。

③利用人物的象征意义:名人代言是常用的广告方式,除名人外,普通人身上的某些特质如能与产品吻合,将普通人的象征意义投射到产品上,是一种可信度更高、成本更低的广告方式。例如中美史克制药公司生产的抗过敏牙膏“舒适达”,选择一名普通的医学博士对牙齿过敏的发病机制和该牙膏的作用机理进行透彻的说明,就收到了良好的效果。

④利用专业技术与科学证据:在药品及健康产品中,将产品在专业技术上的独特之处用通俗易懂的形式,一定的比喻或联想表现出来,是比较常用的广告信息表达方式。如舒肤佳香皂的一则电视广告,通过使用舒肤佳洗手、不使用舒肤佳洗手

两种情形下手上细菌含量的显微镜图像对比，有力地说明了舒肤佳所含的迪保肤良好的除菌效果，适合日常洗手用。

⑤利用表扬的证据：一个具有社会责任感的企业，其优质的产品、良好的服务获得消费者认同后，往往会收到消费者的一些感谢或表扬，营销部门注意收集这方面的证据，在适当的时候、以适当的方式呈现给公众，也能收到一定的广告效果。

（4）选择广告媒体　随着信息技术的发展，广告媒体越来越多，出现了抖音、直播等不同广告媒体。不同的广告媒体，它的传播范围、时间、所能采用的表现形式、接受对象都是不同的。广告主在通过广告媒体把自己的意图在他们所希望的时间、地区传递给他们所希望的对象时，需要根据媒体所能传播信息量的多少，根据对媒体占用时间与空间的多少，支付不同的费用。因此，广告媒体选择的核心在于寻求最佳的传送路线，使广告在目标市场影响范围内，达到期望的展露数量，并拥有最佳的成本效益。每种媒体都有其优势和局限，媒体策划者在选择媒体时，要考虑多种因素，主要包括以下几点。

①目标顾客对媒体的习惯：不同的消费者通常会接触特定的媒体，有针对性地选择为广告对象所易于接受的媒体，是增强广告促销效果的有效方法。例如，对于青少年，抖音、网红直播是最有效的广告媒体。

②产品的特性。

③广告内容：广告媒体的选择要受到广告信息内容的制约。如果广告内容是宣布明日的销售活动，网络、微信平台、报纸、电视、广播媒体最及时。而如果广告信息中含有大量的技术资料，则适宜登载在专业杂志上或邮寄广告媒体上。

大健康产品
广告案例点评

④媒体成本：媒体策划者既要考虑选用一种宣传媒体的总支出，也要考虑把信息传递给每一千个人的单项开支。同时，媒体影响和开支必须定期审核。

⑤广告传播范围：广告媒体所能触及的影响范围与企业所要求的信息传播范围必须相适应。如果企业产品是行销全国的，宜选择全国性媒体；而在某一地区或城市销售的产品，则选择地方性媒体。

（四）公共关系

公共关系源自英文 Public Relation，意思是与公众的联系，简称公关，它是指企业为塑造良好的形象而采取的一切沟通联系活动的总称。企业要在激烈的市场竞争中长久立于不败之地，不仅仅在于短期内如何把自己的产品推销出去，还需要用各种方法在公众的心目中树立企业的良好形象。药品的特殊性决定了药品生产经营企业开展的多种营销活动受到政策、法规因素极大的制约。因此，与其他类型企业相比，公共关系在药品生产经营企业中占有更重要的地位。公共关系的主要任务是沟通和协调企业与社会公众之间的关系，以争取公众的理解、认可与合作，实现扩大销售，其主要内容包括以下 6 点。

1. 正确处理企业与消费者的关系

消费者对企业的印象和评价,决定着企业能否保持和扩大市场占有率,决定着企业的生存和发展。因此,公共关系工作要树立以消费者为中心的思想,主动、积极地争取消费者,处理好与他们的关系。常见的面向广大消费者的公关活动除保持与消费者的日常沟通外,还包括组织参观企业、开展形式多样的创意活动等。

案例 5-8

形式多样的消费者公关活动

深圳市光明农场所生产的"晨光"牌鲜乳制品除满足深圳本地居民需求外,还供应香港市场,是深受深港两地市民信赖的鲜乳品牌。即使是在中国内地屡次爆发乳制品危机的情况下,消费者依然不减对"晨光"的信赖。光明农场长期组织各种消费者参观活动,为"晨光"在消费者中获得高美誉度立下了汗马功劳,光明农场地处深圳市郊,市民们周末到农场休闲时,可以在工作人员的引导下参观晨光乳牛场,凝望乳牛在绿草地上悠闲地吃草,参观操作规范、洁净度高的挤乳车间,品尝刚挤出来的鲜乳……"晨光"鲜乳的新鲜、卫生、营养尽收消费者眼底,不知不觉间产生对企业及产品的高信任度。

深圳海王星辰连锁药店以"社区好邻居"为主题集中各厂商经常开展多种社区活动,活动开始前利用其会员数据库邀请目标顾客参加,某家药店曾经组织多名心脑血管慢性疾病患者参加由知名专家主讲的讲座,就受到了顾客的普遍好评。

2. 正确处理与相关企业的关系

现代企业市场营销,无时无刻不与相关企业发生联系。这些相关企业一般可分为两大类:与本企业生产同类产品的竞争企业;与本企业有着业务往来的协作单位,包括供应原料、零部件的企业,购买本企业产品或协助本企业销售产品的企业,为本企业提供技术与人才的科研、教育部门。

企业在处理与竞争企业的关系时要树立公平竞争的思想,正确处理竞争过程中的各种经济纠纷和冲突,绝对不能采取诽谤、中伤、贿赂等不道德手段搞垮对手,以免企业自身形象和信誉受损。

企业在处理与协作单位的关系时,应当加强单位之间的联系,互通信息,相互协商和体谅,合理分利,共同发展。企业与协作单位的沟通交流形式主要包括:①有组织的互访等人际交往形式。②当协作单位取得重大成就或面临困难时,利用广告声明立场,说明真相或表示慰问、祝贺。③企业之间互送企业刊物、小册子。④主持召开同行业研讨会或联谊会,沟通同行之间的感情。⑤采取多种形式帮助协作单位成功,既树立本企业在行业中的形象和地位,同时协作单位成功也有助于本企业的业绩提升。

案例 5-9

东盛制药借沙龙树立行业地位

东盛制药借助其旗下康易网和某一专业杂志在行业内的影响，以全国近万家药店经理为发展对象，组建中国第一家具有一定专业性、实用性的俱乐部——“药店经理沙龙”。沙龙会员除了能够优先参与东盛“药店经理沙龙”举办的一切活动与专业培训外，还可以在康易网上进行交流。该企业与“药店经理沙龙”一并推出的还有“东盛店员俱乐部”，这是一个以“关注业者存在，增进东盛情结”为活动宗旨的组织，目的是与药店店员进行沟通交流和信息互动。

3. 正确处理企业与政府的关系

政府不仅是国家权力的执行机关，也是宏观经济的调控者。企业的活动应服从政府的监督。因此，企业公关工作必须正确处理与政府的关系。政府作为主管部门，希望受到企业的尊重，希望企业积极配合工作，都是非常正常的心态，企业应从政府的这种心态出发进行政府关系维护。在日常工作中充分尊重政府，在遵守国家法令，自觉接受政府有关部门的指导和监督的同时，企业应主动与政府有关部门沟通信息，赢得政府的信赖与支持。

政府也希望能多出政绩并造福一方，因此，企业也可以在配合政府各项工作的同时为其排忧解难。企业可以关心政府关注的问题，策划一些没有商业气息的公关活动，做到企业、政府、社会合作多赢。例如，在 2008 年的汶川大地震中，一些企业积极向灾区捐款捐物，发挥企业专长参与各项灾后重建工作，既帮政府排忧解难，又树立了良好的企业形象。

4. 正确处理企业与社区及新闻媒介的关系

社区关系是指企业与其所在城镇、村落、街道的政府和非政府组织或居民的关系。企业与社区存在着千丝万缕的联系，只有建立融洽的社区关系才能立脚扎根。因此，企业必须满足社区对自己的正当要求。在生产经营过程中搞好安全生产和环境卫生；提供优良服务和必要的公益赞助；积极、主动地担负起社会责任，造福于社区。

新闻媒介对企业的影响极大，它可以创造社会舆论，影响民意，间接而有力地调控企业行为。因此，企业公关人员应当同新闻界保持经常的、广泛的联系，通过主动合作打开市场局面，提高企业知名度，建立良好的社会形象。

5. 正确处理企业内部公众关系

企业内部公众关系是指企业内部员工关系、部门间关系及股东关系的总称。

企业内部员工关系及部门间关系是否融洽直接关系到企业经营目标的实现。为此,公关工作要做到:加强企业内部各方面纵向和横向的信息交流,增进相互了解,协调各方面利益关系,解决各种矛盾,培养集体精神和协作精神,保证企业整体的正常运转;合理满足职工的物质文化生活需要,改善职工的生活条件,使职工在企业里感到温暖和愉快,从而加强企业的凝聚力;提高职工的责任心,培养职工的参政意识和民主管理意识;激发职工的工作潜能,使职工养成主动、积极进取的精神,充分调动职工的想象力和创造力,为企业的不断发展培育生机。

6. 公关危机处理

医药企业的内外部营销环境,在任何时期都是错综复杂、变幻莫测的。企业为了适应经营环境的变化,保证企业健康发展,必须经常分析研究妥善处理各种危机。如果处理不当或处理不及时,将会给企业带来巨大的损失。

从公共关系的角度看,凡直接或间接对企业形象构成威胁的一切事件,都是危机事件;由危机事件所造成的对企业的影响,就称作危机。医药企业的危机事件从营销角度而言一般有:药品或服务质量问题、顾客误解、债务或合同纠纷、产品滞销、原料短缺、火灾、地震等。危机事件往往具有不可预测性、突发性、异常性、巨大性和持续性等特点,但危机的产生和发展是有一定规律性的,通常它具有潜伏期、爆发期、处理期和善后期四个阶段:潜伏期是危机因素的积累阶段,这是一个量变的过程。由于它在程度上还未造成现实明显的影响,所以往往不为人们所注意。爆发期是指当危机因素的积累达到一定的程度,而通过某个随机事件爆发出来,这是一个质变的过程。对于这个爆发时刻的来临,人们事前往往不可预测,它具有突发性,往往给企业带来巨大的、异常的和持久的不良影响。处理期是针对危机事件本身采取的一系列处理措施,就事论事地加以解决的过程。企业营销部门必须及时发现问题,及时加以处理。任何拖延、抵赖或隐瞒,只会给企业带来更大的损害。善后期是针对危机事件所造成的广泛的不利影响和暴露出的问题,采取一系列的措施加以根治的过程。根据企业具体情况的不同,危机处理的具体过程各不相同,但不管发生什么类型的危机,企业在处理中都应遵循四个基本原则。

(1)快速反应　企业一旦发生危机,各种传言纷至沓来,企业如果不快速反应,不仅会错失最佳处理时机,而且传言有可能演变为谣言,造成公众恐慌。因此,企业一旦发生危机事件,就应立即着手处理,并将处理方法及结果告知相关公众,争取尽量把事故影响减小到最低程度。例如,制药企业如果不幸发生了药品质量或服用中毒事故,那么首先要抓紧时间判明事实真相,为避免事态扩大需及时与媒体沟通,并通过大众媒体告知社会,当事实尚未调查清楚前暂时停止服用该药品。同时抽取事故药品进行检验,对何时、何地的药品生产线制造出来,用什么包装发货,货发往哪里,贴的什么标签,使用什么说明书,销售时对商品是怎样介绍的,是使用不当还是药品本身的问题等一系列问题要抓紧查明。

(2)真诚坦率　危机处理的关键是实事求是,如是企业的责任绝不能推诿,并与媒体保持良好的沟通，以求获得媒体与社会舆论的公正对待。

（3）人道主义　企业危机事件难免会涉及人身伤害，此时不论责任在哪一方面，企业都应本着人道主义原则先救人要紧，毕竟生命是无价的。

（4）维护信誉　企业一旦出现危机事件，社会的关注点集中在企业上，其中难免会有一些误解企业的传言，甚至是一些别有用心者恶意诋毁企业的谣言。面对这种情况，企业也不能听之任之，而是应本着维护企业信誉的原则，澄清事实真相，对公众做耐心的说服工作。

案例 5-10

中美史克公司的危机管理

2000 年 11 月 16 日，中美史克公司接到天津市卫生局的通知，要求立即暂停制售含 PPA（苯丙醇胺）成分的药物，其产品康泰克和康得并列政府禁止令榜首。

中美史克公司在接到通知后，立即组织专门负责应对危机事件的危机管理小组，并划分职责：①危机管理领导小组：负责制订应对危机的立场基调，统一口径，以免引起信息混乱，并协调各小组工作。②沟通小组：负责信息发布和内部、外部的信息沟通，是所有信息的发布者。③市场小组：负责加快新产品开发。④生产小组：负责组织调整生产，并处理正在生产线上的中间产品。危机管理小组配备了强大的人力资源，由 10 位公司经理等主要部门负责主管组成，10 余名工作人员负责协调、跟进。

16 日上午，危机管理小组发布了危机公关纲领，向政府部门表态，坚决执行政府法令，暂停康泰克和康得的生产和销售，通知经销商和客户立即停止康泰克和康得的销售，取消相关合同；停止广告宣传和市场推广活动。

16 日，危机公关纲领在悄然有序地执行着。但多数员工特别是一线员工并不清楚发生了什么。16 日傍晚，中央电视台等各大媒体开始了广泛的宣传，大多数公众知道了“禁止 PPA 的政府令”“抵制 PPA”的公众舆论开始形成并产生影响，公司的员工心态产生浮躁。中美史克公司迅速在 17 日中午召开员工大会，总经理向员工通报了事情的来龙去脉，表示了公司不会裁员的决心，并以《给全体员工一封信》的书面形式将承诺公布给每一位员工。此举向员工传递了正确及时的信息，通报了公司举措和进展，以此赢得了员工空前一致的团结精神。同日，全国各地的 50 多位销售经理被迅速召回天津总部。危机管理小组深入其中做工作，以保障企业危机应对措施的有效执行。18 日，他们带着中美史克的《给医院的信》《给客户的信》回归各部，应急行动纲领在全国各地按部就班地展开。

为了更好地服务客户和消费者，公司专门培训了数十名接线员，负责接听客户、消费者的问讯电话，并做出准确专业的回答，使其消除疑虑。

为了以正视听,避免不必要的麻烦,20 日中美史克公司在北京召开了新闻恳谈会,总经理回答了记者的提问,做出不停投资和"无论怎样,维护广大群众的健康是中美史克公司自始至终坚持的原则,将在国家相关药品监督部门得出关于 PPA 的研究论证结果后为广大消费者提供一个满意的解决方法"的立场态度和决心。同时,面对个别新闻媒体的不公正宣传,中美史克并没有过多追究,只是尽力争取媒体的正面宣传以维系企业形象。其总经理也频频接受国内知名媒体的专访,争取为中美史克公司说话的机会。

对待暂停令后同行的大肆炒作和攻击行为,中美史克公司保持了应有的冷静,既未反驳也没有说一句竞争对手的坏话,表现了一个成熟企业对待竞争对手的最起码的态度与风度。

经过一番努力,终于取得了不凡的效果,中美史克并没有因为康泰克和康得的问题影响到其他产品的正常生产和销售。2001 年 9 月底,新的康泰克上市前夕,多家媒体发布了正面的宣传报道。

三、两种基本促销组合策略

由于每种促销形式各有其优缺点,企业在进行促销时,往往不只是运用某一种单一的促销手段,而是通过几种促销形式的整合,使每种促销形式有机地结合起来,形成一个整体的促销策略。根据对于各个具体促销形式相对重视程度的不同,企业的促销组合分为"推式"与"拉式"两大基本策略,有些企业可能只使用推动策略或拉引策略,但大部分企业则把两种策略结合起来使用。人员推销、营业推广、广告和公共关系 4 种沟通形式所形成的组合称为促销组合。按沟通的场所来划分,促销组合中的人员推销与营业推广是在销售现场开展的沟通,广告和公共关系则主要在非销售现场展开。4 种促销方式的比较见表 5-4 所示。

表 5-4　　4 种促销方式的比较

促销方式	特点	优点	缺点
人员推销	为达成销售而与一位或多位目标顾客进行的口头沟通,运用技巧,说服目标顾客接受产品,进而产生购买的行为	当面沟通,方式灵活,可根据顾客需要来调整信息 顾客注意力容易集中,易于激发购买兴趣,促成交易	接触面窄 与每位顾客沟通的成本较高 人才难觅
营业推广	为促进顾客购买及增强销售效率而采取的短期刺激销售行为,如折扣、赠券、抽奖、赠送礼品、免费体验、老顾客优惠计划等	能引起顾客注意 顾客可获得明确的利益 能促成顾客即时购买	只能达到短期效果 促销活动结束可能引起不良反应 过多使用,可能引起顾客的反感、怀疑

续表

促销方式	特点	优点	缺点
广告	企业以付酬的方式，通过各种传播媒介向目标消费者传递产品信息的活动	传播范围广，吸引大量公众注意 能将信息艺术化，并能多次反复使用	信息标准化，缺少灵活性 说服力较小，难以促成即时购买行为
公共关系	组织为了与公众建立有利的双方关系，增进公众对组织的认识、理解与支持，树立良好的形象而进行的一系列活动	能树立或进一步增强形象 可信度高 费用开支较低	难以控制信息及其发布时机、刊出位置及覆盖面 难以促成即时购买行为

(一)推式策略

推式策略是企业主要采用人员推销的促销方式，将产品推向中间商，通过中间商的努力将产品转移给消费者的促销组合策略，如图5-5所示。

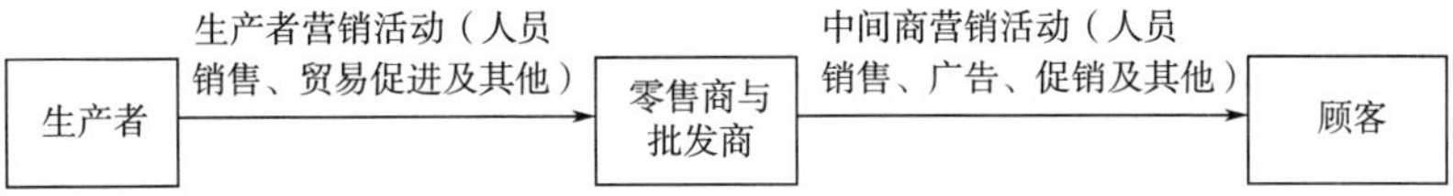

图5-5 推式策略示意图

推式策略成功的关键是取得中间商的信任和支持，企业主要通过阐明产品卖点、消费者较高的需求、较高的折扣率、完善的促销支持等方法取得中间商的信任。该策略主要适用于单位价值较高或性能复杂、需要做示范的产品以及流通环节较少、市场比较集中的产品。如处方药及医疗器械，仅靠大众媒体的宣传消费者无法了解或进行认知，需要推销人员给予较多的宣传与讲解。

(二)拉式策略

拉式策略是企业以最终消费者为主要促销对象，通过广告和公共关系使消费者对产品产生兴趣，吸引消费者向零售商询购，零售商向批发商要货，批发商向制造商进货的过程。该策略主要适用于科技含量不高、价值较小、用途广泛的产品，对于此类产品，消费者比较关注其品牌知名度及美誉度，因此宜采用拉式策略，如图5-6所示。

(三)制订促销组合策略的考虑因素

1. 每种促销形式的特点

每一种促销方式，即广告、公共关系、人员推销、营业推广，都有其特点和成本，

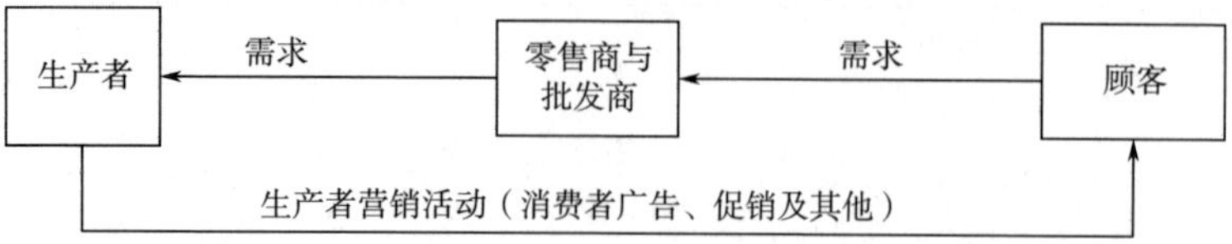

图 5-6　拉式策略示意图

营销人员必须认识这些特点才能选择正确的工具。

2. 促销目标

企业在不同时期及不同的市场环境下所执行的特定促销活动,都与其促销目标有关,目标不同促销组合也就有差异。例如,在一定时期内,某企业的促销目标是在某一市场迅速增加销售量,扩大企业的市场份额;而另一企业的促销目标是在该市场树立企业形象,为其产品今后占领市场赢得有利的竞争地位奠定基础。显然,前者的促销目标强调了短期效益,它将更多地使用广告和销售促进;而后者注重长期目标,加强宣传报道、建立广泛的公共关系,与之相配合的广告宣传在手段和内容等方面也会有差异。

3. 产品性质

不同性质的产品,如消费品和工业品,需要采取不同的促销策略。一般来说,消费品通常更多地使用拉式策略,将资金更多地投入广告,其次是销售促进、人员推销和公共关系。相反,工业品则往往更喜欢利用推式策略,将其资金更多地使用在人员推销方面,其次是销售促进、广告和公共关系。一般来讲,人员推销更多地用于那些价格昂贵、技术性能复杂,以及卖主偏少偏大的市场之中。如药品中的处方药普遍通过学术代表向医生进行推销。

4. 市场性质

对不同的市场需要,应采取不同的促销组合和不同的促销策略。首先,根据市场地理范围大小的不同,采用不同的促销策略。如向小规模本地市场进行促销,应以使用人员推销为主。在全国市场乃至国际市场进行促销,应多采用广告宣传。其次,要根据市场类型不同采用不同的促销策略。消费品市场的买主数量多而分散,不可能由推销人员去广泛地个别接触,需要靠广告宣传介绍、产品包装说明,以及商品陈列等吸引顾客。另外,消费者的性别、年龄、教育程度往往各不相同,在为某一种产品制订促销策略时,要考虑这些因素来选择促销组合,以获得最佳效果。

5. 其他营销因素

因为促销组合的效能大小不仅在于各种促销手段本身的配合使用状况,还取决于产品开发、渠道选择、定价策略等企业营销组合其他因素的协调情况。也就是说,在其他营销策略定下来时,促销组合的选择必须同其相适应。

总之,在充分了解各种促销方式的特点,并考虑促销组合各种因素的前提下,有计划地将各种促销方式加以适当搭配，形成一定的促销组合，才能取得最佳的促销效果。

实践训练 5-4

某保健品促销组合方式调查与评价

通过查阅资料以及现场体验等多种形式，调查某保健品最近正在开展的促销活动，对该产品采取的各种促销方式进行综合归纳，评价并提出改进建议。产品类别可选择：①传统滋补养生药材等。②各种保健产品。③各种小型健康器械如血糖仪、家用按摩仪等。④维生素、矿物质等各种营养补充剂和功能食品。调查可按以下步骤：①按照产品或服务行业类型选择一个具体产品，查找该产品最近正在开展的促销活动。②对该产品促销活动的具体内容进行归纳，至少包括促销时间段、促销范围、事件与主题的选择和设计技巧，人员推销、营业推广、公关关系、广告等各种促销手段的互相配合方式及效果等内容。③对案例的促销组合方式进行评价，经验教训均可评价。

任务四　产品生命周期与营销策略

一、产品生命周期概述

（一）产品生命周期的概念

任何一个产品在市场上的销售情况和获利能力都是随着时间的推移而变化的，这种变化的规律和生物的生理历程一样，经历了诞生、成长、成熟和衰亡的过程。这个过程在市场营销学上称为产品生命周期，即产品从进入市场开始，直到被市场淘汰为止所经历的全部时间。产品生命周期表明产品在市场上的变化过程，是针对产品的社会形象和销售状况而言的，它的长短与科技发展、社会需要、市场竞争、消费者爱好等社会市场因素有关，它是抽象的无形的演变，是产品的“市场寿命”或“经济寿命”。

（二）产品生命周期的表现形式

1. 产品生命周期的典型形式

产品的生命周期往往是以销售额和利润额的变化来衡量。如果以时间为横坐标，以销售额和利润额为纵坐标，则典型的产品生命周期如图 5-7 所示，通常要经历四个阶段，即导入期、成长期、成熟期和衰退期。

在典型形式下，产品生命周期各阶段的特点归纳如表 5-5 所示。

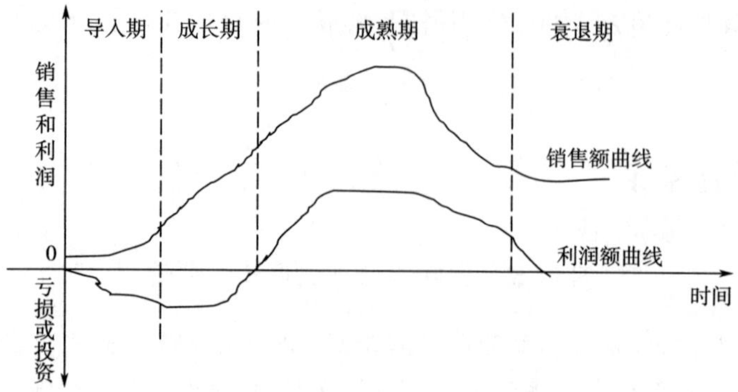

图 5-7　典型的产品生命周期曲线

表 5-5　　典型的产品生命周期各阶段的特点

特点	导入期	成长期	成熟期		衰退期
			前期	后期	
销量	低	快速增长	继续增长	缓慢增长	下降
利润	微少或负数	大	高峰	大,并开始下降	低或负数
购买者	爱好新奇者	早期使用者	大众	大众	追随者
竞争	甚微	兴起	加剧	激烈	减少

2. 产品生命周期的其他形式

营销学者对各类商品进行的大量研究表明,典型的产品生命周期对许多商品都是适用的,只是不同产品各阶段持续的时间长短不同,但是,并非所有产品都呈现上述典型的产品生命周期。英国有位营销学家研究了 7543 种处方药,发现了生命周期的其他模式,其中有代表性的有以下两种。

(1)循环-再循环型“驼峰”曲线　产品在进入衰退期时,由于促销推进而造成第二个“驼峰”。一般情况下,再循环的销售量和持续期低于第一次循环的周期,如图 5-8 所示。

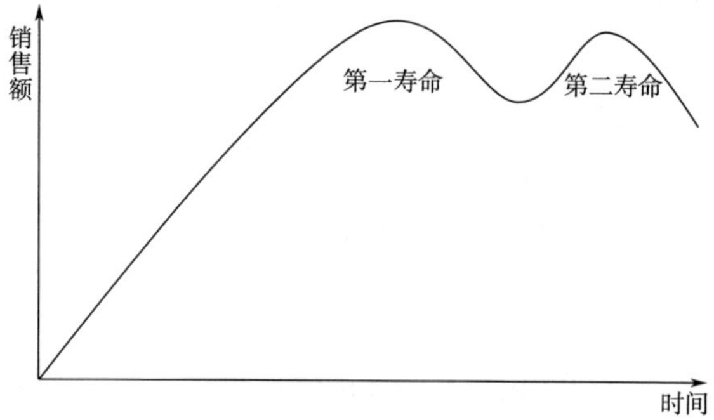

图 5-8　产品生命周期的“驼峰”曲线

(2)“扇形”曲线　因为发现了新的产品特征、用途和用户,而使其市场生命持续向前,如图 5-9 所示。

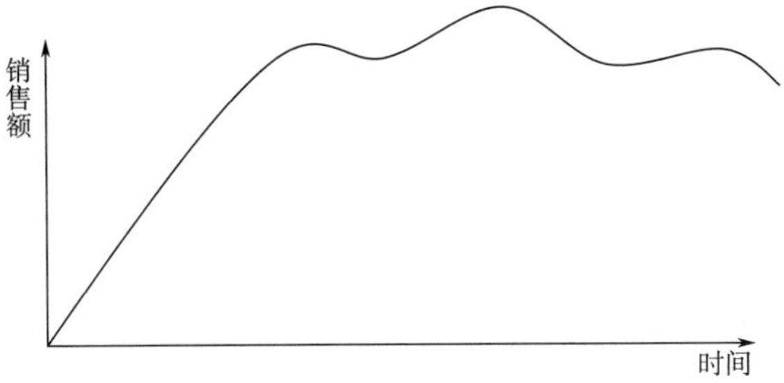

图 5-9　产品生命周期的“扇形”曲线

案例 5-11

拜耳阿司匹林的“世纪之药”传奇

阿司匹林(Aspisin),又称乙酰水杨酸,1897 年 8 月 10 日由费利克斯·霍夫曼成功合成。由于原料易得、制备工艺简单、治疗范围广泛,阿司匹林一问世,立即成为治疗感冒、头痛、发烧、风湿病和缓解、治疗关节及其他部位疼痛的最畅销解热镇痛药。在它诞生之后的 100 多年时间里,药物学,特别是药物合成技术飞速发展,各种新型药物百花齐放、各显神通,但阿司匹林却能在药物更新换代的大潮中始终屹立不倒,成为一款畅销不衰的家庭常备药物,这主要应归功于最早生产阿司匹林的德国拜耳制药集团(以下简称“拜耳”)对阿司匹林的潜力进行不懈的挖掘,使其生命之树常青。

当今全球生产阿司匹林单方制剂的药厂不计其数,但以品牌而言,仍公认首推拜耳。阿司匹林片上的“BAYER”商标不仅仅是世界名牌标志,也是高质量、高技术含量、高市场占有份额的反映,给病人和医生带来高度信任感。2014 年阿司匹林全球销售额达到 5. 86 亿美元,与 2014 年比较,2015 年全球销售额上涨了 8. 1%。拜耳对阿司匹林的研究范围非常广泛,从水杨酸到乙酰水杨酸副作用降低的研究,到阿司匹林对于预防心肌梗死的研究,使阿司匹林的应用范围不断拓宽。在这 100 多年间,阿司匹林的潜力不断被开发,治疗范围得以拓宽,作用机制也逐渐被揭示。现代临床医学证明,阿司匹林在防治心脑血管等疾病方面有着良好的效果,特别是在抑制手术后血栓的形成、心肌梗死和抑制血小板凝固等方面,已经成为医生必不可少的常用药。因此,目前包括我国众多医生在内的世界各国的医生都建议,心脑血管疾病患者应每日服用少量的阿司匹林。100 多年来销售额持续增长,可以说,阿司匹林创造了西药史上的一个奇迹。

(资料来源:汤少梁. 药品市场营销学[M]. 2 版. 北京:人民卫生出版社, 2018.)

二、药品生命周期各阶段的营销策略

药品生命周期是指药品从试制成功进入市场开始,直到最后被市场淘汰为止的全部过程。在药品生命周期的不同阶段,内外部环境具有不同的特点,企业应采用不同的市场营销策略,以保证产品在整个生命周期中能成功地完成它的全过程。

(一)导入期的特点及营销策略

1. 导入期的特点

产品导入期是指产品开始投入市场后的一段时间,所有产品在这个时期都具有以下特征:生产批量小,制造成本高,产品的设计还需改进,生产方法还没有最后确定,产量还不稳定;作为新产品,需要努力宣传推广,广告及其他推销费用的支出很高;销售渠道刚刚建立,销量有限,因此企业承担风险大,利润少甚至亏本。药品的导入期是指药品研制成功投放市场试销的时期。与其他产品相比,药品在导入期以下特征更为突出。

(1)研发成本特别高　新药研制需要长时间投入大量的人力、财力和物力,因此成本非常高昂。以诺华制药公司研发的慢性白血病治疗用药格列卫(Gleevec)为例,其研发从 20 世纪 50、60 年代到 2010 年经过了半个多世纪,直接投资高达数十亿美元,在研发中造就了 5 位美国科学院院士,5 位拉斯克(Lasker)临床医学研究奖得主(美国的“诺贝尔奖”),以及 1 位美国国家自然科学奖得主。除了科学家数十年的努力,企业家大量投资所承担的市场风险外,患者勇于尝试新药也为格列卫的成功做出了巨大的贡献。可以说,格列卫的上市,企业、科学家、患者及整个社会都付出了高昂的成本。因此,一个成功上市的新药,其原材料及生产成本可能是微不足道的,但其将承担前期各种研发失败的成本,这个成本是巨大的。

(2)销售量低、生产量小　由于药品刚刚问世,医务人员不太了解新药品,很多医生不会轻易改变原来的处方习惯,导致销售量低、生产量小,成本无法降低。

(3)需求弹性低　由于药品使用范围的特殊性,消费者不会因为价格降低扩大用量,也对药品扩大销售形成限制;同时,迫切需要治疗的患者除极少数勇敢者外,一般也不敢轻易尝试。

(4)市场竞争尚未形成　受专利法规保护,在专利期内其他企业还不能仿制;同时,由于新药研制过程漫长,经营风险很大,竞争者即使看到新的研发思路,也大多会处于观望状态,不会借鉴研发。

2. 产品导入期的营销策略

对导入期的产品,如果着重考虑价格和促销两个因素,决策者可以在以下四个策略中加以选择。

(1)快速掠取策略　这是以高价配合高促销费用推出新产品的方法,因此也称双高策略,产品定价高、获利大,可尽快收回开发时的投资。高促销活动是为了引起目标市场消费者的注意,加快市场渗透过程,尽快占领市场。实施这一策略须具备以下条件:市场上有较大的需求潜力;产品需求弹性小,消费者求购心切;产品有特色,技术含量高,不易仿制。

(2)缓慢掠取策略　即高价低促销策略,也称高低策略,指企业以高价格低促销费用推出某种新产品。在制订高价格的同时,并不在促销推广上进行高额投入,只用较少的促销努力,以期望获得尽可能多的盈利。采用这种策略的条件是:大部分潜在的消费者已经熟悉该产品,他们愿意出高价购买,而且商品的生产和经营必须有相当的难度和要求,普通企业无法参加竞争,或由于其他原因使潜在的竞争不迫切。

(3)快速渗透策略　即低价高促销策略,也称低高策略,是指用较低的产品价格和较高的促销费用推出新产品,以求迅速打入市场,争取尽可能多的市场份额。高促销是为了集中力量以最快的速度将产品打入市场,而低价本身就是一种促销手段。采用这种策略应具备的市场条件是:市场规模很大,消费者对该新产品不了解,但对价格反应敏感,潜在竞争激烈,随着生产规模的扩大可以进一步降低产品成本。

(4)缓慢渗透策略　即低价低促销策略,也称双低策略,是指企业用低价格低促销费用推出新产品。低价是为了促使市场迅速接受产品,低促销节约费用,以获取更多的利润。实施这一策略的基本条件是:市场规模很大,消费者对该新产品已了解,并有一定的知名度。市场对价格反应敏感,存在潜在的竞争者。

以上四种策略如图 5-10 所示。

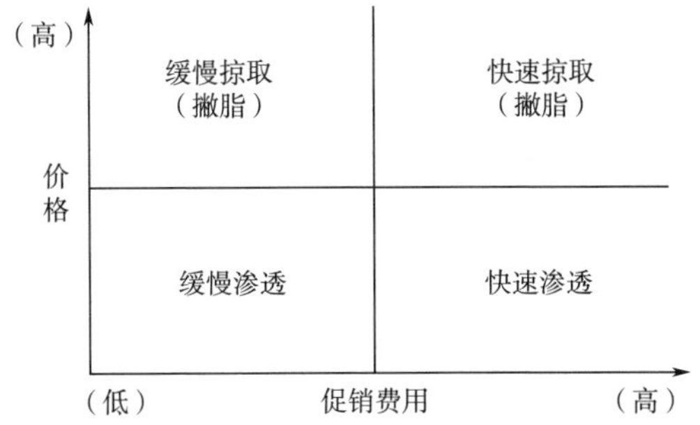

图 5-10　产品导入期营销策略选择

3. 药品导入期的营销策略选择

药品在导入期大多采取快速掠取策略,在专利期内的原创新药尤其如此,高价格是为了尽快弥补研发的高成本,而高促销则是为了让医生和患者更多地了解该药品,以尽快在专利期内扩大销量,快速收回成本。药品的低需求弹性与专利保护也保证了新药实行高价格能顺利实施。

需要说明的是,药品在导入期采取快速掠取策略,本质上并不是针对消费者的真正掠取,而是为了弥补前期高昂投入,同时为后续研发提供资金。以前述的格列卫为例,它的发明距今已经十几年,开始出现了一定的耐药性,因此科学家们继续研制出了替代格列卫的达希纳。正因为研发过程如此曲折,刚上市的格列卫价格非常高昂,上市10余年后,格列卫虽然屡次降价,但在普通老百姓眼里,它仍然是一种昂贵的药物。为了兼顾企业、患者及社会的长期利益,需要设计一整套的机制,例如对真正困难的患者,以慈善基金的形式进行赠药,扩大医疗保险报销范围等。

4. 药品导入期的促销方法

为了保证双高策略的顺利实施,目前国内外药厂多采用先推出或创造一个概念,然后利用专家的影响、学术的支持、媒体的广告、学术代表的推广,让大家接受这一概念,从而接受与这一概念相配套的产品。例如拜耳的降血压药“拜新同控释片”通过对该药“T/P”比值高这一概念的推广,使医生及患者充分理解到“拜新同控释片”降压平稳的优势。T/P (Trough/Peak,波谷/波峰)比值也被称为谷峰比值,在评价降血压药效果时是指降压药疗效最低时血压下降值/降压药疗效最大时血压下降值,具体指降压药物一次剂量作用之末,下一次用药之前的血压降低值(谷值)与药物作用高峰时间测得的血压降低值(峰值)的比值,也就是降压药物最小与最大疗效比率。T/P比值以百分比或1表示,比值越高表明药物作用越持久。“拜新同控释片”采用高科技控释技术保证药物有效成分24h恒速释放,使服药后的有效血药浓度持续时间长,T/P高,保证了降压平稳,减少血压波动。通过建立起治疗概念与产品的必然联系,使医生和病人在接受这一概念的同时也接受了这一产品,引导他们使用该产品,迅速建立销售渠道进入医院及药店。

(二)成长期的营销策略

1. 成长期的特点

(1)需求量和销售量增长迅速　新产品经过导入期以后,产品在市场上已经开始被消费者认识和接受,消费习惯开始形成,销售量迅猛增长。

(2)生产成本下降,利润上升　在这个时期产品设计和工艺基本定型,具备大批量生产的条件;销售量扩大,使单位产品的制造成本和销售成本显著下降,企业的利润迅速上升。

(3)市场竞争加剧　随着产销量的迅速增长,竞争者见到这种产品开始有利可图,纷纷进入该市场,开始出现激烈竞争的趋势。

2. 产品成长期的营销策略

成长期是企业销售的黄金阶段,企业营销对策的核心是既要扩大本企业产品的影响力,又要规避潜在的竞争,因此企业应利用最早上市产品的先发优势,继续保持良好的产品质量和服务质量,同时加强品牌宣传,力争创名牌,建立消费者偏好。

(1)产品策略　根据消费者的需求和其他市场信息，一方面要开发出新剂型、新品种、新包装，并通过建立完善的产品质量保证体系，进一步提高产品质量。另一方面进入新的细分市场，例如“尼莫地平输液制剂”由原来的原发性蛛网膜下腔出血的细分市场到外伤性蛛网膜下腔出血这一细分市场。

(2)价格策略　企业应根据生产成本和市场价格的变动趋势，分析竞争者的价格策略，保持原价或适当调整价格，以保持产品的声誉和吸引更多的购买者。当然，降价有可能暂时减少企业的利润，但是随着市场份额的扩大，长期利润还可望增加。此阶段不可轻易提高价格，否则容易引起消费者的波动。

(3)渠道策略　企业应巩固原有的营销渠道，积极开辟新的销售渠道，发展销售网点，扩大产品的销售面。例如，许多好的处方药在销售多年后，转变为OTC药品在药店销售，扩大了市场占有率。

(4)促销策略　促销目标从介绍产品、树立产品的知名度逐渐转向以树立产品形象为主，培养消费者的品牌偏好，增加其依赖程度，促使医生开处方、消费者主动购买。

案例 5-12

茶饮料市场开拓者不思进取、折戟沉沙

在包装饮料市场，茶饮料是其中的一个重要品类，线上线下零售市场利乐包、宝特瓶等各种包装，冰红茶、冰绿茶、乌龙茶等各个品种，统一、康师傅、农夫山泉等各类品牌琳琅满目。在这众多品种中，中国大陆第一个茶饮料品牌——旭日升却销声匿迹，现在的消费者甚至完全不知晓有这么个品牌的存在。事实上，旭日升在20世纪90年代就在中国大陆市场最早推出包装茶饮料，在碳酸饮料一统天下的当时打出了一片新天地，但旭日升被暂时的成功冲昏了头脑，殊不知茶饮料一上市就被当时的食品行业巨头——统一、康师傅两家企业给盯上了，统一、康师傅两家企业受旭日升产品的启发，快速研发出各种茶饮料新品种，利用在中国大陆已经具备的品牌知名度和渠道优势，在各大商超、便利小店广泛铺货，聘请当红明星代言进行高频率广告宣传，赞助各种文艺演出等，在短时间内就迅速使茶饮料成为饮料市场的一个重要品类，而此时茶饮料已经和旭日升没有关系了。旭日升开发出新品种后不在产品改进、价格、渠道、促销等各种策略上继续努力，最终在市场上折戟沉沙，非常可惜。

(三)成熟期的营销策略

1. 成熟期的特点

(1)销售增长缓慢　产品进入成熟期的标志是销售量达到最高点后，其增长速度和利润率呈缓慢下降趋势。在成熟期阶段,产品消费普及面大,销售量和利润均达最高,但市场需求量已趋向饱和,潜在消费者减少,大部分销售额属于重复购买,因此产品销售量虽然还会有所增长,销售增长率却已趋于停滞。

(2)竞争激烈　企业投产有一定的滞后效应,产品经过导入期和成长期后,各种同类产品不断打入市场,市场竞争激烈。

(3)利润增长率低　随着市场竞争激烈化,广告费、推销费增大,而价格却竞相下降。一段时间后,利润总额由比较稳定转而逐步下降。

2. 产品成熟期的营销策略

成熟期虽然竞争激烈,但企业的各项前期投入也已经收回,产品成本约等于变动成本,同时消费者非常稳定。因此,成熟期的基本策略是充分应用各种改良策略,在产品和服务细节上创造竞争优势,延长产品的生命周期。

(1)市场定位改良策略　这种策略不需要改变产品本身,而是发现产品的新用途,改变产品销售方式等,以使产品销售量由下降转为上升,通常采用以下三种方法。

①寻求新的细分市场:把产品引入尚未试用过本产品的市场,着重发现产品的新用途,或转移地域开辟新市场,从而使产品由成熟期转入成长期。

②刺激现有消费者增加产品使用率。

③市场重新定位,寻找新的消费者:例如"地奥心血康"在产品成熟期进入新的细分市场,向心脏保健 OTC 药品方向进军,使 1998 年的销售额比 1997 年同期上了一个新台阶,至今销售 20 多年而长盛不衰;抗高血压药品"络活喜",1996 年成功地使用了"转变未使用人"策略和"争取竞争对手的顾客"策略,成为中国市场上抗高血压药品中钙离子拮抗剂的第一品牌。

(2)产品改良策略　也称产品再推出。产品整体概念中的任何一个层次的改革都可视为产品再推出,如药品开发新剂型、改变包装、为消费者提供新的服务等,药品的产品改良一般有以下几种方式。

①质量的改进:即增加产品本身的功能特性,比如安全性、可靠性、口感等。如传统抗生素青霉素,从需要做皮试的针剂到口服剂,安全性更高,扩大了消费人群。

②产品特点的改进:即增加产品的新特点,扩大产品的适应证,使进入成熟期的老产品又以新的面孔治疗新的疾病。这方面成功的典范有百年老药"阿司匹林",发明时作为解热镇痛药,但多年后解热镇痛药市场竞争激烈,市场份额被"非阿司匹林类解热镇痛药"抢占。就在这一关键时刻,通过研究发现,小剂量的"阿司匹林"可以抑制血小板凝结,可以用来预防冠心病与心肌梗死,从而成功地进入了这一新的细分市场;另一个成功的例子是钙离子拮抗剂"硝苯地平",1968 年发明时是作为治疗冠心病的药物,销售了 16 年后,1984 年研究发现它在扩张血管治疗高血压中效果明显,从而进入了高血压用药这一巨大的市场,使产品的生命周期得到延续。

通过改进产品特点来提高销量,能给医药公司带来以下好处:第一,能为公司建立技术领先的良好形象。第二,研究费用非常少,能被市场迅速接受。第三,能够赢得某些细分市场对产品的忠诚。第四,能给公司带来免费的公众化宣传。第五,能刺激销售人员及分销商的推销热情。

③剂型及包装的改进:这种例子在医药界很多,比如"硝苯地平"由普通片剂1日3~4次,到缓释剂1日2次,再到目前的控释片1日1次,不断地在发展。另外,我国的中药由原来的汤剂到目前的胶囊剂、微丸剂,都是采用这一策略成功的实例。

(3)营销组合改良策略　即通过改进营销组合的一个或几个要素刺激销售,如价格、分销、广告、销售促进、人员推销、售后服务等。如西安杨森公司的"达克宁",中美史克公司的"康泰克",在中国大陆市场上成功地建立了分销渠道,当城市市场饱和后,偏远的乡村市场也随处可以见到西安杨森和中美史克的产品,这就是这两家公司成功地使用营销组合改进分销渠道的胜利。

(四)衰退期的营销策略

当产品的销售量由缓慢下降变为迅速下降,消费者的兴趣已转向期待新产品时,就进入了衰退期。

1. 衰退期的特点

产品价格下降到最低水平,多数企业无利可图,被迫退出市场;同类新产品不断出现,老产品滞销严重。

2. 产品衰退期的营销策略

在这时期,企业对产品所采取的基本策略是突出一个"转"字。决策者需要进行充分认真的研究分析,决定采取何种策略、在何时退出市场,一般有以下几种策略可供选择。

(1)聚焦策略　产品处于衰退期时,由于企业的销售量迅速下降,如果经营规模和各项投资水平仍保持不变,必将造成企业利润的急剧下降。此时企业应缩短产品营销战线,采用聚焦战略。即把企业的人力、物力、财力等资源集中使用在最有利的细分市场,最有效的销售渠道和最易销售的品种、款式上。由于经营规模的缩小,企业仍可从该市场再获取较多的利润。

(2)持续策略　即保持原有细分市场,沿用过去的营销策略直至该产品完全退出市场为止。

(3)转移策略　即转移市场,把目标市场从这一地区转移到另一地区,从这个国家转移到另一个国家。由于地区间的差异,客观上存在着产品消费上的层次性、时间性区别。因此,转移策略经常被一些企业采用。

3. 收缩策略

大幅度降低促销水平,尽量减少销售和推销费用,并大批廉价处理产品,从而增加当前利润。这样可能导致产品在市场上的衰退加速,但能从忠实于该产品的消费者中获取利润。

总之,企业应充分分析产品的消费特点,制订出与产品生命周期各个阶段特点相适应的营销策略,上述策略可通过表 5-6 进行简要归纳。

表 5-6　　产品生命周期各阶段市场营销策略

营销策略	导入期	成长期	成熟期	衰退期
产品策略	确保产品的基本消费利益	提高质量、增加服务、扩大产品、延伸利益	改进工艺、降低成本、扩大产品用途	有计划地淘汰滞销品种
价格策略	撇脂定价或渗透定价	适当地降价	激烈的价格竞争	削价或大幅度削价
渠道策略	开始建立与中间商的联系	选择有利的销售渠道	充分利用并扩大销售网络	处理好库存淘汰产品
促销策略	介绍产品	宣传品牌	突出企业形象	维护声誉

在线测试及课后思考题

项目六　零售药店工作实务

零售药店
工作介绍

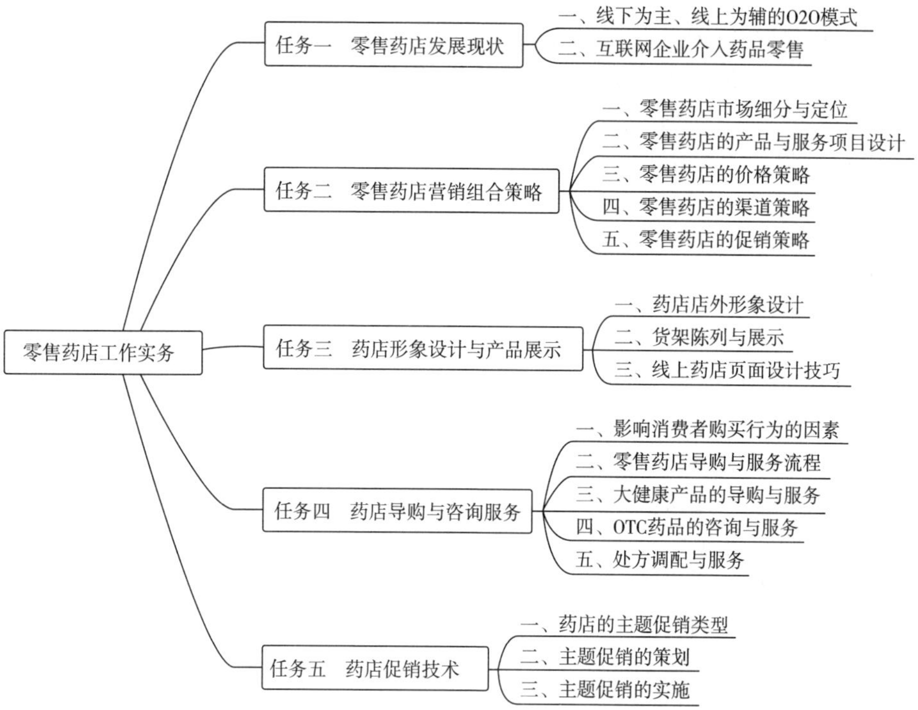

任务一　零售药店发展现状

零售是指面向消费者销售用于个人、家庭所需商品和服务的商务活动。零售是商品销售过程的最终环节，零售店是商品与消费者直接见面的地方，是完成销售行为的终结场所，因此，零售店也被称为销售终端。从功能上看，终端承担着产品陈列和品牌展示、客户沟通、市场信息反馈和顾客价值发现等功能，良好的终端可以产生氛围推销作用，向消费者传递商品信息，使消费者对产品及企业产生信任感、安全感，从而争取到大量目标和非目标购买者。因此，终端是企业决战销售的最后战场。

在药品的销售终端中，医院是处方药销售的主体，零售药店为第二大销售终端，销售处方药、OTC 药品及功能食品、健康护理品等大健康产品。随着医疗改革进程逐步深化，信息技术的发展，医药电商以及在线诊疗的不断规范化发展，零售药店的销售增速逐渐快于医院端销售增速,线上线下深度融合后,零售药店的经营模式呈现多种类型。

一、线下为主、线上为辅的O2O模式

O2O(Online to Offline)是指将线下的商务机会与互联网结合,使得线上线下资源融合。目前,国家的医药电商政策逐步放开和完善,同时消费行为也发生了极大的变化,网购已经成为老百姓的主流购物方式,生鲜蔬菜及药品等以往更倾向去实体店购买的产品,网购占比也越来越高。顺应这种潮流,传统的医药零售企业纷纷将多年积累的线下优势转移到线上,开展O2O模式。

(一)零售药店O2O模式运营特点

互联网是线下实体药店的窗口,通过网站、微信公众号、APP小程序等多种形式为消费者提供在线下单、远程咨询、订单管理等服务,提升消费者的便利性和忠诚度;线下实体店则精心备货、进行药品保管与养护,提供慢性疾病管理、大健康管理等增值服务,提升消费者的信任感。线上线下深度融合提升线下药店的整体经营效率,在该运营模式中,线下药店依然是核心。在互联网大潮中,国内各类医药零售企业都纷纷转型O2O模式。

(二)零售药店O2O模式经营业态

根据所经营产品和服务项目的不同,线下为主、线上为辅的O2O模式零售药店也分为不同的经营业态,常见的有以下几种。

1. 专业化DTP药房

DTP是英文Direct-to-Customer/Direct-to-Patient的简称,起源于美国,是由阿斯利康公司和辉瑞公司创造的一种新的药品营销模式,其具体含义是指制药企业将产品直接授权给药店作为代理,患者从医院医生处得到处方,拿着处方直接到药店去购买的一种经营模式。在我国,DTP药房以销售新特药、慢性疾病长期用药为主,如各种抗肿瘤、抗排异药品,不仅向顾客销售质量合格的药品,提供冷链配送,还通过药师向顾客提供一系列健康管理服务,如针对糖尿病、高血压、骨质增生、风湿性关节炎等慢性疾病,推出相应的健康管理方案。当碰到相应的病患者到药店时,药店人员不仅向顾客销售其要购买的产品,更要给患者提供专业的咨询与用药指导;顾客购买一段时间后,药师还要追踪回访患者是否按要求正常用药,或者有没有坚持实行相应的康复措施;再过几天,药师还要进一步和患者联络,请他回药店讨论服药之后的疗效、患者的生活品质、是否需要去看医生等问题。同时,一些价格高昂的专利药品为经济条件差的患者提供慈善赠药,相关手续和服务也由DTP药房完成。总之,DTP药房的经营除了产品的质量还有专业服务的质量。

2. 健康美丽店

健康美丽店将大中城市小康家庭作为目标消费群,主要分布在城市各个社区,不仅经营常规处方药与OTC药品,还经营各种健康护理产品如功能食品、化妆品

等，以及一些便利产品。这类药店的装修风格突出亮丽，服务上则突出营业人员的亲和力，药师的服务以保健咨询为主。深圳海王星辰连锁药店是健康美丽店的典型代表。

3. 国医国药馆

国医国药馆主要经营中药材、中药饮片以及中药颗粒剂，拥有具有处方权的中医师，患者在中医师处看诊后，可直接拿着中药处方在馆内抓药，馆内还同时提供代客煎药等服务。

4. 药妆店或药食店

药妆店或药食店主要分布在沿海等经济发达城市，它充分利用消费者认为药店安全性比商场高，人员更专业的印象，以经营化妆品或功能食品为主，兼营常规药品。这类药店店堂设计借鉴精品屋、百货商场亮丽时尚的特点，同时又突出专业化风格；药师的专业化服务则以健康美容咨询或营养保健咨询为主。香港的屈臣氏是药妆店的典型代表，屈臣氏主要销售各种自有品牌的化妆品、个人护理用品及自有品牌的食品，屈臣氏面膜、瓶装蒸馏水已成为消费者耳熟能详的产品。目前，屈臣氏的连锁店在香港以及珠三角的大中城市随处可见。药食连锁店有高档参茸补品专卖店、糖尿病食品专卖店等多种定位，高档参茸补品专卖店占据主流，如在广州、深圳开有多个连锁店的益言堂等。

案例 6-1

“互联网+”催生“智慧药房”

中医看病，在医生开出处方后，患者需要经历缴费、排队等药师抓药、回家花数小时煲药的过程，才能喝到一口药汤。许多药店因此推出代煎药服务，但代煎也需要时间，大多需要消费者再另取一趟，很是麻烦。“互联网+”出现后，这种“慢郎中”模式正在被颠覆。

深圳市和顺堂医药有限公司（以下简称“和顺堂”）在香港的“中央大药房”沿着地铁线进行布局。和顺堂建立了 800 多平方米、存放 264 种野生中药材及 504 种无硫黄熏制药材，设有 24h 保温保湿监控的中央大药房，负责中药的配药和煎制，并在地铁沿线面积较小（60~80m^2）的门店配备中医师，负责诊疗和中药处方开具。中医师通过 iPad 开药方，并用电脑传到中央本草尚药房，由专业配药师配药及即时煎药，最后送货团队会将药送到地铁沿线分店。通过手机 APP，使用者可以享受预约、问诊、开药、煎药及按消费者定制的时间送药到地铁沿线分店的一站式服务，还可以全程监察中药的煎煮过程及送货进度。一般而言，到门店接受诊疗后 2h，就能拿到和顺堂煎制完成的中药。此外，和顺堂手机 APP 软件和中央药房平台开放给同行使用，其他中医诊所开好处方后，和顺堂也可以提供煎药和送药服务。

有业内人士认为,未来或许会出现多家中央药房争抢市场的局面,医院或是国医馆将处方上传到平台,各家药房"抢单",患者根据价格和快捷度自主选择配送企业。至于患者担心的质量管控问题,就交由市场去优胜劣汰。这种类似于"滴滴药房"的创新模式一旦出现,或将颠覆行业的生态格局。

[资料来源:吴梦月. 开启"中央药房"模式[J]. 中国药店,2018,5(242):72-73.]

二、互联网企业介入药品零售

(一)购物平台直接开展药品零售业务

开展线上药品零售业务既包括综合性购物平台如淘宝、京东等,也包括以药品零售为主的线上平台,如好药网等。传统的线下医药零售企业在开发自有 O2O 模式的同时,也往往接入这些购物平台,销售各类药品。

(二)其他药品 O2O 模式

目前,互联网企业与医药企业都在合作探索形式多样的 O2O 模式。如阿里巴巴集团正在试行的阿里健康模式:患者到医院拿处方后拍照上传到阿里健康平台,药店在平台抢单,患者根据距离、价格和服务等来挑选药店,以自提或药店配送的方式拿到药品并支付费用。

任务二　零售药店营销组合策略

一、零售药店市场细分与定位

选择不同的重点服务人群,零售药店的市场细分与定位策略各不相同,以此为出发点,药店内经营的具体品种、价格水平、渠道和促销组合措施各有特点。如运动药房就是以各类运动员为目标消费人群,专门销售各类不含兴奋成分的药品、运动损伤康复药品和护理产品等。

案例 6-2

海王星辰的市场细分与定位

中国海王星辰连锁药店有限公司(以下简称"海王星辰")在开设第一家现代化社会药房时就将现代都市家庭作为自己的目标顾客。因此,海王星辰的门店集中分布在全国各大中城市的居住社区,门店销售的产品除处方药、OTC 药品之外,还有各种功能食品、药妆以及生活便利品,并为社区居民提供测量血压、打粉熬胶等服务。海王星辰在全国医药零售业率先实行会员制以及忠诚顾客计划,根据这个计划，海王星辰的老顾客除了享受到一定的价格折扣外，还可享受到执业药师建立用药档案、执业医师健康咨询、定期免费寄送健康刊物、体检、健康旅游等服务项目。通过这一系列的产品服务计划，海王星辰实现了“我们是您的家庭医生、健康顾问”“我们是您的社区好邻居”等定位承诺。

二、零售药店的产品与服务项目设计

药店管理层明确本企业的市场定位和目标顾客后，需围绕定位规划药店销售的商品和提供的服务项目。通过深入细致的市场调研明确顾客期望，在成本许可范围内向目标顾客提供满足其价值期望的商品或服务，并通过增加差异程度、创造新价值的附加服务等手段来增加竞争优势。

（一）销售产品线规划

根据市场定位，零售药店需要对所销售的产品线组合进行整体规划。一方面，所销售的药品健康品要种类齐全，具有一定广度和深度，商品配套达到相对的丰富化；另一方面，无论是线下药店的货架还是线上的链接页面，企业都要付出一定的成本，因此还要考虑不同商品的毛利率、消费者受欢迎程度，按照“20/80 原则”对商品结构进行优化。例如，某位于城中村的药店，周边居住人群以快递小哥、装修工人等为主，该药店的品种主要是价廉物美的日常用药，如治疗头疼、发热、腹泻的 OTC 药品、外用药等。

（二）服务项目规划

零售药店是零售业的一部分，除了经营合适的产品吸引消费者购买，同时还要通过购物环境、人员服务等提高消费者满意度，持续吸引顾客。同时药店还有一定的特殊性，在药店的销售总额中，处方药约占 30%，消费者购买处方药必须凭医师处方，并经药师审核调配后才能购买；即使是 OTC 药品，因涉及人身安全，也需要药师提供相关的咨询指导意见，才能保证消费者合理用药。消费者在购买功能食品、药用化妆品时也需要药店工作人员提供专业的指导意见。因此，零售药店还需要从消费者的用药安全出发，为消费者提供各项附加药学服务。常见的零售药店附加服务包括以下内容，药店根据目标消费人群定位选择提供，即使是同样内容的服务项目，各个药店所提供的具体形式也有差别。

1. 有形展示

有形展示是指服务环境、顾客与员工相互接触的场所，以及任何便于服务履行和沟通的有形要素。由于服务本身就是无形的，顾客在购买或接受服务之前要通过有形线索或者有形展示对服务进行判断。有形展示包括的要素有：实体环境（装潢、颜色、陈设、声音），服务提供时所需要的装备实物，以及其他的实体性线索。根据零售药店的特点，这些有形展示内容主要包括以下内容。

（1）通过药师形象展示药店的专业性　通过服装、药师资料展示等多种形式将药师与普通店员区别开来，通过突出药师的专业性让顾客对药店产生信赖感。

例如,给药师设计专门的服装和胸牌,在店内张贴悬挂药师资历介绍等。条件允许的药店还可以设置药学服务区(或称为咨询服务区),将药学服务区与药品销售区隔开,能够与患者(或消费者)进行一对一的交流,保护患者(消费者)的隐私,在咨询服务区为患者进行治疗建议和指导。

(2)通过各种媒介向消费者展示专业资讯　如设立电子显示触摸屏、摆放医药参考书籍和资料等,方便顾客检索查阅各种药事法规和安全用药、科普宣传资料等;通过视听媒介播放各种健康小知识等。

(3)配置各种药学服务设施　如配备服药温水、方便阅读药品说明书的放大镜、附有详细煎煮说明的中药包装等。

2. 服务过程设计

人的行为在服务企业很重要,而过程(即服务的递送过程)也同样重要。服务的递送过程是指为提供服务而发生的一系列活动及其发生程度。设计服务递送过程是一项富有创造性的工作,表情愉悦、专注和关切的工作人员,可以减轻顾客必须排队等待服务的不耐烦感觉,或者平息顾客在技术上出问题时的怨言或不满。如药店在给顾客拿药时的详细交代、专业叮嘱、亲切有礼的关心都能给顾客留下极为深刻的印象。

3. 服务人员形象展示

在服务企业担任生产或操作性角色的人,在顾客看来其实就是服务产品的一部分,其贡献也和其他销售人员相同。大多数服务企业的特点是操作人员可能担任服务表现和服务销售的双重工作。因此,市场营销管理必须和作业管理者协调合作。此外,对某些服务业务而言,顾客和顾客之间的关系也应引起重视。因为,一位顾客对一项服务产品质量的认知,很可能是受到其他顾客的影响。在这种情况下,管理者应面对的问题,是在顾客与顾客之间相互影响方面的质量控制。

药店的产品及服务项目,对不同的对象来说其相对的重要性是不同的。企业通过调查来了解消费者对服务项目的要求,并按重要性的大小排出顺序,以此做出服务项目的决策。针对这种顺序,企业应当在很重要的前几个服务项目上能与竞争者相匹敌,否则不能令顾客满意。另外,企业在做出服务项目决策时,更应注重发挥本企业的服务特色,使顾客能得到与众不同的更满意的服务,增强对顾客的吸引力,扩大自己的产品销售。

案例 6-3

DTP 药房的产品与服务项目设计

DTP 药房是直接面向患者提供更有价值的专业服务的药房,也被称为高值新特药直送平台。根据这种市场定位,DTP 药房的经营品种主要是各种新特药和长期用药，如抗肿瘤药物，神经系统、艾滋病、罕见病药物，各种慢性疾病长期使用药物；在药房的整体环境设计上，通过柔和的色调、清新的空气、舒缓的音乐突出简洁、干净、温馨的氛围，并特设温度、湿度双控的阴凉药品区，满足特殊储藏的药品需要；提供新特药寻购、冷链送药、药事咨询、追踪随访等各种增值服务。仅以冷链送药为例，为了保证特殊储藏药品始终保持一定的温度、湿度，会在冷链送药包里放置冰排，但冰排并不是马上放置进去，而是要使用温度计进行记录，等冰排达到规定的温度区间才放置进去。总之，不同的DTP药房根据所服务患者或消费者特征不同，对经营的产品、所提供的每个服务项目细节都进行精心的策划。

（三）零售药店的药学服务

零售药店所有工作的核心是将合适的药品提供给合适的客户，为患者或消费者提供适当的建议，追踪药品使用过程。药学服务是指零售药店直接从事药品销售的人员（包括药师和药店销售人员等）应用药学专业知识、工具和技能向公众提供的、与药品使用有直接关系的服务，是以患者或顾客的健康为中心所展开的各项活动和服务。药学服务是零售药店服务项目的一部分。

1. 药店药学服务的层次

零售药店提供药学服务有两个主体，即零售药店的药学服务人员包括两类：一是药师。药店药师要严格按照处方或病历卡上医嘱调配处方药，提供合理用药指导和药学咨询服务，进行药品不良反应报告等工作。二是药店营业员，虽然营业员掌握的药学知识比药师少，但是营业员每天在药店和顾客打交道，和顾客接触的频率比药师还要高。因此，营业员掌握一些基本的药学知识和服务技巧是非常必要的。明确零售药店提供药学服务的主体，再按照专业化的服务营销原理，就可以确定零售药店药学服务可以分为三个层次。

（1）核心服务　核心服务是药学服务的最基本层次，是将合格的药品提供给合适的顾客，并为其提供适当的建议，保证用药的安全、有效和尽量避免不必要的用药负面效应。药学服务人员在任何情况下首先应关注患者的健康，药店所有活动的核心是将合格的药品提供给合适的顾客，并为其提供适当的建议等。

（2）感知服务　核心服务常常以某种可以感知的基本形式提供给消费者。药学服务人员的言谈举止、沟通能力和服务水平是否令购药者感到亲切、信服和满意，对于药学咨询服务的有效开展和买卖的最终达成是十分重要的。感知服务要求药学服务人员恰当地履行服务的程序，恰当地掌握服务的时间。

（3）扩展服务　药店应该主动开拓日常服务以外的药学服务内容，这就构成了扩展服务。扩展服务并非可有可无，它不仅可以深化并提升药学服务的内涵，还可以展现企业特色以区分于竞争者。

药学服务的三个层次并不是独立存在的，而是环环相扣、互为依存，共同构成了药学服务的整体。核心服务需要通过感知服务体现和发挥核心作用，扩展服务则延伸和拓宽了核心服务。

2. 零售药店药学服务的主要内容

零售药店药学服务可开展的内容是多方面、多层次的,既要因地制宜,又要具有针对性和可操作性,零售药店常见的药学服务包括以下内容。

(1)药师调配处方药　药师是直接面向患者实施药学服务的主体,药师要严格按照处方或病历卡上医嘱调配处方药,提供合理用药指导和药学咨询服务,进行药品不良反应报告等工作,具体包括几个方面内容。

①审核处方或病历卡:药师要做好对处方或病历卡上医嘱的审核,主要审核有无配伍禁忌、用法用量、医生签字等内容。对有配伍禁忌、超剂量或医嘱中字迹不清、涂改的处方或病历卡,要拒绝调配、销售;必要时,需经原处方医师更正或重新签字。

②正确配药:药师要按处方或病历卡上医嘱配药,并在销售处方药登记本上进行登记并签字或盖章,处方及相关的登记本要按有关规定保存备查。

③发药复核:药师或药店营业员要检查所调配的药品有无质量问题,外包装是否破损,核对姓名、性别、年龄是否相符,药袋和瓶签是否书写准确。

④用药指导:向顾客详细交代服药方法、用量以及注意事项等。

(2)为有意向购买 OTC 药品的消费者提供咨询和指导

①了解用药者基本情况:药师应明确前来药店购药的顾客是其本人用药还是为其他人购药,了解用药者的生理身体状况,因人而异,推荐安全、有效、经济、适当的药品。

②推荐合适的药品:通过详细询问用药者的病情并结合其购买承受能力,推荐安全、有效、经济的药品。

③科学介绍药品:正确介绍药品的性能、用途、使用剂量、使用方法、有效期、配伍禁忌、注意事项等内容,并提醒用药者注意用药过程中可能出现的不良反应,必要时提出去医院就诊的建议。

④介绍科学的用药方法:针对不同的药品尤其是特殊剂型药品(如洗剂、栓剂、泡腾剂、气雾剂等)的使用特点,详细交代用法、用量和注意事项。一定要在不失专业水准的前提下,尽量用通俗易懂、清楚明了的语言表达,必要时还可指导消费者做简单的记录。尤其应提醒顾客留意用药过程中可能出现的不良反应。

⑤提供拆零药品标签:内容包括所售药品的名称、使用剂量、使用方法、批号、效期、注意事项、禁忌等。

(3)建立药历制度　药历是指为顾客建立的用药档案,内容包括顾客的一般资料、家庭史、嗜好、过敏史、历次用药的药品名称、剂量、疗程、不良反应记录等。零售药店药师为特定的消费者建立药历,及时跟踪用药信息,提供合理用药的指导,保障消费者用药的安全、有效,还可增进与消费者的关系,提高药学服务水平。以上措施可使顾客产生该药店非常专业的印象,提高顾客对药店药学服务的信任度。在建立药历时要严格保护患者隐私。

(4)建立药学追踪回访制度　建立消费者随访制度是药品售后服务的重要环节。执业药师通过电话或上门服务,对消费者用药进展或效果进行定期、系统评价,对消费者用药后的情况进行反馈,及时了解用药问题和监测药品潜在的不良反应,记录随访活动和相关数据,掌握消费者用药的全面信息。针对疾病做出状况分析,可加深了解、增进信任,进一步培养消费者对药店的忠诚度。

(5)在社区开展药学服务　药店投身于社区服务,在社区内举行各种主题的免费健康讲座,合理用药宣传,整理家庭小药箱等各种活动,并成为社区医疗服务体系重要的一环,其作用不仅体现出市场行为,还体现出药店社会责任感。

案例 6-4

美国 CVS 药店的社区药学服务

美国最著名的连锁 CVS 药店为更好地满足社区居民需要,在全国范围内开展多种形式的公益活动,以传达自己关爱社区居民的精神。CVS 制订了一个《"走出去"计划》,通过这个计划,在零售药店里工作的药师们脱掉白大褂,和当地居民走得更近,用一对一的方式同患者交流,了解他们的健康需求,并提供相应的健康知识。每年 CVS 要组织 600 多次讲座,由各药店的药师主讲,整个计划强调趣味性和互动性,药师们能更多更轻松地了解不同患者的具体情况。

案例 6-5

深圳国大药房的药学服务

深圳国大药房展厅店具有深圳市社保局授予的肿瘤化疗药定点供应药店资格。该店为所有购买抗肿瘤药物的顾客建立了药历档案,档案内容包括药历基本信息和药历记录信息,药历基本信息为消费者的一般资料、家庭史、嗜好、过敏史、不良反应记录等内容;药历记录信息为消费者的历次或本次用药的药品类型、名称、剂量、给药途径、给药时间间隔、疗程、费用及用药评价等内容。当购买抗肿瘤药物的患者再次购买时,药师可以查询药历记录,避免可能的药物不良反应,同时给予顾客相应的用药指导及疗效追踪。

(四)产品服务质量水平规划

消费者不仅需要企业提供符合他们要求的服务项目,而且对企业的服务水平也有要求。常用的服务水平决策通过定期的顾客调查,收集顾客对本行业应有服务项目重要性和服务工作成绩的评价,并采用评分方法来进行定量分析,找出差距,明确企业努力的方向,用行之有效的手段和措施,来不断提高企业的服务水平。

三、零售药店的价格策略

零售药店所销售的产品、提供的服务范围、服务质量和服务水平都需要一定的成本,因此企业必须考虑目标消费者对各项产品和服务项目的价格接受度,根据目标消费人群定位,向顾客提供成本许可范围内的商品和附加服务,使顾客获得实惠和心理满足。

四、零售药店的渠道策略

线下开店都是要成本的,因此门店的数量分布要在便利性和成本之间寻求平衡。如果是线上售药平台,使用哪些链接更快引导流量、获取客户等也都需要成本。因此,无论是线上还是线下药店,都存在一个地点和区域布局的问题。

案例 6-6

选址是决定药店经营成败的关键因素

某连锁药店在广州市番禺区开了两家药店,A 药店先开,生意如火,人来人往,考虑到德兴路两侧都是大型社区,住户群体足够支撑两家药店经营,于是就在 A 药店斜对面 500 米处又新开了另一家 B 药店。但 B 药店自从开业以后却是一直人气不旺。于是对两家药店所处商圈进行了仔细分析:A 药店处在十字路口的主路段处,B 药店在一个小型社区的侧门口处。A 药店处于主路段十字路口转角位,招牌大而显眼,距离 A 药店附近有个大型的菜市场,A 药店后面大型社区的居民买菜必经 A 药店,同时 A 药店门口有片空地,可以直接从转弯辅道开上来,方便停车。因此 A 药店的人流量很大,每天顾客络绎不绝。B 药店距离 A 药店虽然直线距离 500 米左右,但因为两个药店处于德兴路的马路两侧,中间有栏杆相拦,所以商圈各有不同,马路两侧人流量明显不同,因为 A 药店侧有大型菜市场,所以 A 侧的人流量明显大于 B 侧。B 药店位于某小型社区的侧门口,该社区居民是 B 药店的主要购买群体。但该社区还有一个主出口,主出口正对过街斑马线,过街后不远就可以到菜市场,所以侧门口的人流量明显小于主出口,而从主出口出来的人去 A 药店要比去 B 药店更方便。

对于顾客来说,当药店的商品品种、价格、服务都差不多的时候,便利就成了最主要的影响购买因素。

五、零售药店的促销策略

药品零售行业现状与展望

促销包括广告、人员推销、销售促进或其他宣传形式的各种市场沟通方式，以及一些间接的沟通方式，如公关。当服务促销人员力求为药店及药品在市场上创造一个独特的定位时，可以使用多种不同的促销渠道对现有的潜在顾客进行信息告知、说服和提示工作。促销对于药店及产品在市场的定位十分重要。它有三重作用：首先，向顾客传达有关药店及其产品信息；其次说服目标市场上的顾客存在某一种产品恰能满足他的需求；最后，提示顾客产品的获取途径并推动他们采取行动。后续各项任务将围绕零售药店的促销策略展开分析。

任务三　药店形象设计与产品展示

据英国一家市场调查公司统计，一般上超市购物的妇女，所购物品通常超过进门时打算购买数量的45%，该项研究同时发现：由广告所招徕的购买者中，有33%的人在购买现场转而购买陈列及包装吸引人的品牌。在OTC药品销售中，消费者购买的主动性很强，因此，醒目的产品陈列是吸引顾客注意到企业产品的重要手段，也是促使其产生购买欲望，实现药店销售的关键所在。正如一句法国经商谚语所言："即使是水果蔬菜，也要像一幅静物写生画那样艺术地排列。因为商品的美感能撩起顾客的购买欲望。"除店内装潢与产品陈列外，店外形象与橱窗也是构成药店形象的重要因素。

一、药店店外形象设计

（一）招牌设计

商店招牌设计得一定要"抢眼"，因为它可以吸引各种类型的过往顾客停下脚步，仔细观望，进店购买。尤其是在繁华的商业区里，顾客往往首先浏览的是大大小小、各式各样的店铺招牌，寻找自己的购买目标或值得逛的店铺。因此，具有高度概括力和强烈吸引力的商店招牌，对顾客的视觉刺激和心理影响是很重要的。为了让商店招牌更加引人注目，可以应用很多装饰手法，如用霓虹灯、射灯、彩灯、反光灯、灯箱等来加强效果。药店出售的是各类健康产品，商店招牌设计多以象征生命的绿色为主色调，风格上强调高雅、清新，而不是为吸引眼球过分追求奇特与怪诞，以带给顾客安全感。

（二）门脸设计

首先，店门应设计在顾客流量大、交通方便的一边。如图6-1，A药店店门处于一个拐角的位置，把守两条马路边，能被多个方向的消费者看到，被称为"金角银边"；B药店店门位置则相对较差。

A药店　　B药店

图 6-1　店铺位置示意图

其次,店门应当是开放性的,平面要比较宽,不要让顾客产生“幽闭”“阴暗”等不良心理,从而拒客于门外。如图 6-2 所示,两家药店实际营业面积相差无几,但 A 药店因店门宽敞,给人一种该药店面积大的印象,更容易吸引顾客进店,业内人士也将此种现象戏称为“脸大招财”。

A药店　　B药店

图 6-2　店铺门脸示意图

(三)橱窗形象设计

在现代商业活动中,橱窗是一种重要的广告形式,也是装饰店面的重要手段。现代装饰非常多地采用玻璃等透明材料来使整个店堂显得透明、亮丽,加上药店的营业面积不大,所以药店的橱窗不必像百货商场一样,主要是要保持清洁和通透,并进行适当的装饰。

二、货架陈列与展示

(一)药店陈列要求

我国实行药品分类管理制度,药店进行药品摆放时,必须符合《药品经营质量管理规范》(GSP)的要求,若是连锁药店,各分店的店面形象与产品陈列还要符合连锁总部的一些具体要求。

GSP 对零售药店的陈列有三个基本要求,即内服、外用分开;处方、非处方分开;药品、非药品分开。因此,零售药店常见功能分区详见图 6-3 示例。

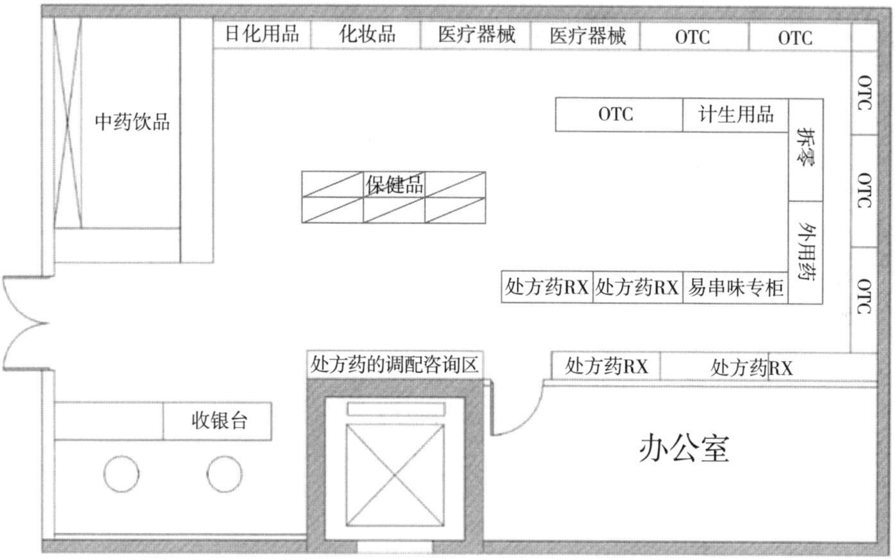

图 6-3　零售药店常见功能分区示意图

在药店营业区内,通过各种标牌标识将药品区、非药品区区别开来,详见图 6-4 示例。

图 6-4　零售药店常见标牌

药品一般按照临床使用进行分类,根据门店的货架情况分区、分架、分层,悬挂大、中、小各种型号标示牌,详见图 6-5 示例。

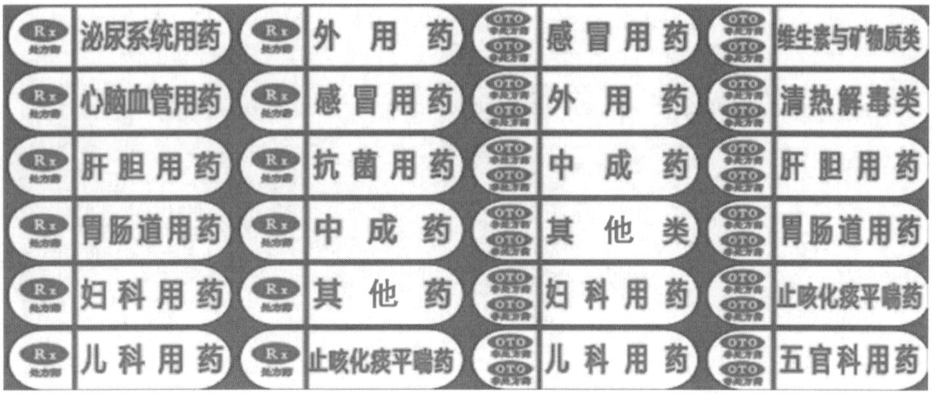

图 6-5　零售药店药品临床分类标识

处方药不得采用开架自选的方式陈列和销售,只能陈列在柜台内,详见图 6-6 示例。

第二类精神药品、毒性中药品种和罂粟壳不得陈列,必须上锁,详见图 6-7 示例。

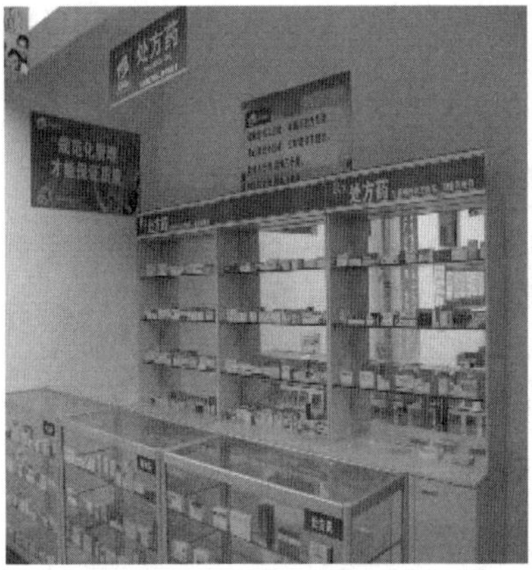

图 6-6　常见处方药柜台

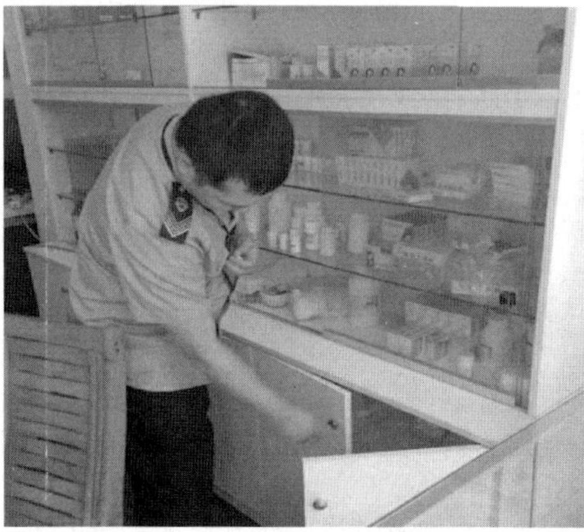

图 6-7　须上锁药品柜台

(二)产品陈列原则

在符合陈列要求的前提下,药店工作人员还应当灵活运用各种商品陈列技术,通过陈列突出商品的特点,增强商品的吸引力,而且还可以传播一定的商品信息,促进商品的销售。

1. 药品易见、易取、易拿原则

如果商品摆放得过高使客户不容易拿到，就算他喜欢也会知难而退；最低层不易看到的商品也会影响顾客的选购。根据药品包装多数比较小巧的特征，药店一般货架离地面 80～130 厘米为最有效的陈列范围，陈列商品与货架间距以 2～3 指为原则。为方便顾客看到小巧的药盒，对有些药品要倾斜或前进陈列，如图 6-8 所示。

图 6-8　倾斜摆放的药盒，方便顾客看到药品

2. 整齐、和谐原则

货架同一层面所摆放的药品高度差不超过 1 厘米，且高低有序；同一层面颜色由浅到深逐步过渡；商品陈列深度在同一层面保持一致。

3. 同类药品垂直陈列原则

人在挑选商品时视线上下移动较横向移动方便，故垂直陈列可满足顾客的方便性，减少顾客寻求时间，又能满足商品的促销效果。货架的不同层次对商品的销售影响很大，垂直陈列可使各商品平等享受到货架不同的层次，不至于某商品占据好的层次销量很好，而其他商品在比较差的层次销量很差。如图 6-9 所示，肝胆用药、止咳平喘药等类药品垂直陈列，令顾客一目了然。

4. 关联性陈列原则

为方便顾客选购与销售人员推荐，相关性商品应陈列在同一侧的不同货架上，而不应陈列在同一组双面货架的两侧。

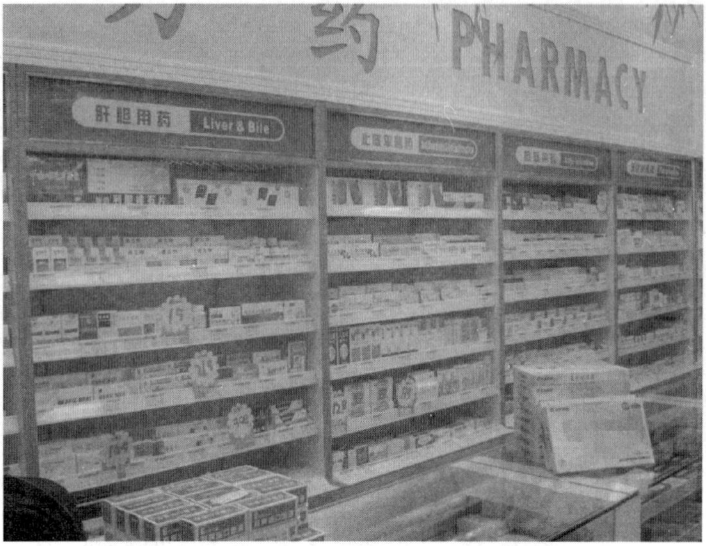

图 6-9　分类垂直摆放的药品,令顾客一目了然

5. 符合“先产先出”原则

为方便药店按批号进行产品效期管理,陈列时应将先出厂的产品放在货架前方,以避免产品接近效期给企业带来损失和浪费社会资源。

6. 丰满的原则

据美国一项调查资料表明, 满陈列的超市与做不到满陈列的超市相比较,其销售量按照不同类别的商品可提高 14%~39%,平均可提高 24%。因此,零售企业在陈列商品时一般都要做到丰满,即俗语所说的“货卖堆山”。药品陈列丰满的要点之一是货架上应看不到空白层板及陈列架背面;二是药品陈列高度一般不低于围栏。

7. 符合消费者的基本消费心态或习惯

消费者在零售场所购买商品时一般具有如下行为习惯:①90%的人不喜欢走很多路或掉头购买所需产品。②人们避免去嘈杂、不清洁或黑暗角落的地方。③人们不愿意俯身、踮脚、挺身等。④人们喜欢视线平视,不喜欢仰视或俯视。⑤人们通常喜欢逛商店时左转,逆时针而行。⑥人们直行时视线喜欢倾向右面。⑦消费者在商店以平均速度 1m/s 移动人的眼睛望东西如果小于 1/3s 是不能够留下印象的。产品陈列必须考虑到这些特征进行人性化设计。

(三)陈列促销技巧

1. “沿墙陈列”法

“沿墙陈列”法注重利用店内墙壁,通路货架低于平均身高,门口多采用开放式,以制造店面宽敞的感觉,适用于小面积药店或商场、超市里的店中店,如图 6-10 所示。

图 6-10　沿墙摆放商品以及开放式店门(达到扩大药店面积的视觉效果)

2.“反重力陈列”法

为了使顾客可以从较远的位置注意到商品,可采用沿黄金线以上陈列大件商品的方法,“反重力陈列”法适合有一定购买随机性的产品,可在收银台及处方柜台采用,如图 6-11 所示。

图 6-11　收银台上陈列的随机购买商品(刺激顾客购买欲望)

3. 多面陈列

零售业的经验数据表明,增加产品的陈列面可以提高销售额,因此若条件允许,产品不应该只有一个陈列面,而是应从纵向和横向尽量增加陈列面。

4. 视平线黄金位置陈列

任何性质的柜台或货架,与视线平齐的位置总是最好的。根据亚洲人身高的特点,开放式货架,与肩同齐,在 145~165 厘米高度的将会是最适合的黄金位置;药品如果是在背柜内销售,则 150~170 厘米将会是较合适的位置。

5. 主题陈列

根据季节变换、配合热点事件,策划多种主题进行陈列,该方法能使药店创造一个独特的气氛,吸引顾客的注意力。运用该法应注意的是在主题展区应去除不相关商品,使顾客视线集中,注意力集中。

案例 6-7

某药妆店的"秋冬季皮肤干燥对策"主题陈列

女性在秋冬季由于缺水造成肌肤粗糙,令美白成分难以渗透,会导致女性肌肤透明感日渐消逝,如果没有针对性的解决方案,女性依靠自己的尝试购买商品是一个麻烦而且存在风险的过程。如果药妆店站在厂家的立场,只能被动依靠各厂家的人员促销和产品解决方案。而如果站在消费者立场,则必须意识到需要从女性烦恼入手来组织产品和布置卖场货架,这就需要内外结合,并且考虑到秋冬季节女性对美白、止痒、保湿等方面的各种需求。为此,该药妆店策划了一次"秋冬季皮肤干燥对策"的主题促销活动,目标顾客群是比较注重肌肤保养的年轻和中年女性,配合促销主题进行了有针对性的产品陈列。在主题货架专区的上方,该药店布置了大型悬挂海报,货架的商品组合是第一层(最顶层)为美白化妆品和胶原质内服食品;第二层为尿素保湿面霜及化妆水;第三层是强化止痒功能的保湿面霜及化妆水;第四层是含维生素的保湿面霜及能帮助增进肌肤弹性和质地的化妆水;第五层是洗浴类产品,强调预防遗传性过敏、肌肤干燥、去角质等功能,同时强调产品含有紫苏成分;第六层是具有美白美容功能的保健饮品和胶原质口服液。各层货架也有相应的跳跳贴、POP 等货架宣传资料,无声地向顾客传达主题,令顾客在不知不觉中实现了产品选购。

6. 堆头陈列

堆头陈列即在店内选择一块空地将产品堆在一起,该陈列容易给消费者形成"畅销产品""实惠产品"的鲜明印象,因此被药店普遍采用,堆头有两种方式。

(1)规则陈列　将商品整齐地堆放起来,突出商品的量感,如图 6-12(1)。

(2)不规则陈列　把商品随意堆放起来,突出商品的廉价感,如图 6-12(2)。

(1)整齐堆放　　(2)随意堆放

图 6-12　货品的堆头陈列

陈列堆头时还要注意以下的因素:①堆头摆放的位置应在消费者必经的通道。②产品摆放的量一定要足够,给人一种非常好卖的感觉。③保证供应,若不能够保证供应,促销的效果一定会大打折扣,甚至会起到反作用。

7. 空盒陈列

在摆放药品的位置开展陈列的工作,主要目的是在同类的产品中凸现自己的品牌形象,以达到与众不同的效果,吸引消费者的眼球,让消费者一眼就可以找到。在产品基本陈列的基础上,空盒陈列也是目前在 OTC 市场上开展的最多的一种陈列方式,主要是因为空盒陈列能够比较直观地展示产品的形象,简单而直接。空盒陈列的形式一般可以参考以下两种方式。

(1)原盒陈列　这种空盒一般和原来的产品一样大小,不需要额外去印刷空盒,操作起来比较方便。但是要注意两点:①空盒上应该打上"陈列品"字样。②原盒陈列会受到一些局限,例如原盒太小起不到宣传的效果。

(2)原盒放大陈列　一般来讲,可以根据原盒的 3 倍、5 倍和 10 倍等几种尺寸放大,这样,可以将不同的尺寸放在不同的位置。需要注意的地方是:放大的空盒不等于"原样放大",因为空盒陈列的目的是增强广告的效果,因此可以在空盒上做一点小的修饰,如加大产品名,将疗效部分的字体放大,或是将原来英文的字体改为中文字体。

8. POP 点缀

POP 即销售点广告(Point of Purchase)。醒目的 POP 广告能使产品陈列抢眼夺目,因此,POP 广告被人们喻为"第二推销员",药店经常采用的 POP 广告主要有以下形式。

(1)跳跳贴　一种可以粘贴在货架上的广告张贴提示物,由于塑料薄膜的连接会随风摆动,因此,称为“跳跳贴”。不过这种宣传品需要强力的双面胶粘贴,要注意粘贴的时候不要破坏了店面货架的清洁。

(2)海报　尽可能张贴在客流量最多的黄金视线位置。

(3)产品提示夹　插在药品摆放的位置,将药品的主要“卖点”写在提示夹上。使消费者一接触到该产品,即可很快地了解到产品的主要信息。如“快速缓解感冒症状”“欧洲市场安全性最可信赖的儿童用药”。

(4)“特惠商品标签”　如果是有价格的优惠或产品的促销,应该在产品上贴注醒目的“特惠产品”标签,以吸引更多人的注意。

(5)户外展示用品　户外展示用品种类繁多,如展架、横幅、充气模型、橱窗灯箱、产品实物模型等。

零售店内 POP 数量庞大,为吸引消费者眼球,POP 在设计上一定要追求色彩、图案、文字、形状的新颖夺目。随着广告制作技术的不断发展,各种 POP 产品层出不穷,只要符合相关法律规定,都可用于终端宣传,企业必须在 POP 广告的设计和形式上不断创新,出奇制胜。在陈列时要尽量靠近销售位置,并保持和产品形象协调,尽量减少给店内带来的不便,图 6-13 为几种常见的终端 POP。

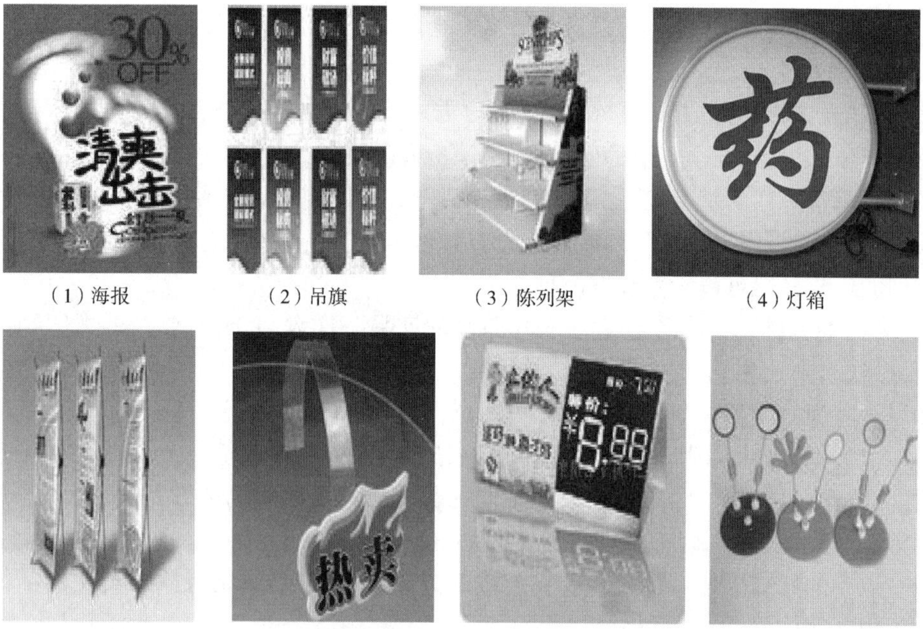

(1)海报　(2)吊旗　(3)陈列架　(4)灯箱

(5)展架　(6)跳跳贴　(7)小立牌　(8)摇摆卡

图 6-13　常见终端 POP

实践训练 6-1

某药店产品陈列与专业展示调查

在学校或家附近选择一家药店，采用观察法对该药店的展示和陈列从外到内进行观察；同时，对该药店的周边环境、人口结构等商圈情况进行调研，结合商圈分析该药店的店外形象、店内产品陈列、其他展示是否有利于促进该药店在周边顾客中树立良好的形象，促进该药店的销售。

三、线上药店页面设计技巧

（一）网站首页最优长度设定

随着首页商品图片的位置越往下，点击率急剧衰减，如果因此影响网速，则势必影响客户体验。即使不影响网速，后面一大排商品图片堆砌在首页上，既影响美观，也没有功能性。因此，需要根据图片的大小、网站的结构布局、商品种类、不同商品的销售占比等实际数据来合理规划页面长度。

（二）网页的结构布局策略

1. 经典的结构布局理论

根据浏览网页的热力分布如图 6-14，可见目光从左往右，从上往下；目光往下移动，短范围水平移动；注意力集中区域为 F 形分布，因此网页设计信息排布应按 F 形眼球浏览轨迹布局。浏览完毕网站主页面之后开始系统化浏览左侧栏的信息和内容。

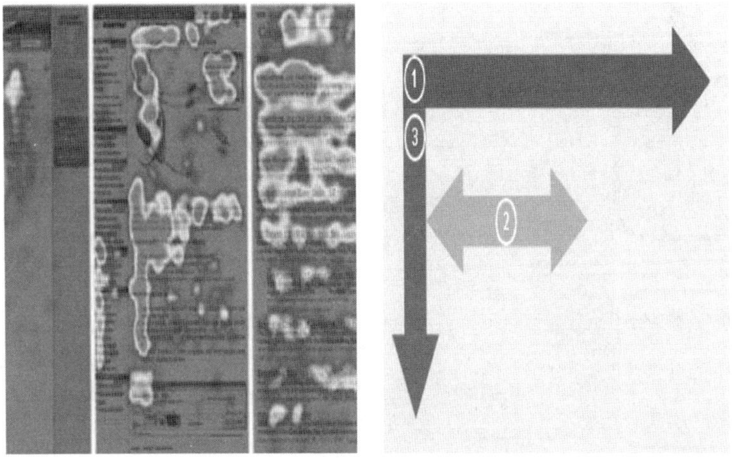

图 6-14　网站结构布局理论

2. 站内搜索的设置

根据不同人群消费习惯，利用导航页和搜索框重点推送品牌形象好、利润高、覆盖面广、季节性强的商品,例如图 6-15 将全场包邮放在首位,图 6-16 将商品检索按不同主题排列。

图 6-15　以"包邮"为卖点的网站设计

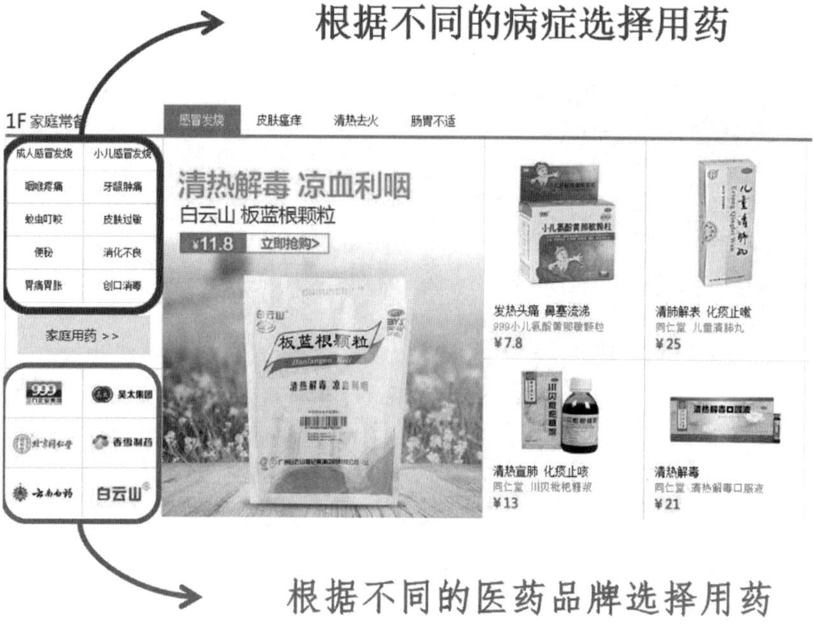

图 6-16　不同主题的商品检索

（三）商品详情页的“倒三角形”结构

类似新闻稿、广告文案，最上层是概括性内容或者关键卖点，越往下是越细致的内容，最后是关联推荐。

（四）搭配套餐及关联推荐的设计

（1）搭配套餐必须具备一定的价格优惠，优惠的幅度应大于11.6%（心理阈值），但折扣幅度也不能太大，否则损失利润。

药品零售的卖场活性化措施

（2）遴选客户经常一起购买的商品做成套餐，评估套餐绩效时应该看使用前后的销售利润情况。

（3）与实体店一样，关联推荐在线上是为了缩短客户找到目标商品的路径，使客户顺手多买几件商品。

任务四　药店导购与咨询服务

药店在处方药营销中的重要职责是提供良好的药学服务，消费者在选购OTC药品时具有一定的自主权，功能食品、健康护理品等大健康产品的选择自主权则更大。因此，药店工作人员必须根据不同产品的特征，结合消费者的背景，分析其购买动机，采取合适的导购、咨询或药学服务措施，并通过一系列售后服务达到顾客满意度，建立长期互惠的顾客关系。

一、影响消费者购买行为的因素

药品消费者购买行为是一种为了实现治疗疾病、维护健康的目的，获得、使用和处置医疗卫生服务、药品和相关产品的消费活动。绝大部分疾病的发生都是不以人的主观意志为转移的，而疾病又必须及时得到解决。因此，影响药品消费行为的因素更多是客观的，这与普通的商品消费影响因素有很大的不同；同时，整个社会又有责任帮助那些看不起病的人得到及时的救治。综合以上因素，影响药品消费者行为的因素可以分为三个层次：第一个层次是消费者的健康观念和生活方式是直接导致其对药品服务和产品需求的核心因素。第二个层次是患者的经济承受能力、遗传、生理基础、心理情绪与人格、环境与居住条件、家庭与配偶、健康知识、药物知识等因素。第三个层次是文化与亚文化、医学临床技术、医疗服务体系、社会保障制度与医疗保险、人口学与流行病学、邻里亲朋、政治、社会经济与社会发展等因素。

（一）经济承受能力的影响

经济承受能力是指消费者支付相关费用的能力，这是制约药品消费行为的一个基本因素。药品需求的刚性特征决定了消费者在经济能力不足时宁可挤压其他消费也要购买相关医疗药品服务，因此，提高消费者药品消费能力既是经济问题，也是社会问题。一些价格昂贵的特效药、罕见药为了在企业成本和社会责任之间求平衡,会采取慈善赠药的方式为经济条件不好的人士提供相关服务。

(二)疾病的严重程度及其认知水平的影响

影响人们能否正确、及时使用药品的主要原因是患者本人对自身疾病能否正确、及时认知,体现在以下几个方面。

1. 疾病的痛苦程度

如果病痛影响到了患者正常的工作和生活,超出了人们的忍受程度,使用药品的倾向就强烈。

2. 患者对症状可能性结果的预期与推测

尽管一些症状带来的痛苦并没有超过忍受程度,但是如果患者感觉到它可能与一些不好的结果或者严重的疾病有非常密切的关系,将会增强用药的迫切性。

3. 对可能引起疾病的事件的关注程度

对那些尚未出现不良症状,但已经发生了可能引起疾病的说法或事件,就容易引起人们的重视。例如,尽管没有确切的证据证明化妆品对胎儿的影响,但一些孕妇出于求稳的心态,还是会在孕期改变化妆习惯。

(三)社会文化环境的影响

文化是一个社会精神财富的结晶,其内容包括价值观念、伦理道德、风俗习惯、宗教信仰、语言文字等,它是决定人们需求行为的基本因素之一。每个社会或群体都有其居于文化核心地位的价值观,这种文化价值观又有核心价值观与次要价值观之分。核心价值观是指特定的社会或群体在一定历史时期内形成并被人们普遍认同和广泛持有的居于主导地位的价值观念,而次要价值观则是指特定的社会或群体在一定时期内形成和持有的居于从属地位的价值观念。

文化的核心价值观具有极强的稳定性,在相当长的历史时期内都不会改变,即使群体的成员不断更新,它们也会被延续下去。一个社会的核心价值观是很难改变的,企业经营者的合理选择应是努力去适应,保持企业理念与社会主义核心价值观的一致。具有几千年悠久历史的中国传统文化以儒家伦理道德为核心,其基本精神可概括为“尊祖宗,重人伦,崇道德,尚礼仪”。传统文化中的这些精神内核,构成了中国社会数千年来延续不断的文化核心价值观,对国人的影响可谓根深蒂固。

文化的次要价值观则相对比较容易改变,企业必须密切关注这些价值观的变化,从中寻找营销机会。例如,时尚的风潮总是在不断转变,“宅男宅女”“丁克”等各种新的生活方式层出不穷,表明中国社会价值观的日趋多元化,以及中国人生活方式的日渐多样化,这种变化趋势中所蕴含的商机令人无法忽略。

(四)家庭因素的影响

家庭是每一个消费者接受影响最多的外部环境,消费者的一些基本的价值观念、消费爱好与模式等都直接来自家庭,几乎所有消费者的购买模式都带有家庭影响的烙印。在医药产品营销领域,对消费者行为影响较大的家庭因素包括家庭生命周期、家庭成员间的关系。

1. 家庭生命周期

家庭生命周期是指一个家庭从建立、发展到最后解体所经历的整个过程，通常分为以下几个阶段。

(1)新婚阶段。

(2)哺育子女阶段　此阶段从生育、哺育后代开始到子女工作、结婚独立为止。在这一阶段，子女的成长教育成为家庭的最大支出项目。在该阶段对药品企业最有利的是儿童药品、保健品市场，总体上说每年出生的新生儿越多，其药品市场规模就越大。在经济条件允许的情况下，药品及保健品只要效果好、作用快、副作用小、易于小孩服用，销路就看好，价格高也不是问题。生产经营儿童健康产品适宜走名牌、高档次、精包装、高价格的路子。

(3)子女独立阶段　此阶段从所有子女结婚另立门户一直到原来家庭消失为止。这一阶段随着年龄的增大，各种疾病也随之而生，看病吃药成为常事，对于医药企业来说是最具吸引力的时期：各种形式疾病的存在，为其提供许多商机；追求生活质量和保健意识的增强，使消费者愿意朝这方面投资。当然具体到企业和产品，还要深入研究老年消费者的心理、爱好、观念等，制订有效的营销策略，才能谈得上占领这个市场。

2. 家庭成员间的关系

家庭成员间的关系是亲密还是疏远，是独立还是依赖，是支配还是从属等都会在消费行为中得以体现。在药品和保健品促销中，采用一些能引起消费者联想或情感共鸣的方法或词语，能收到极好的效果。

(五)参照群体的影响

参照群体是指对个人的行为、态度、价值观等有直接影响的群体。群体成员在接触和互动过程中，通过心理和行为的相互影响与学习，会产生一些共同的信念、态度和规范，从而对消费者的行为产生潜移默化的影响；从众心理会促使消费者自觉或不自觉地与群体的期待保持一致。因此，消费者的购买行为与参照群体的存在和发展密不可分。按照与消费者关系的密切程度差异，参照群体可分为以下类别。

1. 直接相关群体

直接相关群体是指个人所从属的群体或与其有直接联系的群体。直接相关群体又可分为首要群体和次要群体，首要群体是指与某人直接接触、经常交往的一群人，如家庭成员、亲戚朋友、同事同学、邻居等。首要群体对消费者的购买行为影响最大，消费者在购买商品前，往往要征求首要群体的意见；购买商品后，往往又要听取首要群体对其购买决定的评价。次要群体是指与某人有关的各种社会团体、职业性协会等。次要群体与消费者个人的接触不频繁，影响也是不经常的。影响药品消费行为的直接相关群体主要有两类：首先是医患关系，医生对患者的影响力众所周知。其次是患者之间的相互影响，一些重慢症患者自发组成的类似“哮喘之家”“糖尿病俱乐部”“肾友会”等病人组织,经常举行活动,让那些既受病症痛苦折磨煎熬,又受世俗偏见困扰的人们有机会在一起,互相鼓励以提高战胜病魔的勇气,互相交流用药体会,互相推荐甚至相伴购买特殊药品或器械。他们同病相怜,坐在一起现身说法,这种组织对成员之间行为的影响是绝对不可小视的。一些精明的药品经营者也会组织病友互相交流,宣传有关医学、药学的最新动态,同时也进行相关药品的销售。

2. 间接相关群体

间接相关群体是指与消费者没有直接联系,但又对消费者有影响能力的人,也被称之为观念领导者或意见领袖。利用间接相关群体影响消费行为主要有以下几种形式:一是利用消费者对文艺、体育明星或其他社会名流的崇拜心理,聘请名流们宣传产品,进而影响消费行为。用知名人士做宣传的效果很大程度上取决于该人士的可信性、吸引力以及人们对他(她)的熟悉程度,如果在代言人与产品之间能够建立起联系的话就可能获得成功。二是培养消费者成为意见领袖。有些人虽然不是社会名流,但他们通常是社区的活跃分子,不甘寂寞,具有公开的独特的个性,更愿意去尝试那些未知的产品或服务,是积极的信息搜寻者和汇聚者,了解许多产品、购物场所和市场等方面的信息,一般也愿意与人讨论产品或购物心得,主动向他人介绍关于产品的大量信息。随着网络和传媒科技的飞速发展,微博、微信等各类通过网络而形成的间接群体越来越多,对消费行为的影响越来越大。

药品企业在制订生产和营销策略时,要选择同目标市场关系最密切、传递信息最迅速、影响力最大的相关群体,了解其消费心理与爱好,做好产品促销工作,以便提高企业和产品的知名度,扩大产品销售。应注意避免由于相关群体定位不当而造成负面效果,如用消费者普遍反感的人物类型做广告等。

案例 6-8

名人广告是与非?

2021 年,因科学营养理念的深度共振,谷爱凌成为汤臣倍健 Yep 科学营养品牌大使,2022 年北京冬奥会上谷爱凌斩获自由式滑雪大跳台桂冠。赛场内外,她都非常重视生活中的营养规划,时时不忘关心如何通过科学营养规划提升自己的运动表现,汤臣倍健继续以拥有年轻活力、勇于突破的人格魅力的运动员为新生代起表率作用,带动次世代健康风潮,以科学营养启发更多人拥抱活力、健康的生活方式,通过主动管理和科学规划,全力以赴地掌控自己的人生“主场”。

美国安利公司旗下的纽崔莱品牌作为全球营养补充食品优质品牌,自 1998 年进入中国以来,为提升纽崔莱的品牌知名度和美誉度,安利公司提炼出“营养+运动=健康”的品牌理念,先后邀请奥运冠军伏明霞、田亮,NBA 篮球明星等国内外优秀运动员作为品牌形象代言人,通过“有健康,才有将来”“健康,拉近你和目标的距离”等广告进行宣传,使纽崔莱的理念得到广泛认同,有力地推动了产品的销售。2008年北京奥运会前后,跨栏运动员刘翔是中国最受欢迎的体育明星之一,刘翔自信、活力、锐意进取的拼搏精神,乐观、幽默的性格等散发出极强的个人魅力,在中国消费者中有很大的影响力,纽崔莱以刘翔为形象代言人的“健康起跑、跨越未来”系列广告,将纽崔莱品牌理念与刘翔的职业有机结合,使纽崔莱创新的营养保健观念及优质的营养保健食品,受到了中国消费者的由衷喜爱。

某制药厂请了许多著名演员为其补钙保健产品做广告,广告播放很密,致使消费者生出困惑,嘲讽说“全国人民都缺钙,一起来补某某钙”,有些演员还因此遭到舆论的质疑和批评。

(六)药物因素的影响

药品质量是药品的生命,在相同的市场和药品产品结构条件下,药品的质量也是影响药品消费者购买的重要因素。

1. 药物的构效关系

药物的构效关系是指药物化学结构与药效的关系,这是药物作用特异性的物质基础。化学结构相似的药物一般能产生相似的作用,称为拟似药;产生相反作用的称为对抗药。药物的化学结构完全相同的光学异构体,其作用可能不完全相同。

2. 药物的量效关系

药物的药理效应一般是随药物剂量的大小而增减变化,两者之间呈规律性改变,称为量效关系。最小指标有:最小有效量、治疗量、极量、最小中毒量、致死量等。

3. 药物与剂型的关系

剂型是药物应用的形式,对药效的发挥作用极大,表现在以下几个方面。

(1)不同剂型可改变药物作用的性质　例如硫酸镁口服可作为泻下药;而25%硫酸镁注射液10mL,用10%葡萄糖注射液稀释成5%的溶液静脉滴注,则能抑制大脑中枢神经,有镇静、镇痉作用。

(2)不同剂型能调节药物作用速度　如注射剂、吸入气雾剂,属于速效制剂,可用于急救。丸剂、缓控释制剂、植入剂等属于慢效或长效制剂。

(3)改变剂型可降低或消除药物的毒副作用　如芸香油片剂治疗哮喘,药效发挥慢且疗效不佳,但改成气雾剂后则药效发挥快、副作用小。

(4)不同剂型直接影响药效　如药物晶型、药物粒子的大小不同,会直接影响药物的释放,进而影响药效。

4. 机体因素

患者机体方面的差异与药物效应的关系密切,有时是对药物起决定作用的因素。主要有:年龄与性别、个体差异、遗传因素、病理状态、精神状态等。

二、零售药店导购与服务流程

一个称职的药店工作人员必须通过良好的个人和专业形象,在服务过程中真正为客户解决问题,运用良好的沟通技巧,才能增强客户的信任感,持续提升满意度。一个药店销售与服务人员既不是机械背诵产品说明书的复读机,也不是蹩脚的讲解员,而是消费者的健康顾问,做好顾问必须进行充分的消费者分析,提供有针对性的解决方案。

(一)消费者购买动机分析

药店营业员每天需要接待形形色色的消费者,不同的消费者在购买药品以及大健康产品时的行为并不是完全一致的。仅仅从消费者的购买利益目标上分析,有的消费者十分重视药品及大健康产品本身的实用价值,如果觉得药品的疗效好、大健康产品的保健效果好,他们不会由于经济能力的限制而忽略实用性,特别是经济能力较好的消费者;有的消费者对价格非常敏感,在价值判断上不接受较高价格的消费;有的消费者重视过去的消费经验,以过去的消费标准和消费习惯来判断当前的消费行为;有的消费者在实施购买行为时,非常重视消费过程中别人的评价与反应。

按照消费者的行为表现可以将顾客分为很多类型,而每种类型的顾客在处理事情、待人接物、行为表现等方面存在很多共性。所以,药店服务人员在日常工作中要善于观察和总结,对不同消费者购买行为的各方面内容进行分析,不断总结本店的消费者类型、不同类型消费者的购买表现形式,提高导购工作的针对性,避免无用功。

(二)帮助消费者进行比较和分析,挖掘顾客需求点

同一个通用名称的药品有多个品牌,同一品牌的药品又具有功效、安全性、使用方便性、价格、包装等多方面特征,药店应协助消费者比较和分析,按照费比(FABE)推销模式的要求找准消费者的核心利益需求,提供相应的证据,帮助消费者建立购买决策。例如,同样是购买感冒药的消费者,在导购过程中了解到该消费者最近工作繁忙,不想因为小感冒影响白天的工作,则可以向消费者推荐不含嗜睡成分的感冒药。

(三)追踪消费者使用效果,达到顾客长期满意

消费者购买药品后,使用效果是否满意,是否有不良反应,将影响到消费者后续购买。因此,药店工作人员不仅要在销售过程中结合消费者情况进行合理推荐,必要时还要追踪消费者使用效果,指导用药,达到顾客长期满意。

三、大健康产品的导购与服务

灵活运用费比模式是产品导购的核心,该模式的第一步是把产品的特征详细地介绍给顾客(Feature);第二步是充分分析产品优点,尤其是本产品在同类产品中的比较优势(Advantage);第三步是详细阐述产品给顾客带来的利益,激发顾客的购买欲望(Benefit);第四步则是以"证据"证明产品利益,说服顾客(Evidence)。其

实质就是深入分析产品各方面的特点特性,将特性转换为消费者利益。在此过程中,销售服务人员要利用善于挖掘客户的需求,尤其是客户自己都没有意识到的隐藏性需求,将产品特点与产品需求进行关联。

案例 6-9

某血糖仪的费比模式导购过程

产品背景:美国强生公司是世界著名的健康护理产品生产商,强生公司有 100 多年的悠久历史,除创可贴、泰诺等中国消费者耳熟能详的 OTC 药品外,强生公司的便携式血糖仪因最早进入中国市场,在中国的糖尿病患者中拥有良好的口碑。德国贝朗医疗公司(以下简称贝朗公司)则是世界领先的专业医疗设备、医药产品以及手术周边产品供应商,拥有 170 多年历史。贝朗公司也生产便携式血糖仪,与强生血糖仪一样,贝朗血糖仪也只有手掌大小。而且贝朗血糖仪还有几个独特的优势:第一,贝朗的采血量更小,患者仅需圆珠笔笔尖大小的微量采血量,5s 就可以出检测结果。第二,采血后的试纸条测试后可无接触自动退出,避免手工抽出试纸条的不便,防止造成二次感染。第三,显示数据的液晶显示屏大,数字大,方便老年人,并有语音报数。第四,附送校准片,可非常方便地对仪器进行校准。

客户背景与初步需求意向:张女士的父亲是糖尿病患者,5 年前就开始使用强生血糖仪,是强生血糖仪的忠实客户,现在因强生血糖仪已经坏掉,张女士(45 岁左右)和父亲(70 岁左右)一起来到了药店,初步打算为父亲换一个新的强生便携式血糖仪。

健康顾问和张女士及其父亲交流,形成推荐贝朗血糖仪的思路。在交流中健康顾问了解到张女士及其父对其他血糖仪并没有了解,张父年龄增长,眼神不好,而且有点手抖,购买血糖仪就是为了自用,家庭经济宽裕,只要产品效果好,对价格并不介意,日常购物有较强的品牌意识。

健康顾问根据客户情况,运用费比模式进行产品特性利益转换,归纳出贝朗血糖仪的相对优势。产品特征从企业实力、品牌知名度、产品各项细节进行多角度详细归纳,并和强生的产品进行比较,形成相对优势,要点见表 6-1。

表 6-1　　贝朗公司血糖仪费比模式详情

企业及产品特征	产品的相对优势	可转换的客户利益	提供的证据
拥有 170 多年历史,世界领先的专业医疗设备、医药产品以及手术周边产品供应商	血糖仪也属于小型家用健康器械,贝朗公司在细分专业领域优势明显	满足客户的品牌意识	贝朗公司的企业介绍证据

续表

企业及产品特征	产品的相对优势	可转换的客户利益	提供的证据
采血后的试纸条测试后可无接触自动退出	避免污染、方便操作	避免手抖影响操作	产品现场演示
数值可语音播报	多种结果出示方式,方便消费者	方便眼神不好人士	产品现场演示

按照费比模式,根据客户特征、购买产品的用途,同样的产品可转换为不同的利益,如同样是花旗参茶,自用的顾客可以在询问其日常亚健康情况基础上详细说明功效,出示相关服用证据;送礼则突出品牌知名度和包装等。

四、OTC 药品咨询与服务

详细了解顾客的基本健康情况,如目前的症状、既往疾病史、就医史、过敏史、用药史,根据顾客的情况对症荐药。因为消费者需求具有层次性,在 OTC 药品咨询服务过程中,仍然需要对费比模式进行灵活运用,考虑不同顾客的实际情况,不进行或进行适当的关联推荐。如同样症状、年龄身体素质差不多的感冒顾客,工作繁忙者则推荐白天不瞌睡的"白加黑";外出应酬较多的则推荐快速缓解流涕鼻塞症状的感冒药;经济条件好、日常注重滋补养生的可关联推荐中药养生汤料包,建议顾客多休息、多煲汤。关联推荐一定要注意不能过度销售。

五、处方调配与服务

按照零售药店药学服务的要求,驻店药师需要对购买处方药的顾客提供相应的药学服务,调配处方并详细交代用法用量、配伍禁忌、注意事项、不良反应、药物相互作用、存储质量等。随着老龄化社会的到来,以及国家医疗卫生管理体制不断改革,零售药店也可以刷医保卡,并和社区健康中心一起构筑起慢性疾病防治网络,各种治疗慢性疾病的药品在零售药店处方药销售中占有的比例越来越高,以专业的药师服务为中心建立的慢性疾病管理系统成为许多零售药店的核心竞争优势。在零售药店的慢性疾病管理服务体系中,药师不仅要合理调配处方,还要进行用药回访和患者维护,将药学服务延伸至家庭,参与疾病预防、健康生活管理,从而提高用药依从性,达到周边顾客持续满意。在此过程中,仍然需要对费比模式进行灵活应用,抓住不同顾客的生理、心理多层次需求,将产品和服务项目的多方面特征转换成顾客利益。

实践训练 6-2

大健康产品导购情景剧

各类健康产品导购与咨询服务情景剧表演

参考大健康产品导购服务情景剧视频，在保健品、OTC 药品、处方药中分别选择一个产品，按照产品特点设想一个潜在消费者，设计中发挥合理想象，对潜在消费者各方面特征进行精准画像，进一步设想其隐藏需求，设计导购咨询服务剧本，并进行角色扮演。

任务五　药店促销技术

药店等各种终端除了依靠药师、店员等工作人员向消费者进行合理推荐以促进药品销售外，还在店内开展各种营业推广活动，同时深入药店周边的社区开展各种以树立形象为主的公共关系促销活动，并通过广告进行宣传。主要在终端销售现场开展的人员推销、营业推广活动与非销售现场开展的广告、公共关系这四种沟通手段形成促销组合，药店对这四种手段进行选择、组合和应用，形成综合性的终端促销策略组合，力图达到让消费者信任产品，然后产生购买行为。药店是零售企业，销售的是不同制药厂商的各类商品。因此，药店在开展终端促销活动时，总是策划不同的促销主题，联合厂家共同开展，这样既能够更好地营造促销氛围，又可以分摊促销成本。而生产厂家也非常乐意参加药店组织的各类促销活动，可以充分借助药店接近最终消费者的优势，促销自己的产品。

一、药店的主题促销类型

药店为营造热烈的销售气氛，一般都会利用不同的事件推出不同主题的促销活动，借此建立顾客对药店形象的认知，同时也使得资源运用更为集中。

(一) 新店开张促销

顾客对即将开业的门店总是有一定的好奇心，新店开张期间举行各类促销活动，更能刺激其购买欲望。同时，新店开张期间可以利用各种促销活动留下顾客资料，作为未来顾客维护的基础。

案例 6-10

某连锁药店高潮不断的新店开张策划

好的开始是成功的一半，某连锁药店的新店开张促销计划总是提前数周开始，一直延续到新店开张至少两周之后。新店开业前数周是告知型促销：“某某药店即将于某月某日隆重开业”的信息通过终端悬挂横幅、向周边居民派发传单、住户信箱投递广告等多种形式将新店开张信息广泛告知,激发潜在顾客的期待感。新店开业当天,主要通过大力度的营业推广活动刺激顾客的购买欲,营造旺盛的人气:只要来店的居民都有小礼品赠送,全店所有商品均有程度不等的价格折扣或赠品促销,所有购物的顾客视其消费金额多少均有不等的礼品赠送,所有赠品都是使用频率高的日常生活用品。新店开业后数周组织公关形象宣传活动,树立该药店在周边居民中的良好形象,建立互惠的顾客关系,促进长期购买。新店开业不久恰逢重阳节,该店又取得附近某住宅小区物业管理处的支持,和管理处共同组织小区内的老年人开展了一次登山活动,活动前后还由某知名降血压药生产厂家联系医学专家为参加活动的老人们进行了一次“如何防治高血压”的免费健康讲座。

(二)周年庆典

药店多选址在社区附近,经营多年的药店已经成为周边居民生活中不可缺少的一部分,药店借开店周年庆典的机会,开展一些店内促销,老顾客恳谈会,评选社会监督员对本店的药品质量、价格、服务进行全面监督等活动,也能给顾客创造出一些新鲜感。

(三)不同节令的主题促销

各种法定与非法定假日以及各种传统习俗节令都是促销的好机会,将节令的习俗特性与商品搭配,甚至开发出与节令相关的商品与促销话题,将使药店达到经济、社会效益的双丰收。如中秋节是阖家团圆的节日,除月饼外,药店也可以“孝敬爸妈送健康”的主题,将保健品做成礼篮促销;“三八”妇女节则可以将各种女性养生养颜产品通过集中陈列、赠礼等形式促销;爱眼日、爱牙日、男性健康日等也可进行相应的店内促销与推广活动。

(四)社会热点

药店除了售卖药品外,对于社会上发生的重大事件,需时时保持敏感,与某一事件发生时,也可以开展公关或促销活动,既树立了良好的药店形象,也能够带动后续销售。例如,2003 年非典型性肺炎刚刚爆发时,社会上对板蓝根、利巴韦林等药品需求旺盛,一些医药零售企业趁机涨价,但深圳一致连锁药店(现更名为国药控股国大药房)不仅不涨价,还想方设法组织大批货源,同时延长营业时间,即使额外付出了更多经营成本也无怨无悔。一致连锁药店这种看重企业社会责任的行为受到了消费者的好评,“非典”之后,一致连锁各分店的经营绩效再上新台阶。

二、主题促销的策划

(一)促销活动既要有创意,也要有绩效

在激烈的市场竞争中,商场、超市的各类促销活动层出不穷,药店要想在众多促销活动中脱颖而出,迅速引起消费者的关注,就必须在活动创意上下功夫,但有

创意的促销活动必须具有一定绩效，才能成为有效的促销。兼顾创意和实效的促销活动既能够通过促销让顾客了解到本药店和竞争对手的差异，强化自身的定位，树立良好的公众形象，又能够打击或压制竞争对手。案例6-11中某药店开展的端午节促销活动打破了公众对端午节就是吃粽子的思维定式，挖掘端午节与健康有关的元素，将端午节打造成一个春夏之交防止疾病传播的健康节日。通过野外寻艾叶的公关活动树立形象，在店内通过消毒产品打折、送礼等促进消费者购买，做到了经济、社会效益双丰收。

案例6-11

某药店端午节巧打“健康牌”

中国传统节日端午节既是为了纪念伟大的爱国诗人屈原，同时在时令上刚好入夏的端午节也是民间提醒各家各户防治毒虫与瘟疫的一个节日。因此，在各地民俗中，就有端午节打扫家庭卫生、焚烧艾叶驱蚊蝇、在门上插艾叶避瘟疫、喝雄黄酒辟邪等习俗。接近端午，各商场、超市纷纷促销粽子，某药店别出心裁挖掘端午节民俗中的健康元素，以“健康快乐过端午”为主题，在端午节前后开展以下活动：从本店的会员资料中筛选出一批忠诚顾客，组织该批顾客到城郊莲花山郊游，由执业中药师带领大家认艾叶、采艾叶；联系药店附近某社区物业管理处，为该小区的业主群设计各种与夏初健康生活有关的推文；与生产驱蚊水、祛风油、消毒剂、解暑祛湿等内服、外用药品的厂家联系，对以上产品进行集中陈列，并将夏初气温升高后居民需要的消毒、皮肤外用产品进行组合包装，方便一次性购买；需重复使用的商品集中购买给予一定的优惠。通过以上推广措施，该药店在周边居民中树立起了专业的形象，提醒消费者及时采购与时令气候相关的外用消毒护理产品得到了厂家的支持。

（二）充分挖掘药店行业特征

充分挖掘药店行业特征包括开展各类健康讲座，进行健康咨询与测试，开展健康比赛和趣味活动等。如某药店在元宵节时在店内开展猜谜语活动，谜底全部是各种中药名，就巧妙地将促销活动与行业特征紧密结合起来了。

（三）整合多方资源达到合作多赢

除了和厂家合作外，药店还可以和各类组织和社会团体进行合作，开展各类树立形象的推广宣传活动。具体方式包括：①居委会或物业管理处经常会组织学雷锋、为居民办实事等相关活动，药店可借机参与，发挥自己的行业优势在居民中开展安全用药咨询等活动。②老年人协会、红十字会等公益单位经常会组织各种公益活动，药店也可以参与其中，或者药店策划并组织相关公益活动，上述单位参与。③长期协助居委会、物业管理处办好健康宣传栏、黑板报或灯箱，在润物细无声的宣传中树立形象。

三、主题促销的实施

促销活动是一种实践性的细致活动,促销计划必须对每一个细节都进行规划,在计划的实际执行中则要做到耐心细致。药店根据公司的营销目标设计出有创意的促销主题、明确具体的促销活动内容后,还要对促销计划的实施进行统筹安排,并形成计划书来指导现场活动。

(一)活动费用预算

促销活动开始前必须详细计算每一项开支,并留出一定的余地,当活动结束才能进行必要的效果评估。例如,某药店联合某厂家开展了一次店内的买赠活动,消费者购买该厂家生产的减肥茶后,凭包装上的贴花可以换领健身扭腰器。在计算该活动所需的费用时,至少要经过这些步骤:①根据促销时间和销售量确定在多少份包装上印上贴花。②按一个促销期间内消费者的平均购买数确定每个消费者要凭多少贴花换领赠品。③计算需准备的赠品最大数量。④根据赠品的丰厚程度、所需购买凭证数、购买频率、活动投入程度、品牌名气等因素估计换领比例。⑤计算赠品成本以及接受和处理换领的费用。⑥计算设计、印刷以及其他促销支持服务费用。

(二)明确每项工作的具体内容,对如何开展每项工作进行具体安排

计划书中要对每项工作内容进行详细说明,并应设计相对应的表格,这样有助于对工作内容和进度安排有直观的认识。某药店与血糖仪生产厂家计划面向该店所在社区的糖尿病患者开展一次健康讲座活动,对活动的具体安排部分可供相关人员在制订促销计划时参考。

案例 6-12

健康讲座活动执行方案

(1)选择参加的顾客　整理会员资料,从中选择患有糖尿病的会员顾客。

(2)活动告知和邀约　提前三天左右在店门口、小区楼道张贴活动通知;住户信箱投递活动通知;重点客户由店员电话邀约,必要时拜访邀约。

(3)确立活动时间和地点。

(4)活动当天的现场接待工作　人员安排、工具准备、相关报批手续、会场环境布置、工作人员个人准备、来宾接待流程、深入沟通方案等。

(5)活动结束事宜　提示居民带好个人随身物品、小礼品的发放方式、向参会者告知必要的安全提示、真诚感谢参会者并热情告别、感谢居委会等协助人员,以及现场清点与卫生工作。

(6)讲座后的回访与追踪工作　对所有参会者一周内完成首次回访,一个月

内完成二次回访，回访方式包括电话回访等。

(7)记录每项细节工作、责任人及完成进度。

实践训练 6-3

药店促销活动策划

在附近选择一个实体药店，对该药店的经营情况以及周边情况进行充分的调查，参考以下提纲为该药店进行一次综合性促销活动策划。

(1)药店商圈分析　分析该药店方圆 500m 范围内的商圈情况，如有多少竞争者，有多少住宅小区，周边的居住人群年龄、职业、经济、文化等各方面结构如何。

(2)药店背景分析　对选准的药店本身和该药店的上级公司特点进行汇总调查和分析；和商圈内竞争者进行比较分析，挖掘本药店的相对优势。

(3)活动对象　在第(1)和(2)条分析基础上，确定重点需吸引的目标对象。如居住在附近的退休老人业主等。

(4)促销目标　在第(1)～(3)条分析基础上，确定具体的、可以衡量的、具有一定挑战性的现实目标。如增强活动对象对本店的各项慢性疾病服务措施的认知度，在活动后回访能说出本店有哪些慢性疾病服务措施。

(5)活动主题　用凝练的、艺术化的、朗朗上口的一句话概括整个活动，方便传播。如“慢病调养慢不得”，包含了慢性疾病管理规范服药、实时监测等多种内涵，与家门口药店的实时、快速管理相关联。

(6)活动时间　选择某个具体的时间段，如秋冬季节是慢性疾病高发季，选择其中某个具体时间段。

(7)活动方式　综合采用人员推销、营业推广、广告、公共关系等各种促销手段的大致思路。如：①提前宣传的方式方法：公众号、业主群等。②各种营业推广手段，如买血压计赠礼等。

(8)活动执行　对各项促销工作如何执行统筹安排。如：①前期准备：通过工作进度表将每个阶段的工作任务、时间要求、人员分工进行详尽安排。②中期操作：活动现场控制、突发事件处置都应事先预案。③后期延续：目标对象的追踪回访以及媒体报道的持续跟进，保证活动效果的持续性。

(9)费用预算　对投入和产出进行预测，详细计算每一项开支，并留出一定的余地。

在线测试及课后思考题

OTC 代表工作内容介绍

项目七　OTC 代表终端推广与维护

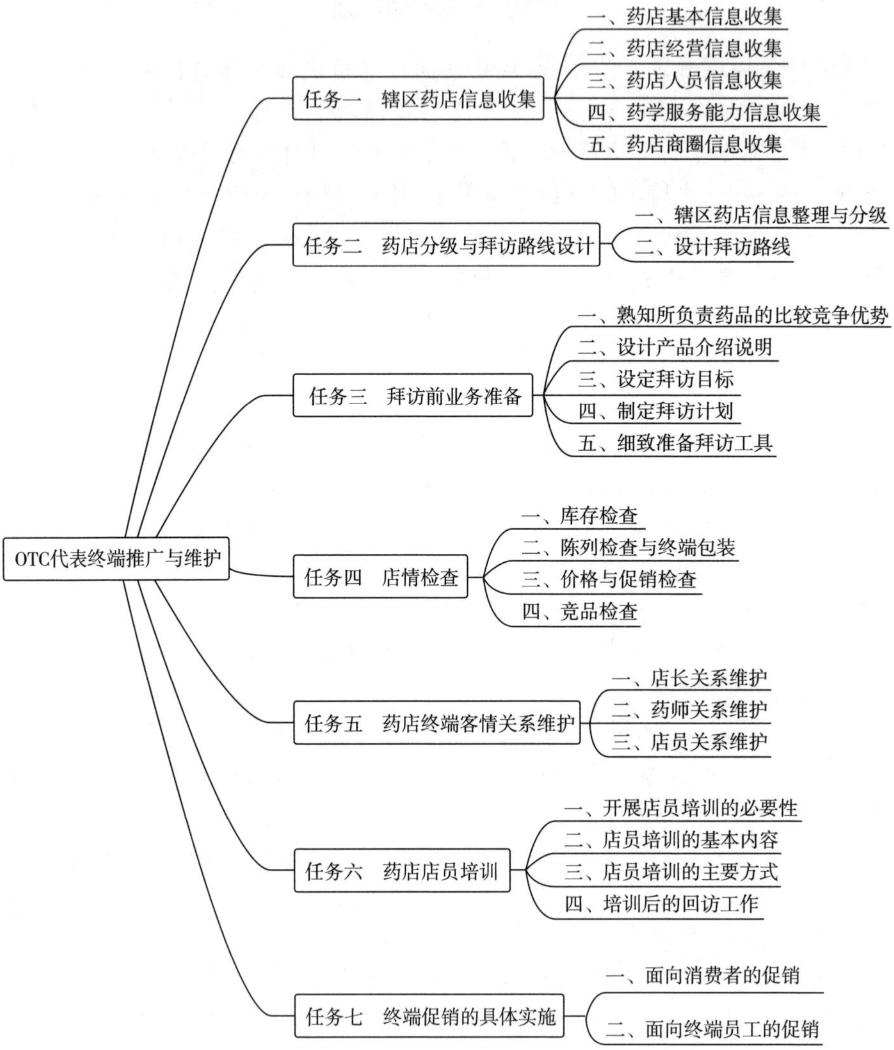

OTC 代表是药品生产企业或大型经销批发企业的销售推广服务人员，主要负责所在企业 OTC 药品、功能食品、健康护理品等大健康产品在零售药店的销售和服务工作，其主要工作内容是保证目标区域内药店顺利销售本企业产品；执行企业、地区组织的统一的市场活动；制订针对目标药店、店员及消费者的促销活动计划，并负责执行；负责向药店店员、消费者传达企业文化、产品知识，维护企业形象；

及时收集各种市场信息。

任务一　辖区药店信息收集

OTC 代表应对自己管辖区域内的药店了如指掌,对本企业产品已经铺货的药店做好日常客情关系维护,保证药店店员及时、准确地向消费者进行推荐;本企业没有铺货的药店则要争取药店企业主或者是药店所在的连锁总部及时向该药店铺货;辖区内如果有新开药店,则要保证新药店及时认知本企业产品。要做到这一切,对辖区药店信息进行动态收集是根本。

一、药店基本信息收集

(一)药店地理环境调查与评估

1. 地理环境调查的内容

药店地理环境调查除了要明确药店的具体地理位置,如某某路某某号之外,更重要的是要调查清楚该药店的位置优劣势,需在药店现场进行许多细节调查,如是否处于马路交叉口、店门是否临近路边、店门朝向、离公交站台或地铁口有多远距离、门口是否有台阶、不同时段门口的人流数量和人流结构变化情况、门面宽窄、在多远能够看到药店招牌、周边环境的嘈杂度和气味是否影响药店感受等。实体店的店址,有时候仅仅多两级台阶或坡道,都会让消费者放弃入店。因此,对地理环境的调查,没有最细致,只有更细致。

药店地理环境除了调查现状外,还要对所在地的未来规划进行评估,如该地段最近是否会有新的公交线路通过、是否会扩宽马路等,未来规划既有可能带来机遇,也有可能影响药店经营,例如扩宽马路短期内可能会让药店无法营业。

2. 地理环境调查的方法

地理环境调查主要采用观察法,结合各种地图软件,人员使用各种摄录仪器,按照内容进行细致的观察。为了提高观察效率,避免观察内容遗漏,可事先设计各种观察记录表格,在不同时段进行观察并记录。

除观察法外,还可以查阅政府规划、街道公告等二手资料,到居委会及居民中走访等。此外,在运用摄录设备进行观察时,还要考虑到不侵犯消费者隐私。

(二)药店基本情况信息收集

1. 药店性质

主要调查该药店是单体药店还是连锁药店的分店,如果是连锁药店,还要了解清楚是直营店还是加盟店;如果是加盟店,则要进一步了解清楚该加盟店的加盟条件与政策。

2. 感受药店实力

了解药店的外部形象、店内面积等。如果是连锁药店,还要了解连锁总部的实力、对各分店的基本管理方法等。

二、药店经营信息收集

(一)基本经营信息

基本经营信息包括药店的市场定位、产品数量与结构、价格水平、销售额、客流量、客单价、利润率、在商圈内的口碑等。

(二)组织管理信息

如果是连锁药店,则要掌握辖区内药店所属片区、区域管理现状、新商品引进流程、配送措施、促销活动管理流程等。

如果是单体药店,则要掌握药店的销售能力、发展潜力、经营观念、经营方向、经营政策、企业规模、经营特点等。

(三)销售及交易信息

销售及交易信息包括销售活动现状、销售实绩、与本企业的业务关系及合作态度、存在的问题、保持的优势、未来的对策、企业形象、声誉、信用状况、交易条件以及出现的信用问题等。

(四)经营信息收集方法

对于经营信息的收集可综合采用观察法、访谈、二手资料查阅等多种方法,如组织管理信息可通过走访门店,与药店所在公司采购、市场部门等洽谈获知;销售及交易信息可观察药店的现场客流量和顾客买单情况;观察货架上的商品效期,如果货架上灰尘较多、产品进货时间长,则该药店显然经营状况不佳;与店员攀谈、观察店员的精神面貌;走访其他供应商了解,其他供应商与本企业不完全是竞争关系,有些产品的供应商与本企业产品构成互补关系,完全可以做到互利共赢,因此也可以在同行处获得所需信息。

三、药店人员信息收集

(一)药店人员构成

1. 药店经理

药店经理负责门店的日常经营管理工作,对门店的销售指标负责。目前,我国药店经理学历构成以医学、药学、经济管理类学科大专学历为主,也有少量本科或中专学历,有些小型药店在人员有限的情况下店经理往往由药师兼任。

2. 药店药师

按照国家有关管理法规的要求,每家零售药店都必须配备至少一名药师,药店药师负责门店药品质量管理、药店处方的调配和管理以及患者的用药指导,在连锁药店中还承担着门店的专业技能培训以及新员工带教工作。药师属于专业技术人员,在店内有举足轻重的地位。

3. 店员

药店店员也称为健康顾问,负责药品的销售、店堂卫生等日常工作,药店经理往往对店员实行分区管理,即一个店员只负责某几条货架或某个柜组的产品销售与相关服务工作。目前,我国一些医药零售业比较发达地区的药店店员以医学或药学专业中专学历为主。

以上不同人员都是一个药店的正式员工,除此之外,药店还有大量厂家或经销商的促销人员,他们虽然不属于药店的正式编制。但他们同在一家药店为顾客服务,药店经理往往将其和正式店员一样管理,其一言一行也会对药店的销售和品牌形象产生一定的影响。

(二)药店人员信息收集内容

药店人员信息收集内容包括店内的人员结构、岗位分布情况,不同人员的专业背景、药学服务水平、性格特点、排班信息等。

(三)药店人员信息收集方法

观察店内的员工介绍、与店员攀谈、与其他同行交流是了解药店人员信息的基本方法。

四、药学服务能力信息收集

药学服务能力信息包括药店是否设置相对独立的药学服务区域,配备完好的药品调剂工具,提供哪些药学服务项目,药学服务人员的专业技术水平等。

五、药店商圈信息收集

商圈是指商店以其所在地点为中心,沿着一定的方向和距离扩展,吸引顾客的辐射范围。简单地说,也就是来店顾客所居住的区域范围。不同药店的商圈范围内的人口数量、人口结构、人口消费能力等背景不一,对不同类药品的消费能力也有差异。因此,OTC 代表需对所负责药店的商圈信息进行调查,以便制订有针对性的消费者营销方案。

商圈信息收集可综合采用观察、街头访谈等多种方法。例如,走访药店周边的地产中介,可通过商圈内的房价水平、居民结构判断商圈居民的经济实力、消费意向等。

一个持续发展的企业,一般都会对积累的客户资源进行归档整理,初次接手某个市场的 OTC 代表在信息收集过程中不仅要善于充分利用各种企业内部资源,还要将自己工作中所收集到的动态变化信息在公司归档,不断丰富完善企业信息资源库。

案例 7-1

善用内部报告,业务员巧妙找客户

小张大学刚毕业进入某医药公司从事销售开发工作,该公司销售员实行底薪+提成的薪酬结构,底薪非常少,要想获得丰厚报酬必须依靠多开发客户多拿提成。

一家家去拜访效率太低,小张琢磨着要找到一个快速寻找到潜在客户的方法。最终,小张将目光投向当地的商业公司资源,通过商业渠道拿到当地小连锁以及单体店同品类细分市场产品销售记录。小张从中梳理出一批同品类体量较大的潜力客户,结合该系列竞争产品活动信息针对性设定精准的促销活动内容,实地拜访谈判,取得了卓越的销售结果,也为自身积累了一批客户资源。

任务二　药店分级与拜访路线设计

药店具有点多面广的特点,一位 OTC 代表在一天需要拜访 10~15 家药店,OTC 代表的拜访也被称为跑街。跑街,顾名思义就是指销售人员每天沿街拜访各个药店,对产品进行推广及销售。在 OTC 代表的正常拜访中,大多的方式是与药店员工面对面地交谈,而且一般按照既定的计划路线行走,较少有提前预约。这就需要 OTC 代表对自己所负责的终端进行合理分配,并规划好每日的拜访路线,同时做好其他方面的准备工作。

一、辖区药店信息整理与分级

OTC 代表店情检查工作

按照销售中的“二八定律”,20%的客户产生 80%的销售业绩。因此,OTC 代表对辖区药店的销售资源和精力投放应抓住重点,综合考虑药店规模、客流量、地理位置、销售状况、合作意愿、未来发展潜力等因素对辖区内药店进行分级,对不同级别、类型的客户制订不同的拜访频率和促销资源投放标准。

(一)建立药店评级档案

对收集到的各种药店信息进行整理,并不断进行动态更新。在信息整理中可以对不同指标设定不同的分值,计算每个药店的总分。例如,药店营业面积是一个指标,60 平方米以下 5 分、60~100 平方米以上 8 分、100 平方米以上 15 分等。

(二)对药店进行分级

按照整理出的评级档案,结合所负责药店的数量,按不同比例设计药店级别,对不同级别药店制定不同拜访频率。例如,辖区共有 100 家药店,那么保证每周拜访覆盖一次的 A 级药店占 10%等。

二、设计拜访路线

在制订拜访路线之前,OTC 代表首先要将辖区内的所有药店都熟悉一遍,了解大大小小的药店的数量和地理分布情况。每一个城市的药店分布情况都是不尽相同的,有的药店是零星分散的,大中小各级药店各地区都有,有的是集中的,或集中在市区内,或集中于郊区。因此,OTC 代表在制订拜访路线时,要充分考虑到药店分布的客观情况,对要拜访的药店进行合理分配,拜访路线制订好,可以为 OTC 代表节省一定的行程距离和时间,提高工作效率。

(一)制订拜访路线的一般原则

1. 保证药店的覆盖率

一个地区的所有药店都是 OTC 代表的目标对象,在制订拜访路线的时候,一定要保证到这些药店的覆盖率,不能遗漏每一个目标对象。

2. 保证各级药店的不同拜访频率

对各级药店的合理拜访频率,都要纳入考虑的范围,不能因为距离近,就多拜访几次,距离远,就去一次。这样容易捡了芝麻,丢了西瓜,最终得不偿失。

3. 形成规律拜访

拜访路线一旦确定,就要形成工作规律,不能一天一个样,连 OTC 代表自己也不能确定自己的工作计划,这样的工作是没有激情和责任感的。

(二)制订拜访路线的方法

把自己负责的区域在地图上标记出来,标注好所有门店的位置,以该区域内的主要道路为分界线,按照工作日数量划分成相应的小区域。以月为单位,设计不同药店的拜访频率,如 A 级店每周拜访一次,B 级店每两周拜访一次,C 级店每月拜访一次,制订出每月拜访计划总表;每周末提前做好下周的拜访计划,每天拜访一个小区域,合理管理时间。

(三)拜访路线的几种形式

1. 直线式

直线式即 OTC 代表从起点出发,沿途拜访所有的客户,然后按原路线或其他路线返回。

2. 跳跃式

跳跃式即 OTC 代表从离起点最远的客户出发,然后由远至近,在返回的路途中对客户逐一拜访。

3. 循环式

循环式即 OTC 代表从起点出发,按圆圈形式访问一圈。

4. 片区式

片区式即 OTC 代表将所辖区域进行再次细分,每次访问一个小片区。

实践训练 7-1

药店普查及拜访路线设计

划定一个方圆 1 千米左右的区域范围,对该区域内的药店进行普查,并采用表格等多种形式对普查结果进行归纳,确定药店分级;根据分级制订一份一个月的拜访计划。

任务三　拜访前业务准备

OTC 代表在拜访客户前,需要做好相应的准备工作,除了心态和思想上的准备外,重点需进行业务准备。

一、熟知所负责药品的比较竞争优势

(一)全面掌握所负责药品相关信息

所负责药品相关信息不仅是指产品本身的质量指标、品牌等信息,如功能主治、产品成分、包装、规格、服用方法、药效、不良反应、品牌等,还包括对产品目标消费人群、销售情况的统计与分析。本企业有哪些具体的销售政策,如不同采购量的价格、能提供的促销支持、物流配送方式等。只有对产品各方面情况和公司各项政策都了如指掌,才能向基层门店宣讲,增强基层员工销售本公司产品的信心。

(二)对竞争产品进行分析

1. 对竞争产品进行分级

(1)核心竞品　即跟产品直接相关的细分市场内第一梯队的竞争对手,对于核心竞品要进行全面的分析。

(2)重要竞品　产品相关细分市场内排名第一的竞争对手,需要定期关注。

(3)一般竞品　相关的其他产品。一般竞品仅需定期、全面梳理,不需深入研究。

2. 对核心竞品进行全面分析

除了掌握核心竞品的基本信息,如功能主治、产品成分、包装、规格、服用方法、药效、不良反应、品牌等,还需分析其市场定位、进货渠道、销售情况、促销策略、顾客选择等。

(三)明确产品的相对竞争优势

对本产品和核心竞品进行充分比较,参考市场定位和费比模式,找出产品的相对竞争优势。以项目六运用过的贝朗血糖仪为例,强生血糖仪是其核心竞品,"强生"品牌知名度高、产品质量及售后服务都好,这时候贝朗血糖仪就应该突出自身是医疗器械细分领域的强势品牌,建立相对竞争优势。

二、设计产品介绍说明

药店接触顾客多,销售的产品多,药师及店员往往没有足够的时间去深入掌握所有产品的各方面特征,长篇大论的介绍也不便于记忆。OTC 代表需将本企业产品和竞争产品进行充分的比较研究,借鉴广告设计中的 USP 策略,按照费比销售模式将产品的各项核心优势归纳为客户利益,设计 1 分钟产品介绍词。介绍说明要求做到深入浅出、通俗易懂,同时朗朗上口,不仅让药店店员牢记,还能向顾客传播。

（一）按照一定的主题介绍产品

例如，以季节为主题：“现在是胃肠道疾病的高发季节，我们的某某产品最近如何”；以公司重点产品为主题：“某某产品是我们公司重点培养品种，疗效确切，市场推广支持力度高”。根据实践因地制宜设计各种主题，能收到较好的效果。

（二）按照产品优势设计介绍词

1. 独特组方

尤其是中成药，如果是数百年甚至是千年传统验方或者是民族药，其独特的组方本身就是产品特色。

2. 独特成分

如果某药品的某成分具有独特性，在治疗效果上起重要作用，这也是此药区别于其他药品的一个重要特点。

3. 独特剂型

剂型不一样直接影响药物吸收和生物利用度，也直接影响药品的起效时间和药效。

4. 制造工艺先进

同一药物剂型，由于处方组成及制备工艺不同，生产出来的产品的疗效也有差异。

5. 医保品种、基础药物目录品种

这类品种意味着市场容量大，消费者熟知，药店更好推荐。

6. 厂家品牌知名度高

品牌意味着药品的质量高、安全性高、疗效确切，消费者更容易接受。

除以上优势挖掘点外，产品是否有售后服务支持等都可以成为优势点，在产品介绍词设计中，要通过案例或数据来充分说明优势。

三、设定拜访目标

设定拜访目标是一名优秀的 OTC 代表拜访前的必做功课。设定目标可以帮助 OTC 代表分清工作的优先顺序与轻重缓急，令 OTC 代表在工作中产生方向感，带来使命感。同时，目标还是检验工作成效的标准。一个有效的工作目标，应该符合“SMART”原则（在企业界，也被形象地称为“聪明”原则），即以下五点。

（一）S（Specific）：具体的

“S”即所有的目标应该是可以量化的数值，而不是笼统的表达。表 7-1 对具体和笼统的目标进行了比较。

表 7-1　具体与笼统目标的比较

表达方式	具体的表达	笼统的表达
销售增长	比去年同期增长 15%	要比去年有大幅的增长
市场占有率	在西药市场，我们的市场占有率要从 10% 提高到 13%	我们要进入销售前 3 名

续表

表达方式	具体的表达	笼统的表达
拜访频率	对于不同级别的客户,我们需要提高不同的拜访频率,A 级客户从每月平均拜访 3 次提高到每月拜访 4 次	我们要加大拜访 VIP 的力度,力争每月都有提高
推荐率	对于目前平均店员的推荐率只有 20%,我们非常不满意,希望通过本次的店员教育和促销活动,将店员的推荐率提高到 50%	店员推荐率是我们重要的考核指标,我们需要通过店员教育和促销活动提高推荐率
陈列	在药店的陈列面积中长×宽×高分别为:50cm×50cm×90cm	我们要在药店做大型的堆头陈列活动

(二)M (Measurable):可以衡量的

一个好的销售目标应该是可以衡量或是量化的。对于一些数值指标,相对容易拿出衡量的标准,如销售增长率、市场占有率等指标,但是对于服务的质量、客户的满意度和目标客户的亲密程度等属于感性的指标,OTC 代表需要多花费一些精力进行量化。例如,对于 OTC 代表与客户的关系,可以通过拜访的频率、重点客户的基本资料等指标进行量化。

(三)A(Ambitious):富有挑战性的

设计具有挑战性的目标,能够使自己的工作潜能得到发挥,产生更高的绩效。当然,目标也不能订得太高,如果目标超过能力太多会令人失去信心,反而起不到自我激励的作用。

(四)R(Realstic):现实的

现实的、符合自身能力的目标和计划,是实现目标的充分条件。

(五)T(Timetable)有时间限制的

目标的实现是指在一定的时间范围内目标的实现,不可能是时间的无限制放大。时间一旦被放大,目标的实现也就毫无意义可言。如果是短期的目标,更需要精确到以时钟为计量的单位,如在明天的 12 点以前。只有这样,目标的设定才会有限制性。

四、制订拜访计划

在明确了自己作为一个 OTC 代表的拜访目标后,应该根据目标制订月度、每周、每次的拜访计划。一般包括三项内容:一是计划拜访的客户及区域;二是拜访时间安排;三是计划拜访的内容或目的,如开发新客户、市场调研、收款、服务、客户投诉处理、订货或其他。

五、细致准备拜访工具

按照以下内容,准备拜访工具的实物或电子资源。

(一)企业资料

企业资料包括企业宣传画报、视频、获奖证书等各种能证明企业实力的资料。

(二)产品资料

产品资料包括产品手册、证明所推广产品疗效的文献或报道、样品、包装盒、各种促销物品、赠品、价目表等。

(三)个人资料

个人资料一般包括名片等。名片一般企业都有统一式样,但也可以加上自己的特色,如加印上自己的登记照、二维码、自己的座右铭等,通过特别的方式给客户留下特别的印象。

实践训练 7-2

"1 分钟产品介绍"比赛

以班级为单位组织一次"1 分钟产品介绍"比赛,每位参赛者找到一个 OTC 产品,在对该产品竞品进行充分分析的基础上,设计产品的介绍词,面向全班同学进行介绍,最后评选出最佳选手。

任务四　店情检查

一、库存检查

药店等终端的库存过多会占压资金,库存量过少又会出现当顾客需要某产品时无货可供的脱销现象。脱销不仅仅耽误渠道成员的生意,更重要的是耽误了企业的销售,给竞争对手留下了更大的运作空间。同时,临时性的需求高峰或者促销时期生产企业还需要提前向终端供货,必要时,OTC 代表还要帮助药店之间转货或换货。因此,OTC 代表在拜访终端时要及时了解终端的实际库存量,根据库存情况采取相应的对策。

二、陈列检查与终端包装

药店的陈列位是有限的,各个 OTC 生产厂家都会在药店争夺最佳陈列位。因此,OTC 代表在拜访终端时一方面要保证本企业产品有较好的陈列;另一方面要找出新的包装形式和陈列位,和分店经理、区域经理及相关管理部门沟通后实施,引起消费者的注意,有效制造或烘托销售气氛,为促成购买打下基础。

(一)常规陈列检查

1. 争取最佳陈列

(1)占据店内最吸引顾客的位置　经过和店经理或店员沟通,尽量将本企业产品放在以下容易吸引顾客的陈列位:①在消费者流向的右方架位。②架尾位。③走廊交会处。④收银机前位置。⑤营业员后方的柜台,视线与肩膀之间的高度,中间偏右的位置。⑥营业员前方的柜台,小腿以上的高度,柜台上面第一层。⑦同类产品之间摆放在中间位置。⑧最贴近玻璃的位置。⑨药店超市最易拿到的位置。

(2)扩大本企业产品的陈列面　产品的陈列面,是产品面向消费者的包装面。同一个产品至少应有三个以上陈列面,因为布置货物时有一个陈列面易被价签挡住。通常来讲,同类产品中,陈列面较多的产品会对顾客形成一种该产品购买者较多的心理暗示,顾客出于从众心理也会增加选择该产品的概率。据世界著名市场调查公司 AC 尼尔森对 1995 年亚洲商业零售市场的调查,发现销售可随着陈列面的增加而增加。如表 7-2 所示,该项数据虽然因为产品特点的不同而有差异,但有一点是非常明确的,就是扩大陈列面能提高销量。

表 7-2　　产品陈列面与销售的关系

陈列面的数量	销售增加	陈列面的数量	销售增加
2	15%	4	60%
3	30%	5	100%

(3)陈列形式吸引眼球　①产品的包装面应该正面向外,使消费者对产品的商标、品名等留下深刻印象。②陈列面的放置应稳定,不易翻倒。③陈列面预留出至少两个缺口,让人感觉正在热卖中。④产品系列尽量集中摆放。

2. 考虑竞争因素,采取相应的陈列措施

(1)如果本企业产品作为市场的领导者,则需要远离竞争者产品的陈列位,以拉开产品档次等方面的距离。

(2)如果本企业产品是市场追随者,就需要想方设法和市场份额第一的产品放在一起,并在有可能的情况下,开展有效的促销活动加以配合,通过"光环效应"提升产品形象。

(3)作为旗鼓相当的竞争对手,应该将自己的产品放在竞争品的右边。因为,多数消费者都习惯于用右手取物。

3. 争取多点陈列

除了在药店指定的位置陈列产品外,OTC 代表也要充分考虑在哪里可以寻找第二个陈列位置,以增加顾客与药品接触的机会。药品分类管理制度对药品摆放也有严格的规范,比如,消字号的产品就不能和药准字号的产品放在一起,在遵守药品管理规范的同时,可以考虑以下的地方做药品的第二陈列或多点陈列:①柜台上。②陈列架收银台旁。③货架尾/头及转弯处专柜。④走道边落地陈列。⑤寻找相关产品旁的简便可行的位置。

(二)设计新的包装形式和陈列位

差异化的陈列包装更容易引起消费者的注意和好感,对提高销量起着潜移默化的作用。因此,OTC 代表若能找出新的包装形式和陈列位,既能巧妙地传递企业经营理念和品牌形象,也会受到终端的欢迎。例如,有些减肥产品在各大药店放置标有品牌名的体重秤便是脱离常规陈列项目或位置的典型例子。体重秤为进店的顾客提供了随时称体重的便利,属于药店需要和欢迎的经营设施,自然会受到药店的支持和重视。而且,药店对体重秤的需要具有唯一性,药店一般不会在店内摆放多个体重秤,这种唯一性的陈列突出了厂家,效果自然好。

三、价格与促销检查

检查产品的价格是否在公司的价格变动幅度之中,顾客是否容易找到每种产品的价格标签,是否满足不同包装单包价格梯度的要求、价格变动的幅度,时刻关心本企业产品的价格、价格变动的原因。

检查应该出现的促销活动是否在店中出现;促销的产品是否在该店中被分销;促销的产品是否有足够的库存;促销产品是否有按照规定进行陈列;促销产品的价格是否在要求的范围之内;促销的资源(如赠品)是否充足;促销人员是否按照要求来影响消费者,是否将促销信息传达给消费者。

四、竞品检查

竞品检查主要是检查销量占整个药店前几名的同类产品,了解竞品的终端铺货价格和政策,注意观察竞品的分销状况,了解某些规格是否竞品有分销而自己公司没有分销,对比促销手段,判断本企业产品是否需要通过价格调整和促销来提升销量。

任务五　药店终端客情关系维护

OTC 代表在拜访各药店的过程中,还需要加强与药店工作人员的感情沟通和关系维护,使自己的各项工作能得到药店的积极配合。药店不同人员的背景有很大的差异,要有效地开展终端客情关系维护工作,必须充分了解不同类型药店工作人员职业特征,充分应用费比模式,将产品及企业的各方面特征转换为药店不同工作人员的利益。

一、店长关系维护

连锁药店分店店长是 OTC 代表一定要沟通和认识的对象。店长对于厂家活动的支持和认可,对于协调全店人员的利益和积极性,有不可替代的作用。连锁总部通过销售业绩达成、顾客满意度等指标对店长进行考核。因此,OTC 代表日常在与店长进行沟通交流时,要多从店长所关注的问题进行交流,如产品如何提升销量,本产品如何带动其他产品销量,公司活动对提升社区居民好感的帮助,其他药店的经营管理经验教训,各种市场营销创新点,为店长提出各种经营管理建议等话题容易引起店长的共鸣。

案例 7-2

就某产品和店长的沟通思路

(产品及企业均为虚构)

产品及企业背景:鼻腔通过黏膜及纤毛过滤并杀灭病毒,是人体抵御病毒感染的重要器官。感冒是病毒感染引起的,大部分感冒病毒是鼻病毒。1970 年在支援革命老区的热潮中,大量人员集中在黔西南山区修桥筑路,人口密集,流感此起彼伏,卫生部门收集整理贵州南部山区多民族民间验方,熬制了一种药膏让人们在鼻腔涂抹,流感发病率立即降低。此后这种医院自制药膏在贵州山区流行了 40 多年,很受欢迎。2008 年贵州省某制药公司对药膏配方进行改良,运用现代工艺精制而成 LG 牌(化名)防感涂鼻膏,选用贵州山区原始密林无污染野生药材精制而成;无内服感冒药嗜睡等副作用,婴幼儿都可使用;感冒初起时使用效果更好;流感季节可预防流感。市场上感冒药品种多,但通过外用涂鼻治疗感冒的纯天然药,还无同类产品。该药已在西南市场产生了一定的影响力,现在准备进军东南沿海市场,推出了各种宣传推广活动。目前深圳 HW 连锁药店总部采购部已经购进该药品,旗下各分店可以根据本店的具体情况在公司系统里补货。

OTC 代表在客情维护中针对店长设计的沟通目标:希望店长补货时补防感涂鼻膏,告诉药师和店员有新产品,应该向顾客多推荐。

沟通思路设计:围绕店长的岗位职责分析能带给整个药店的利益点,达成沟通目标,如以下几类。

(1)产品剂型有创新,使用方便,相对内服制剂,外用的毒副作用更小,健康顾问们可以向居民推荐真正解决问题的产品,本店和采购部一起面向居民进行宣传,是店长的一项工作成就。①产品从剂型上填补了空白,补货可丰富药店产品结构。②疫情期间追求天然、关注健康、注重预防等生活方式,尤其是部分小孩、老人不适宜打疫苗,该产品可满足消费者多方需求。③感冒是多发病,本产品既可以当治疗药品,还可以和其他产品搭配进行关联销售,适应面宽,以店内现有销售的各种产品设计搭配案例。

(2)阐述产品已经在西南市场取得的疗效和销售效果,打消店长担心产品不安全、担心不能培养成功等多种疑虑。

(3)和成熟商品相比,发展期商品毛利率更高。

(4)企业进入新市场有大量投入,本店重点关注该产品,各种活动为店内聚人气,带动门店整体销售;培训等相关活动凝聚员工,为店长管理助力。

(5)公司在品牌、售后服务等方面的相对优势。品牌虽然不著名,但有一定区域知名度,在新市场既安全,配合度又高。大药店可借此机会发挥龙头作用,小药店培养成功可在公司获得更多的关注。

(6)其他同类型药店参加活动案例分析。

个体药店店主要全面承担药店经营风险,其关注点和连锁分店店长差不多,OTC 代表在日常关系维护中的沟通内容和分店店长一样,只是具体方式有差异。但 OTC 代表在和个体药店店主沟通时要注意及时发现信用风险,如资金周转、货款结算等方面是否存在问题,以免给公司造成损失。

二、药师关系维护

药师对于一个产品的质量和疗效的认识,在一个药店内通常具有权威的作用,并能影响其他店员和顾客的看法。因此,OTC 代表在与药师沟通时,应重点让其认同产品的质量。在与药师的日常交流中,应侧重与药品质量相关的各种话题,如与公司产品相关的临床药学知识,产品的剂型等各方面优势,产品不良反应监测信息,行业内各种药学能力培训信息,国家药事法规政策变化趋势等。

案例 7-3

就某产品和驻店药师的沟通思路

(产品及企业均为虚构)

产品及企业背景:在案例 7-2 基础上增加一条:所在药店已经对防感涂鼻膏补了货。

OTC 代表在客情维护中针对驻店药师设计的沟通目标:提高药师认同产品涂鼻腔预防或治疗感冒的理念,在顾客有相关咨询时能尽量关联推荐公司产品。

沟通思路设计一:根据企业和产品特点,围绕药师履职中的各项要求进行说服,达成沟通目标,如以下几点。

(1)关注临床药物技术进展　①熟悉新的感冒用药剂型。②新的防治理念,鼻腔在预防呼吸道疾病中的作用,口罩使用降低呼吸疾病发病率等数据和案例。

(2)宣传产品的高质量,降低推荐风险意识　①配方历史检验数据。②西南患者使用数据。③公司研发生产改良证据。

(3)提高药学服务效果　①先推荐熟悉的患者使用,观察效果,给更多消费者提供更方便与安全的选择。②老人、孩子、司机等特殊人群的选择。③内服+外用,辅助用药关联使用。

(4)关注药师职业发展　开展与药师相关的学术会议、继续教育培训活动等企业学术推广活动。

沟通思路设计二:从预防在疾病防控治疗,尤其是流感防控治疗中的作用,鼻腔在流感预防中的重要作用,产品成分的预防和治疗效果作用(结合数据)设计多个话题点;结合药师职业发展设计话题点,做好预案在不同场景灵活应用。

(1)疾病防控及产品特征

①做好个人防护是减少流行传染性疾病发病率的重要手段,除物理防护外,适当采用一些药物预防也能起到一定的作用(事先收集并展示相关数据,尤其是中药在疫情防控中的数据)。

②感冒作为一种常见的病毒感染疾病,绝大多数都是鼻病毒(相关医学文献数据)。

③鼻腔在各种感染性疾病尤其是流感防控中的屏障作用(相关医学文献数据)。

④科学分析防感涂鼻膏的作用机理、产品效果(40 多年的临床数据、重点阐述在人群密集时所起作用)。

⑤制药技术说明(产品成分及组方分析、现代制药技术等数据)。

(2)药师职业发展

①相关资料可在日常店员培训中使用。

②公司提供预防医药学相关培训。

③新的药物使用进行药学服务追踪分析所带来的职业自豪感。

三、店员关系维护

由于店员的数量非常多,有必要按其工作职责将其进一步地分类,重点维护店员:①管理本公司产品所在柜台或货架的店员,这些店员是 OTC 代表重点沟通的对象。②负责制订进货计划的店员或相关负责人,连锁药店的产品都是由总部统一配送,一般一周配 1~2 次货;补货计划由门店通过 POS 机上传到总部,总部根据计划有规律地配送,若非特殊情况,总部配送中心不实行紧急补货。药店工作人员各司其职,小型药店补货计划由店经理或药师制订,大型药店则由店经理安排骨干店员承担。OTC 代表必须重视与该项工作负责人的沟通工作,防止产品出现断货。

OTC 代表在与履行不同职责的店员进行沟通时,还要注意分清销售能手与老黄牛型的店员,根据不同情况选择不同店员进行沟通。销售能手型店员亲和力强、善于把握顾客特点进行导购,但对产品效期管理、货架陈列等细致工作往往不够关注;老黄牛型店员与顾客打交道能力虽然弱一点,但对店内各项管理型工作非常认真,OTC 代表如果需要检查产品效期,更适合与老黄牛型店员沟通。同时,OTC 代表在与店员沟通中还需关注不同店员的发展潜力,今天的店员也许是明天的店长;同时关注不同店员的顾客缘与同事缘。例如,广东人有的说粤语,有的说客家话,还有的说潮州话,有些店员刚好是潮州人,就更能与潮州顾客建立持续的客户关系。

OTC 代表与药店工作人员进行沟通的技巧分析

案例 7-4

就某产品和店员的沟通思路

(产品及企业均为虚构)

产品及企业背景:产品及企业背景在案例 7-2、案例 7-3 的基础上再增加一条:新产品上市,公司推出了销售竞赛,神秘顾客到店首先推荐有奖,线上知识竞答等各种鼓励店员多销售本产品的措施。

OTC 代表在客情维护中针对普通店员设计的沟通目标:虽然其他厂商也会有各种推广措施,但多关注本产品的各项推广措施效率更高。

沟通思路设计:紧紧抓住店员流动性较强、年轻、上班碎片时间多等特点,从本公司产品的各项激励措施力度更大、更易达成的角度来引起店员的兴趣,如以下几点。

(1)奖励实时兑现　如线上问答红包马上发、奖品立刻兑现等。

(2)奖励符合店员年轻的特点　紧跟潮流,如开盲盒等。

(3)付出努力进行推广,达成业绩的可能性高　如:①新产品投入大、公关广告配合多。②部分顾客乐意尝试新产品。③产品本身的优势,推广成功率高。

(4)照顾到不同类型店员特点　设计不同指标的激励措施,如销量、涂抹示范等不同指标。

(5)案例说明。

任务六　药店店员培训

虽然消费者在 OTC 类产品的购买上有相当高的自主权,对 OTC 产品的品牌意识正逐渐形成。但药品毕竟是一种特殊的商品,具有一定的功效、作用和适用范围,在用法和用量等方面也有明确的规定,消费者在选择 OTC 药品时,往往会听从药师及药店店员的咨询意见。据行业内的统计,当店员推荐某一品牌时,60%以上的消费者会接受店员的推荐。通常一个药店销售的产品在 2000 种以上,每一个品类也有非常多的品种,像治疗感冒的药品,就有几十种之多。因此,OTC 代表必须通过一系列的店员培训活动,让店员能够记住本企业的产品,让他们在接受顾客咨询或向顾客提出建议的时候,首先向顾客推荐的是本企业的产品,并能准确解答消费者的询问进而将产品正确推荐给消费者。通过店员培训提高药店对本企业产品的推荐率,已成为衡量 OTC 代表工作成效的一个重要指标。作为一名 OTC 代表对药店店员进行培训,这不但是对零售药店客户的一种技术与智力支持,也是OTC企业加大产品推广力度的有效手段。

一、开展店员培训的必要性

(一)加深店员对产品的熟悉程度,提高其对顾客的推荐率

从消费心理与行为来看,消费者在去药店购买药品之间有三种不同的心理状态:一是消费者已经清楚决定购买什么产品和什么品牌的产品,如消费者已决定购买江中牌复方草珊瑚含片。二是消费者已经决定购买某一类产品,但尚未决定买何种品牌的产品,最终选择哪种品牌到药店现场再做决定。如消费者决定买一种能解决咽喉不适问题的产品,但未决定买哪种品牌的产品,可能买江中牌复方草珊瑚含片,也可能买桂林产的西瓜霜喷剂,还可能买金嗓子喉宝或其他品牌的产品。三是消费者尚未考虑买哪种产品,到了药店再说。参照目前食品和百货业的统计:至少有66%的消费者属于第二和第三种心理状态,他们要到销售现场再做出购买的决定,而购买决定往往受店员推荐和产品陈列的影响。即使是第一种心理状态的消费者,调查表明,随着社会的进步,物资不断丰富,消费者选择的机会越来越多,对品牌的忠诚度也就越来越低。进药店前准备买某种品牌产品的消费者,在店员的热情推荐下,很可能改变自己原来的购买决定。尤其是在新产品上市的初期,品牌概念尚未建立,消费习惯尚未形成,此时店员的推荐比产品陈列对消费者购买决定的影响更大。然而,没有店员会主动向消费者推荐他不了解的产品。因此,OTC代表必须开展店员培训,提高店员对产品的熟悉程度,进而多向购买者推荐。

(二)传递公司的专业形象

在做店员培训的过程中,无时无刻不在传递公司的整体品牌形象,好的培训能够为公司树立良好的专业形象,给店员足够的信心。

二、店员培训的基本内容

(一)公司介绍

从产品优势、公司实力、广告投入等方面入手,让其充分感受到产品和公司的前景,从而增强药店店员对公司和产品的信心。

(二)产品知识培训

产品知识培训的内容主要包括产品主要成分、核心卖点(通常为三个左右)、适用人群、针对症状、产品的正确使用方法、可能出现的副作用及说明、区别于竞争品种的主要优势等。

(三)消费者问题解答

收集整理消费者经常提出的问题,容易引起抱怨或投诉的情形,制作出不同的回答模板对店员进行培训,提高其处理各方面问题的能力。

(四)各种案例展示

将产品知识、销售技巧等设计成各种案例对店员进行演示。

三、店员培训的主要方式

(一)“一对一”的店员培训

OTC 代表在对辖区内药店进行日常拜访的过程中,通过和不同层面店员的面对面沟通,让其记住产品的特点,提高对产品的印象,是开展店员培训最普遍、最常用的方法。其基本要点包括:简明扼要的产品介绍、产品卖点,有效的直观道具(包括产品说明书、产品单页、产品介绍手册……)。一个成功的药店拜访的衡量标准就是要看 OTC 代表是否能够将有效的产品知识信息传递给目标店员,让他们更加了解你的产品,在顾客有需要的时候,第一时间想到的是你的产品。

当某药店的目标柜组中出现新的脸孔时,OTC 代表就必须进行一对一培训。新脸孔的出现可能是药店新增了营业员,也可能是其他柜组人员调换。到一个新岗位的店员,相对其他店员而言,对所在柜组的产品多不太熟悉,他们比较乐意接受外界带来的产品信息,此时及时对他们进行店员教育效果最为理想。

“一对一”的店员培训要注意避开营业的高峰时间而选择比较空闲的时候进行。地点可以选在药店的一角或柜台前,将产品知识介绍完后应留下书面资料并请对方有空时阅读,最后适当赠送一些小礼品并致谢,给对方留下一个良好的第一印象。

(二)小型店员培训会

小型店员培训会是指 OTC 代表邀请多个药店成员,通过 PPT 演示会的形式对参会成员进行产品知识的培训与教育。参与成员既可以是一家药店的店员,也可以是附近几家药店的成员,通常人数控制在 15 人以内。小型 PPT 演示会的主要目的是沟通产品的信息,由于有足够的时间,气氛也较轻松,OTC 代表可以有机会和店员沟通平时在药店内拜访时无法沟通的一些话题,而对于产品培训来讲,由于 PPT 演示会是专一地讲述产品知识,店员能够对产品的主要卖点和利益印象更加深刻。

1. 小型店员培训会的时机选择

(1)当发现本公司的产品在某一药店的销量与该药店所处的环境、药店的规模、实力明显不符时,或该产品在此药店中销量明显低于竞争产品,而产品无论在品牌、陈列、宣传力度和价格体系等方面都不比竞争品种逊色时,往往可以从店员推荐率上找答案,此时及时召开小型店员培训会是解决这一问题的正确途径。

(2)当产品刚刚上市、发现产品新用途或在营销战略、策略上有重大改进(如推出新包装、有大规模促销推广活动支持)等情况发生时,通过召开小型店员培训会,可以保证店员推荐行为与公司目标一致。

2. 小型店员培训会的组织技巧

(1)针对单个药店开展的店员培训会,成功举办的前提是与药店维持良好的关系以取得药店经理或柜组长的支持。OTC 代表应事先征得药店经理或柜组长的同意,并与之商定会议的时间、地点、参加的人数等。大多数药店实行的是两班轮换工作制,小型店员培训的时间可选择在两班店员交接班时,可约好接班的店员提前20分钟到达,先对这一批店员进行店员教育,然后换另一班。如能请店经理或柜组长出面协调好两班的工作,一并进行则更好。地点由药店经理或柜组长安排,通常是安排在药店办公室,参加的人员应包括:店经理、柜组长、目标店员,如有促销员、咨询医师也可邀请。

(2)针对数个药店开展的店员培训会,则除了取得相关药店的认可外,重点是获得负责某一片区药店经营管理与督察工作的区域经理的支持,由区域经理负责协调好拟参会店员的班次调整工作,会议地点则可以选择环境相对安静的茶餐厅或酒楼包间,并且其所在位置离所有药店的距离大致相等。

所有准备工作都做好后,组织小型店员培训会还应该遵循以下程序:欢迎致谢后,介绍产品知识,然后安排一些有奖抢答或趣味游戏等活动,目的是加深店员对所介绍的产品知识的印象,最后发放资料和纪念品,并请店员朋友多推荐该产品。

随着移动信息技术的发展,店员培训也可以采取各种线上方式,且线上不一定集中,可利用店员的碎片时间随时随地开展,如线上直播、抢答、有奖竞猜发红包等。

案例 7-5

江中感冒止咳颗粒的小型店员教育讲稿

尊敬的(　　)店经理、朋友们:

下午好!

十分感谢大家参加今天由我主持的江中感冒止咳颗粒产品介绍会!贵店多年来一直销售我公司的复方草珊瑚含片和江中健胃消食片产品,并在我日常的工作中给予我大力的支持与帮助。首先我要代表江中制药集团公司和我本人对各位朋友们对江中事业的支持表示衷心的感谢!下面请允许我占用大家几分钟的时间,介绍我公司新推出的一个OTC药品——江中感冒止咳颗粒(展示样品)。介绍完之后,我会围绕介绍的知识提几个小问题,谁先回答正确,将会得到一份奖品(展示奖品)。

江中感冒止咳颗粒是江中制药集团公司继成功推出复方草珊瑚含片、江中健胃消食片之后重点推广的又一个OTC药品。江中感冒止咳颗粒的功能正如该名称一样,既能治感冒又能止咳嗽,一举两得。对于感冒伴有咳嗽症状的患者尤其适合。江中感冒止咳颗粒的另一个特点是:纯中药制剂,不含任何西药成分,安全有效,对于老人感冒、小孩感冒、妇女感冒、身体虚弱的人感冒或咳嗽都非常适合。此产品我公司近期将投放广告和安排药店促销活动。全国统一零售价是××.×

元/盒。

下面我提几个问题,请大家抢答:

(1)江中感冒止咳颗粒是针对什么病症的?(感冒、咳嗽)

(2)江中感冒止咳颗粒有哪两大特点?(一是治感冒、止咳嗽一举两得;二是纯中药制剂,安全有效)

(3)江中感冒止咳颗粒特别适合推荐给哪些患者?(一是感冒兼有咳嗽者;二是老人、小孩、妇女和身体虚弱患感冒或咳嗽者)

(4)江中感冒止咳颗粒的零售价是多少?

(三)店员集中培训

店员集中培训是指邀请较多数量的店员参加的店员培训活动,数量通常会由几十人到几百人不等。店员集中培训形式多样,主要包括医药学专业知识讲座、郊游活动、电影招待会、店员联谊会或店员答谢会等。这样的活动由于参加的人数众多,对于知识的普及有一定的帮助,尤其是在新产品上市的初期,为了争取在较短的时间内让同一城市中绝大多数店员了解某一产品,开展形式多样的大型店员培训活动,对于在短期内提高产品的影响力,是非常有帮助的。但是,这种大型的培训活动也有其不足之处,一是费用较高,场地的租金、专家的劳务费都将是一笔不小的开支;二是大型的培训活动,传播知识的深度欠缺,有时候就像是蜻蜓点水,给人留下的印象不深;三是目标不够明确,邀请的对象有可能会和实际到场的店员有所偏差,原来想邀请重要店员来,但有可能来的是一个普通店员。

1. 专业知识讲座

专业知识讲座非常适合对药师或店内其他技术人员的集中教育,与医生一样,药师作为专业人士,非常希望通过多种途径提升自己的专业水平。因此,制药厂商经常会花费重金聘请各种类型的专家教授对药师或医师进行专业知识培训,从而加强药师们对自己所在企业的好感,进而提高对自己产品的推荐度。如以生产抗过敏药“艾洛松”闻名的先灵葆雅公司就曾邀请中国的一位皮肤科权威专家对深圳海王星辰各连锁药店的药师们进行过敏疾病用药知识的培训,参加培训的药师们普遍感到受益匪浅。举办这类活动的关键是要将之看作一种长期行为,站在提升药师专业服务水平、开阔其眼界的立场,聘请真正的专家、权威,突出整个讲座的学术氛围。

2. 郊游活动

为了在联络感情的同时加强对店员的教育,各制药厂商也经常会组织药店店员开展一些健康郊游活动,在郊游的过程中穿插一些培训或讲座。采用这种方法主要是一些处于成长期或成熟期的产品,选择的店员则是一些销售量大或潜力大的药店店员。整个郊游活动时间不宜过长,一般 1~2 天,不会影响到药店正常工作;在郊游中穿插的培训也不能时间过长,以免引起药店员工的反感。

3. 店员联谊会或答谢会

这种形式多在岁末年初或节假喜庆之日邀请店员参加,活动中主持人巧妙地将产品知识穿插于节目之中,从而达到教育店员的目的,如关于产品知识的有奖猜谜、有奖竞答、专家现场答疑等。这种店员教育形式的优点是:能较好地增进 OTC 代表与店员之间的感情,融洽公司与药店的关系,同时又对店员开展一次别开生面的店员集中教育。缺点是:实施难度较大、节目的制作与编排、会场的布置与设计、主持人的经验与水平的要求都比较高,稍有疏漏都可能影响到会议的效果,甚至出现场面混乱而难以控制。

店员集中培训因涉及的人数多,活动现场控制难度较大。因此,在每次开展店员集中培训活动前,都应拟定详细的活动方案。店员集中培训方案的主要内容包括:目的、形式、时间、场地、参加对象、会议程序安排、费用预算、考评办法等。

案例 7-6

江中制药公司在郑州的一份电影招待会方案

目的:7 月 31 日前,郑州市 200 家纳入 OTC 药品终端管理的 A 级和 B 级药店中销售华润江中制药集团有限责任公司产品的店员集中接受一次有关江中复方草珊瑚含片、江中健胃消食片的产品知识教育,使华润江中制药集团有限责任公司产品在以上目标药店的店员推荐率保持或达到同类竞争产品中的第一位。

形式:电影招待会。

时间:第一次(　　);第二次(　　)。视郑州市 7 月份的电影节目安排可在 7 月 1 日至 7 月 31 日之间做适当调整。

参加对象:郑州市所有纳入 OTC 药品终端管理的 A 级、B 级药店中的,与销售江中复方草珊瑚含片、江中健胃消食片有关的店经理、柜组长、店员、药店导购员。一天安排 600 人,两天共计 1200 人。由五位 OTC 代表负责邀请。

场地要求:①地段优先原则:以靠近市中心地段为佳。②环境优先原则:外部环境要求门口或附近 100m 内有 500 位以上的自行车停车位,离公共汽车站较近,周围 500m 范围内无房屋拆迁或建筑施工;内部环境要求有能容纳 600 人的豪华影厅,内设空调、立体音响,有视频资料和幻灯片投影设施,能提供无线麦克风,能悬挂横幅。③服务优先原则:影院工作人员能积极配合我方人员的工作,影院负责人、放映员、设备维修人员、音响师等工作人员能坚守岗位、热情服务。

按以上标准,初选东方红电影院,另有人民电影院、泰康电影院、人民会堂电影院备选。

会场安排:①场外布置:气模广告置于影院前广场,下悬"热烈欢迎药店朋友们光临江中电影招待会!"和"华润江中制药集团有限责任公司向各位药店朋友们问好!”。②场地布置:银屏字幕“热烈欢迎各位药店朋友前来参加江中电影招待会!”“草珊瑚含片产品知识幻灯片”“江中制药集团公司向各位药店朋友们问好!”“江中健胃消食片产品知识幻灯片”“江中制药集团公司感谢您!”交替映出。产品知识每屏停留 3 分钟,问候语每屏停留 1 分钟。③放映室:准备江中企业及产品介绍视频资料、相关幻灯片资料,播放程序和要求事先向放映员交代清楚。④入口处:影院入口处有路牌指示“参加江中制药集团公司电影招待会来宾由此进场”。大门正上方挂横幅“江中制药向各位药店朋友们问好!”。请店员在入口处签到并由 OTC 代表为参会店员发放饮料、赠品和纪念品。

店员教育程序:(正式开会前 30 分钟)客人开始入场、领发饮料和草珊瑚含片赠品和纪念品;场内休息,观看江中产品知识幻灯片;主持人开场白;播放江中企业及产品知识录像;请产品经理或相关医学专家介绍产品知识;主持人即兴提问(答对给奖品);放电影。

费用预算:略。

效果评估:店员集中教育结束后 10 天内河南办事处组织检查组对目标药店的店员教育效果进行检查评估。考评采取“神秘顾客”的方式对目标药店的店员推荐率抽样调查。店员推荐率未达标及未参加店员集中教育的店员由 OTC 代表安排“一对一”的店员教育。

(四)有奖问答

随着微信等多种媒介的兴起,有奖问答已经突破原有的纸质问卷形式,在网络上开展各种有奖问答,将产品知识及提醒店员推荐的产品宣传要点归纳成各种小问题,组织店员进行限期抢答。

以上仅是对目前常用的几种店员教育方式进行介绍,事实上,店员教育并无固定模式,OTC 代表应该在实际工作中进行大胆创新,开发出多种实用的店员教育方法。

四、培训后的回访工作

OTC 代表花费大量的精力去培训店员,一是为了与店员建立良好的沟通关系;二是让店员掌握相关的产品知识,特别是产品最重要的卖点;三是通过培训店员能主动向消费者推荐,特别是能成为“第一推荐”。为了达成上述目的,OTC 代表就要重视培训后的回访工作。这部分工作的内容包括:进一步地熟悉店员,让店员对产品有更深层次的了解,解决上次未尽之事宜,提醒店员推荐。

实践训练 7-3

药店工作人员培训方案设计

教师选择一个 OTC 产品,指定一个或数个校企合作零售药店,组织学生以小组为单位按照以下步骤分别制订面向某区域药店店长、药师、普通店员的培训计划。

(1)充分熟悉产品及企业特点,和同类产品进行比较,找准相对竞争优势、可以利用的资源等,以便在培训中进行使用。

(2)收集指定药店各方面资料。

(3)分析所在企业产品特征、药店的特征,结合培训对象的学历、年龄、专业技能等背景的不同,设计不同的培训策略,包括培训时间、地点、参加培训的人数、培训方式方法、培训内容基本思路、培训准备工作说明等内容。随后按计划设计好培训 PPT、抢答问题及答案、奖品展示等培训工具,进行模拟培训,小组成员担任培训师及工作人员,老师及其他同学则站在被培训人员的立场,对厂家的培训提出各种质疑或问题,进行交流讨论。

任务七　终端促销的具体实施

一、面向消费者的促销

为了促进本公司产品在终端的销售,让顾客对产品有正确的认知,制药企业除参加药店组织的促销活动外,也独立开展各种终端促销活动,这些活动如果思路新颖,容易操作,则会得到药店等终端的大力支持。因此,OTC 代表必须经常按照各种促销组合具体策略,结合终端特点策划并组织实施各种促销活动,或者是配合完成公司策划的各项促销活动。

(一)生产企业可在终端开展的促销活动内容

除了价格折扣、赠品、积分换礼等营业推广活动外,药品生产企业也可以和药店联合推出综合性促销活动,这些促销活动借助药店的平台资源,看起来就像是药店组织的综合性促销活动。结合生产企业的产品特点,比较受居民欢迎的活动包括以下几类。

1. 免费仪器测试和健康咨询

为了提醒消费者关注自己的健康,许多生产厂商纷纷引进先进的仪器设备,深入各大居民小区,免费为消费者提供各种测试和健康咨询服务。如“锌钙特”(一种可同时补充锌、钙和赖氨酸等多种营养素的保健食品)生产厂商引进先进的骨密度测试仪,仅仅几分钟就可以测试出人体是否缺钙;中州药膏(一种防治皮肤螨虫的药用化妆品)的皮肤测试仪等。厂家通过免费提供的仪器测试,既便于发现目标消费者;同时又满足了物业管理部门为小区居民提供某种服务的需求,便于今后工作的开展。

2. 邀请医药学专家为小区居民开展健康讲座

如美国强生公司就曾在深圳市科学馆开展血糖病防治和监测的健康讲座,使血糖病患者建立起必须随时监测血糖的概念，并产生对便携式血糖仪的需求，进而接受强生公司新产品——便携式血糖仪，这也的确是一个能真正满足消费者需求的好产品。

3. 各类文体活动

在小区内开展各种路展，组织各类有奖征答活动、各类知识竞赛活动、健康旅游及文艺演出等活动。

每一种活动都有一定的适用范围，而且每种方法都没有固定模式，需要营销人员充分发挥创意，将多种方法组合运用。同时，组织综合性促销活动需要征得药店管理部门同意，如连锁药店的市场部、门店管理部等，大型促销活动往往是生产企业与药品零售企业共同协商洽谈后组织实施，OTC 代表在其中担当执行者角色。

（二）在终端开展消费者促销活动流程

1. 促销前沟通

OTC 代表在策划执行促销活动之前，首先要和批发商、零售商的管理部门沟通，让他们知晓促销信息，准备货源，保证促销期间不发生断货；鼓励批发商、零售商加入促销；沟通促销的具体内容、时间和预计的销售增长目标，同时在执行方面提出配合陈列的要求，确定活动进场时间；沟通对店员和促销员现场执行的安全因素和应付意外情况的备选方案；同时也要沟通如何应对与自己同期促销的竞争对手。

除和管理部门沟通外，OTC 代表还要和药店店长、片区经理以及店员沟通，使全体药店店员都知晓促销的内容，以提高实际执行中的配合度。

2. 促销前准备内容

促销前准备内容包括促销信息的发布；促销执行人员的培训；促销物品的质量、数量、派发；各零售分店备货；售点陈列布置、价签更改；现场执行安全因素；监管规定确认和备选方案。

3. 促销执行控制

在促销执行过程中，产品销量、库存、礼品以及售点陈列等各方面都要关注到，但其中最重要的是提高店员的推荐率。在促销活动执行过程中，不仅要考察店员如何去推荐，是否非常热情主动地向每一位顾客推荐，是否非常有效地把促销计划的内容，包括能够给客户带来的利益推荐给客户，是否有技巧能够打动客户，同时还要及时收集药店现场的各种反馈意见，以便及时进行调整。

OTC 代表还要经常对促销执行情况进行小结，根据执行过程中出现的各种情况做现场强化培训，通过微信群等各种形式播报各分店的促销动态，对促销特别好的分店及时进行奖励，制造出一种良好的氛围。

二、面向终端员工的促销

药店工作人员对顾客的消费行为具有一定的影响，因此，药品生产企业也会采取多种措施鼓励药店工作人员在线下门店以及线上有客户咨询时，多推荐本企业系列产品。针对店长、药师、普通店员分别制订激励目标和采取各项具体激励措施。例如,开展明星店评比、店员征文比赛等。此方面内容在项目五中有详尽分析,此不赘述。

在线测试及课后思考题

临床学术代表
工作内容介绍

项目八　临床学术代表工作实务

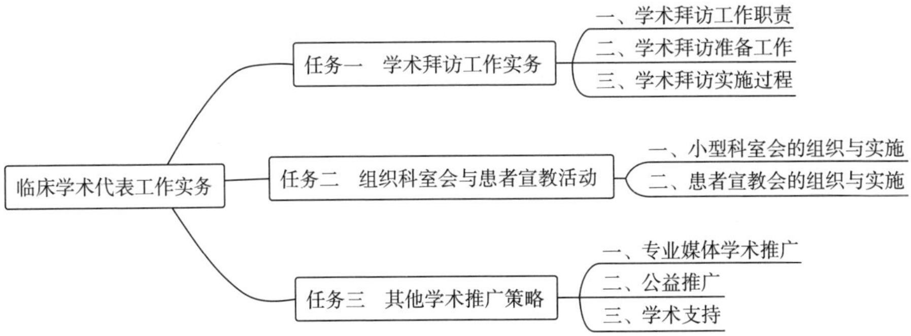

任务一　学术拜访工作实务

学术拜访是临床学术代表的日常常规工作，它是指学术代表通过与医务工作者的面对面交流，向医务工作者正确传递药品信息，协助合理用药，收集、反馈药品临床使用情况的过程。虽然随着移动互联技术的发展，线上交流也在学术拜访中发挥着越来越重要的作用，但学术代表上门和医务工作者进行面对面交流仍然是最重要的方式。

一、学术拜访工作职责

（一）向医务工作者正确传递药品信息

医疗机构对患者运用药物进行治疗以医生为主体，药师和护理人员等医务工作者参与其中。临床医生是一个高压力、高技术工作，需要掌握复杂多变的疾病学知识、不断更新的临床医学专业知识和技能，同时还要熟悉各种临床使用的药品相关知识。但药物品种繁多，每一种药物的相关知识都极为丰富，要真正熟悉并懂得如何正确运用一种药品，医生的时间和精力都不允许，因此需要制药企业的学术代表将药品的主要成分、适应证、临床研究、有效性、安全性、副作用、有效期等产品信息，第一时间传递给相关医务工作者。通过准确、实用的信息传递过程，促进医务工作者之间的交流讨论，加深他们对药品和治疗方案的理解。

同时，医务工作者也需要不断关注新的临床用药的研发状况，这需要学术代表收集各种药物研究的信息，如药品企业在药物临床应用中的一些学术信息，为医师、药师提供先进、及时的医药学动态及治疗方案。

在传递药品信息的过程中,学术代表必须遵循法律法规和伦理道德要求。《中华人民共和国药品管理法》明确规定:“禁止药品上市许可持有人、药品生产企业、药品经营企业或者代理人以任何名义给予使用其药品的医疗机构的负责人、药品采购人员、医师、药师等有关人员财物或者其他不正当利益。”《国务院办公厅关于进一步改革完善药品生产流通使用政策的若干意见》(国办发[2017]13号)也明确要求:“学术代表只能从事学术推广、技术咨询等活动,不得承担药品销售任务,其失信行为计入个人信用记录。”合法合规是学术代表针对医务工作者进行学术拜访的基本要求。

为规范学术代表学术推广行为,促进医药产业健康有序发展,根据中共中央办公厅、国务院办公厅印发《关于深化审评审批制度改革鼓励药品医疗器械创新的意见》和国务院办公厅印发《关于进一步改革完善药品生产流通使用政策的若干意见》,制定《医药代表备案管理办法(试行)》。该办法由国家药监局于2020年9月22日发布,自2020年12月1日起施行。该办法明确要求:

学术代表不得有下列情形:

(一)未经备案开展学术推广等活动;

(二)未经医疗机构同意开展学术推广等活动;

(三)承担药品销售任务,实施收款和处理购销票据等销售行为;

(四)参与统计医生个人开具的药品处方数量;

(五)对医疗机构内设部门和个人直接提供捐赠、资助、赞助;

(六)误导医生使用药品,夸大或者误导疗效,隐匿药品已知的不良反应信息或者隐瞒医生反馈的不良反应信息;

(七)其他干预或者影响临床合理用药的行为。

案例 8-1

礼来制药通过各种措施保证企业合法合规

礼来制药是国际著名跨国制药企业,为了保证企业生产经营各方面均符合不同国家的法律法规和道德伦理,礼来制药制订了道德规范和合规项目“红皮书”(The Red Book),道德规范和合规项目是礼来公司经营方式的核心组成部分,由董事会公共政策和合规委员会负责监督。为此设立了首席道德规范和合规官,负责领导公司的道德规范和合规活动,其直接向礼来首席执行官以及董事会公共政策和合规委员会汇报工作。同时还设立了合规和企业风险管理委员会,负责向首席道德规范和合规官提供建议,并协助落实道德规范和合规项目。该委员会的主席由首席道德规范和合规官担任,负责每年向公司董事会公共政策和合规委员会提交多份报告，介绍关于礼来道德规范和合规项目的实施情况。

（二）协助医务工作者合理用药

基于医务工作者的药学知识掌握情况及对实际患者的处方行为分析，临床学术代表应在现有循证医学及经验医学的基础上，针对临床药品不合理使用的地方，给予及时的建议和意见，确保患者能用到正确处方、正确剂量、正确疗程的药品，得到该药品相关的最优价值诊疗方案。不仅是一些年轻的、资历较浅的医生需要掌握多种药品的临床用药方法；老医生也需要不断从同行对同一药品的不同使用方法中汲取经验。

（三）收集、反馈药品临床使用情况

药品涉及人体生命安全，任何药品都会存在不良反应，为了保证药品安全、合理使用，药品监督管理部门也要求药品使用部门对不良反应情况进行监测和上报。学术代表在学术拜访中经常性地了解患者的用药反应与疗效，与医生、药师、护士等医务工作者沟通交流患者用药情况，既有助于帮助医生、患者更好地使用药物，也有助于企业对产品不断进行改进。

二、学术拜访准备工作

（一）医院情况调研

1. 基本情况调查

基本情况调查包括目标医院的级别、主管部门、交通环境、优势科室、门诊大楼和住院部的规模、诊疗室的数目及分布、科室设置、目标科室的门诊量、日门诊量、诊疗设备的种类、数量、病床使用率、医院组织结构、有无药事管理委员会等。对学术代表来说，应根据其推广的药品的性质来确定重点拜访的目标医院。例如，某药品适用于牙齿整形后，牙齿整形的目标消费群一般是高收入人群，且牙齿整形一般医保不报销，则学术代表应该将大型知名口腔专科医院作为拜访的重点，因为高收入人群在就医时倾向于选择知名医院。

2. 目标科室调查

对本公司药品临床治疗范围内所涉及的临床科室情况进行调查，包括科室主任、权威专家、科室内的关系、不同医生对产品的认知情况等信息。

3. 医生情况调研

不同类型的医生处于职业生涯的不同阶段，对于药品学术信息的关注侧重点不同。因此，学术代表应事先掌握不同医生的行医特点，制订相应的拜访沟通方案。在医生情况调研时应重点关注以下方面：

（1）医生的临床经验与习惯　医生如何进行处方的药品组合，源于对疾病的诊断和治疗方案的选择，明确诊断是合理用药的前提。不同的医生有不同的治疗风格，有些医生倾向于快速见效，但普遍来说，医生一般是先采取比较保守的治疗

方法,在使用药品时,医生首先考虑的是药物的安全性,即药物是否安全、不良反应出现概率等因素。

医生普遍存在处方习惯,尤其是当医生面临复杂的决策环境时,如药品太多、诊断复杂等,医生会凭以往的临床经验决策。有一项调查显示,有53%的医生确信同类药品中某种药更优的原因是自己的临床经验。

(2)医生的个人背景对处方行为的影响

①年龄:年龄是影响处方行为值得注意的因素,一般认为老医生通常有更多的临床经验。但在对待新药使用上,年龄大的医生会表现得比较保守,喜欢使用常用药品,不易于接受新的知识、新的疗法和新的诊疗标准。因为老医生的学习、搜寻和思考成本更高,处方行为更难改变;年龄低的医生与之相比则更容易接受新药的使用。

②性别:一般女医生人均处方数多于男性,且女医生更遵守诊疗指南。

③学校教学:承担医学院校教学的医院教师,对处方药市场有当前的和长远的影响。学生的知识大多来源于老师,老师的用药习惯往往会影响到学生。由于不同学校或学院对医生的培养及训练模式不同,导致医生对疾病的诊断不同、处方行为有差异。

④专业资历:资历高的医生对专业知识的了解掌握程度较高,在行业内较有权威,所以他们对新药尝试的信心较高,比较容易尝试使用新药。反之资历较浅的医生对新药的尝试信心低,则会习惯开一些较为常用的处方药品。行医经验在5~10年的医生则处于医生临床工作生涯中的发展阶段。他们一边学习前辈经验,一边开始形成个人的治疗观念,需要了解大量的学术信息充实自己,同时也积极关注专业领域的研究发展动向,以获得技能提升。

(二)同类产品调查

从分析本产品适应证出发,掌握本产品的疾病治疗范围,收集相关各类疾病的临床治疗方案,归纳整理出本产品的同类竞争产品,并收集同类产品的各方面信息,如生产企业名称、企业总体实力、品牌形象、产品的成分、剂型、规格、用法用量、临床功效、医生患者评价等多方面情况。

(三)产品相对竞争优势分析

通过与同类产品的比较,归纳出本产品和本企业的相对优势,如作用机理对比,适应证的侧重点、差异点。与安全性相关的指标差异,如半衰期、代谢、清除蓄积、毒性等。使用方便程度的差异,如口服与注射的差异等,每日费用对比等。归纳出的自身产品相对竞争优势还要注意有科学数据支撑。

(四)文献资料准备

药品在研发、使用过程监测等各个阶段,制药企业、各级药品不良反应监测中心、医疗机构、科研院所等都会从各个角度对该类药品从不同角度进行研究,如临床多种使用方法、药物使用持久的临床观察汇编、不良反应汇总分析等。相当部分研究成果会形成学术论文公开发表，或者是在相关学术交流活动中被讨论，学术代表要有意识收集各方面文献资料，并对这些资料进行归纳分析，如整理成各种图表数据等。在资料分析中要注重把握其关键信息，如资料出处、发表时间、作者、影响力、传递的核心信息等。同时还要和同类产品进行比较，归纳出自身产品与同类产品在药物作用、适应证、不良反应、禁忌证、使用方便性等方面的差异化研究成果，可从以下方面进行归纳。

你和医生讨论有何目的？（医生需要解决的临床问题）

讨论话题是什么？（药品临床试验的基本背景）

重点何在？（证明药品特性的数据、事实）

结论如何？（文献的讨论部分）

什么出版物？（文献的专业水平）

何时出版？（文献的可借鉴程度）

作者是谁？（提示结论的权威性）

（五）制订拜访目标

与 OTC 代表的目标设定一样，学术代表的每一次拜访都要按照“SMART”原则事先设计拜访目标。例如，某学术代表在拜访某骨科李医生之前设定了一个拜访目标：使李医生在一周内选择 1 例骨折患者，在其手术期能尝试使用公司产品，并观察其疗效。围绕该目标，学术代表还需将拜访计划进一步具体化，如拜访的时间、地点如何确定，如何设计开场白，关键信息如何沟通，可能出现的异议如何处理等。

（六）其他准备

1. 拜访资料准备

除学术相关文献资料外，学术代表还需准备好产品的样品、样本、图片、图样、产品说明书、产品检验合格证等产品介绍材料；企业法人营业执照、生产许可证、药品批准文号、企业品牌宣传资料等与企业有关的介绍材料；工作证、名片、从业资格证书等与学术代表个人有关的证明材料。

2. 着装准备

学术代表应巧妙地根据拜访的时间、地点、场合、对象的不同，穿戴合适的着装，着装不能花哨，否则会给拜访对象以轻浮、不可信的感觉。但也不能总是“雪白的衬衣、笔挺的裤子和整齐的领带”，这样会让人感觉很拘谨。总之，要根据不同场合，做到整洁、大方，当实在没有把握的时候，保守庄重要比凸显个性好。

3. 心理准备

医生中有许多专家、学者，学术代表在接触中难免产生紧张情绪。因此，学术代表在拜访前就应积极调整心态和情绪，如提前几分钟到达梳理一下思路等。同时，学术代表在日常工作间隙要经常进行角色演练，预先设想医生或患者会产生哪些疑问，同事之间进行角色扮演，运用同理心充分理解不同年龄、不同生理条件的患者，以及不同类型医院医生在产品使用中可能出现的各种问题，为应对不同可能性做好充分准备。

三、学术拜访实施过程

学术拜访的实施过程如图 8-1 所示。

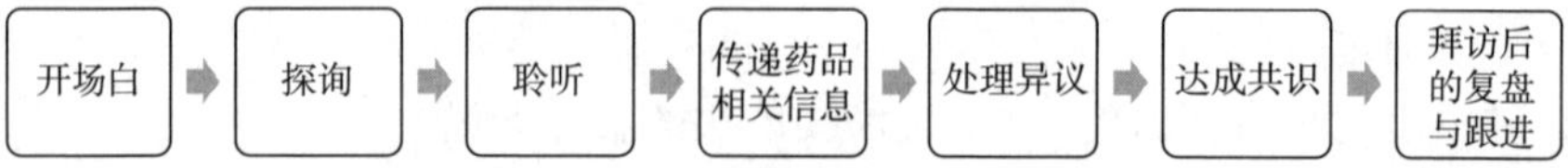

图 8-1 学术拜访的实施过程

(一)开场白

案例 8-2

一次令人沮丧的开场白

小王是某制药公司新任的学术代表,经过预约,今天早上 9:00 去拜访中心医院内科的张医生,按照约定,张医生只给了小王 10 分钟时间。这是小王首次拜访张医生,因此,小王事先做了充分的准备,设定了拜访目的:讲解所推荐的抗生素的耐药性,然后整个谈话都围绕着自己所介绍的药品的耐药性特点进行。但小王想自己与张医生并不熟悉,应该先找一些话题活跃气氛后再进入正题。因此,小王一见到张医生就以诚恳的态度请他说说对自己公司的印象,然而令小王没有想到的是:张医生在抱怨了 8 分钟前任代表如何让他不满意之后,告诉小王今天没有时间了下次再谈。其间,小王几次想将话题拉回正题,但都没有做到。从张医生办公室出来后,小王感到非常沮丧。

好的开始是成功的一半,在拜访过程中,开场白的运用是非常重要的,但就像这个拜访张医生的代表所遇到的难题一样,如果从拜访的一开始,学术代表就将控制拜访节奏的主动权交给医生,结果就会由医生随意决定。

在这个案例中,不难发现医生把向代表介绍对公司的印象当作了代表希望了解的重点,所以滔滔不绝地抱怨,等到代表希望他来听自己讲解产品时,他又没有时间了。更为严重的不只是学术代表这次的拜访无效,你认为案例中的张医生在下次再次见到这位代表时仍会给他 10 分钟时间吗?一个医生一天要接受 5~6 位学术代表的拜访,因此,学术代表应精心设计有目的的开场白,减少闲谈的时间。一些有助于与医生建立良好社会关系的技巧则在时间充分的情形下开展,比如会议间期、联谊活动中等。

1. 目的性开场白

(1)以医生患者对药品的需求为导向设计开场白　目的性开场白是在与医生

进行有关产品拜访的开始之际，通过简短的一句话，说明拜访的目的，以便获得医生对讨论目的的共识后，围绕拜访的核心目标进行双向交流。正确运用目的性开场白的核心是以医生或患者的需求为话题导向。

例如，以下开场白就不是一个完整的目的性开场白："王医生，让我来为您介绍我们公司研制的新型镇痛剂，该产品服用方便，患者容易接受。"在该例中，学术代表的问题就在于没有理会医生对产品的可能需求，只是开门见山地自卖自夸起来，这种过于以自我为中心的沟通方法显然不能引起医生的共鸣。对该例中的开场白，我们可做以下修改。

修改一：王医生，上次您跟我提到治疗癌症患者疼痛的问题，普通的吗啡制剂使用很不方便，患者不易接受；A 产品作用时间长，每天仅服两次，服用方便，患者容易接受。

修改二：王医生，您治疗癌症患者疼痛时，普通的吗啡制剂使用很不方便，患者不易接受；A 产品作用时间长，每天仅需服用两次，服用方便，患者容易接受。

在两个修改例中，学术代表首先提出的是医生对于癌症患者疼痛治疗的需求，这就立刻引起医生的注意，然后再提出解决这种需求的方法，医生就会很自然地与你讨论下去。修改一是向医生提出"已知的需求"，反映出学术代表的工作计划性强，没有人能够在一次拜访中向医生介绍产品的所有特点，所以解决医生的需求也必然是逐步进行的，基本上每次拜访只解决 1~2 个问题。修改二则是学术代表在未能完全了解医生的需求之前首先抛出的一个问路石，属于一个假设的需求，多数医生都照例存在这样的需求，所以一般命中率较高。如果不中，也可以马上了解医生与其他人的不同之处，就他关心的话题展开探询。学术代表可以通过初次拜访时医生对预先设定的目的性开场白的反应，寻找医生对产品的关键需求，为未来深入的拜访打下一个好基础。

（2）目的性开场白句式结构设计　首先理解医生及患者在治疗及药物使用中容易产生的问题，接着介绍本企业产品的重要特征能够解决医生或患者哪方面的问题，最后询问医生或患者对问题的接受程度。如"王主任，上次您谈到在使用扩血管药物时碰到的几个问题，它们分别是……这次我们专门根据您所谈到的问题准备了一套资料，这套资料的重点是……通过这套资料，您看能不能解决您所碰到的问题，我现在给您做一下简单的汇报，时间大约需要 10 分钟，您看可以吗？"

（3）灵活运用目的性开场白的方法　经常性收集医生在治疗疾病中遇到的种种具体问题案例，寻找产品特点能解决这些问题的方法，并进行归纳总结，能为学术代表灵活运用目的性开场白提供帮助。

2. 其他开场白形式

目的性开场白不等于见面第一句话就将目的抛出来，在运用目的性开场白的时候还要灵活运用其他形式的开场白。如在首次拜访、再次拜访、与医生非常熟悉等不同情境下,开场白就不必拘泥于目的性开场白。

(1)赞美式开场白　当学术代表和医务工作者不是特别熟悉,或者气氛比较轻松的时候,可以采用赞美式开场白。但赞美式开场白不等于阿谀奉承和溜须拍马,只是一种沟通中的润滑剂,因此要做到恰当地选择可赞美之处具体明确地赞美,并要注意分寸。赞美有一个非常简单的 FFC 法则,分别是:F(Feel)即用自己的语言来表达感受,F(Fact)即进一步陈述事实来论证自己的感受,C(Compare)即通过比较来加深对方的认可,让对方感觉舒服自然。

(2)好奇式开场白　通过观察寻找医生的特别之处,以好奇的口吻展开话题。如某学术代表在王医生办公室发现有王医生自己的绘画作品,以好奇的口吻说道:"王医生,真没想到这幅画是您画的呀。"

(二)探询

1. 探询的方式

临床学术代表在不同情境下的开场白技巧

在拜访中,大多数医生都不会直截了当地告诉学术代表他最关注产品哪方面的特点,有些时候甚至连医生自己也不清楚除了疗效、安全性、价格、使用方便性这些药品的直观特点以外还应该了解什么细节。因此,学术代表在拜访中需要运用有效的探询技巧,来和医生一起发现需求。探询就是提问题,根据提问方式不同,可以有多种类型。

(1)封闭式探询　封闭式探询是只能回答"是"或"不是"的问题,医生可以在提供的答案中选择,或者是一个可以量化的事实。例如:

"高主任,您是否把泰能作为难治性感染首选的抗生素?"

"李教授,您有没有收到我们公司上周寄出的最新资料?"

"张老师,在这次临床试验中您会选用 A 方案还是 B 方案?"

封闭式问题由于只能使对方提供有限的信息,且易使医生产生紧张情绪,显得缺乏双向沟通的气氛,一般多用于重要事项的确认,或者在医生同意的市场调研的访谈中。学术代表在面对面拜访中使用封闭式问题时要格外慎重。

(2)开放式探询　当希望鼓励医生畅所欲言,提供更多有用信息或者希望改变话题的时候,就可以采取不设限制的开放式提问方式。例如代表提问:"医生,您同意这种说法吗?"若医生属于严肃话少类型,很容易一句同意或不同意就让交流无法继续进行。如果换成这样问:"医生,您认为这种说法如何?"不管是什么类型的医生,都可以多探讨几句,两种提问方式的沟通效果明显不同。开放式问题又分为探询事实和探询感觉的问题。

探询事实的问题是以何人、何事、何地、何时、为何、多少等的问句去发现事实,其目的在于区别出有关医生的客观现状和客观事实。例如:

"医生,您今天看了多少患者?"

"医生,您星期几出门诊?"

“医生,您一般怎么处理消化不良的患者?”

“医生,处理复合感染的患者时,您常遇到什么问题?”

探询感觉的问题有两种提问方式:一是直接探询,二是间接探询。

直接探询的例子:

“医生,您认为这种新药的临床应用前景如何?”

“医生,您怎样评价 A 产品在中国人群中的疗效?”

“医生,您怎么看 PPA 的不良反应问题?”

有时直接探询医生感觉的问题,可能会涉及敏感性问题,比如不同学术派别的分歧意见,与权威人物的意见相左,或者医生可能不熟悉相关内容进而造成紧张情绪。为了避免上述情形,也可采用间接探询感觉的问题。

间接探询感觉的问题是首先叙述别人的看法或意见等,然后再邀请医生就此表达其看法。例如:

“对 PPA 的不良反应问题,有些专家认为应该慎用,而不必完全禁用,您的看法呢?”

“某某医院的李教授临床观察的初步结果是 A 药物有效率在 80%左右,您认为这个结果怎么样?”

2. SPIN 探询模式

SPIN 探询模式是对费比模式的深化,是通过一系列提问启发沟通对象的潜在需求,使其认识到产品或服务的价值,这本质上是一个发现并理解对方的隐含需求——难题和不满,并进一步放大澄清,并转为明确需求——一种清晰的、强烈的、对策性的欲望或愿望,而介绍的产品或服务正好可以满足它,这一过程按照以下阶段层层递进。

(1)S 阶段　即状况性询问(Situation Question)。通过提问全面了解沟通对象各方面基本状况。在其他普通产品的推广中,沟通对象就是有意向购买产品的准客户,先初步了解准客户的基本情况。学术代表不允许直接销售产品,状况性询问则是全面了解医务工作者在接诊患者、疾病诊断、选择治疗方案、选择药品、药品使用等不同阶段的基本情况,如在接诊患者阶段,不同患者的经济条件、价值观念、心理状况等均存在很大的差异,会形成对新的药品、治疗方法不同的认识接受情况。

(2)P 阶段　即问题性询问(Problem Question)。对状况性询问阶段了解到的基本情况进行深入分析,确认基本情况能关联到哪些问题点,明确谈话方向。如学术代表了解到患者对某个新型治疗方法普遍不能接受,对不接受的原因进行分析,是观念问题呢?还是经济问题?

(3)I 阶段　即暗示性询问(Implication Question)。对问题性询问关联到的问题点与产品的特性进行关联。如前述的患者不接受某种新药物,那么会产生哪些后果?

(4)N 阶段　即需求确认询问(Need-pay off Question)。对前三个阶段的问题进行总结,突出产品价值,让沟通对象认同某种观点。如果是普通产品销售,此一阶段即可促进成交。学术代表与医务工作者进行沟通交流,此阶段即可明确医生的处方意向等。

3. 探询中应避免出现的事项

(1)使探询变成盘查　学术代表在提问时如果不考虑语气、语调、语速以及态度和方式,只是从自身的角度去考虑如何提问才能达到目的,这样就可能使医生感觉到学术代表咄咄逼人,好像盘查一样,从而产生反感。

学术拜访中的探询策略

(2)使拜访失去方向　例如在询问时,问题太过于宽泛,提问的目的性不明确,也不够简洁,让别人听了以后不知道如何回答,那么这时医生对问题的回答就可能失去方向,此时医生也会给你一个朦胧的答案。所以在拜访过程中一定要注意探询的问题不宜过长,要简洁明确。

(3)使时间失去控制　在交流过程中为了活跃气氛,或者是刚见面时暖场,学术代表有时候也会谈一些其他话题,如天气、热点新闻、体育比赛等,但这时候有可能因交谈过于愉快而使时间失去控制、浪费本次拜访机会。因此,学术代表一定要有效把握主题,进行话题引导。

(三)聆听

学术代表与医生沟通的目的就在于了解他的需求,而医生谈论自己的观点就是在说明自己的需求。因此,学术代表在拜访中不仅要善于探询,还要善于聆听。优秀的学术代表通过积极的聆听让医生充分表达自己的意见,适时的鼓励,设身处地地分析医生关心的要点,及时支持、肯定医生的建议会让医生感到受尊重,沟通愉快而且有价值。聆听的目的不仅在于了解需求,还在于鉴别医生表达的需求中哪些是重要的,哪些是不太重要的。当代表判定客户的需求后,仍然需要通过聆听来确认是否听对了。在学术代表与医生的沟通过程中,经常应用反应性聆听和设身处地的聆听技巧。

1. 反应性聆听

反应性聆听就是以言辞或非言辞的方法向对方确认其所说的内容确实已听到了,它主要表现为用表情或声音做出反应鼓励医生继续发表意见。例如:

“我同意……”

“您能不能再详细说明这一点……”

“对……对……”

“是的……是这样……”

“的确……”

2. 设身处地地聆听

设身处地地聆听是一种更主动的聆听方式。它要求聆听者更加积极主动地参与到谈话者的思路中来，不断感觉谈话者透露的信息含义，并适时地做出反馈，尤其是当客户流露出某些重要的信息，如果及时加以澄清就会直接切入客户的根本需求，引起客户的共鸣。

聆听时耐心是关键，作为聆听者首先要注意控制自己的思想：如果聆听者出现好念头，不要猜测、打断对方，或者帮别人说话；其次聆听者要保持与谈话人的目光交流，控制自己的感觉：眼光专心注视对方；最后聆听者还应该学会控制自己的情绪。

（四）传递药品相关信息

学术拜访的核心是将药品相关信息正确传递给医务工作者，药品相关信息包括药品的成分、用法用量、主要临床研究、适应人群、适应证及禁忌证、主要不良反应和处理方式、有效期及药品的储存养护条件等。除医生外，与临床用药相关的医务工作者还包括药师和护理人员，不同的医务工作者的工作职责、专业知识领域和工作对象不同，对药品相关信息的需求也会不同。因此，在针对不同医务工作者传递药品知识时，侧重点应有所不同。

1. 针对医生的药品信息传递重点

在我国，医生除了执行《医疗机构管理条例》等法律法规，按照行业规范进行疾病诊断、治疗外，同时还履行以下职责：①履行病情告知义务，为患者及其家属答疑解惑，下达医嘱。②进行治疗路径方案宣传、新技术推广应用、疑难病治疗路径分析讨论等。③公众教育、护理示教、康复教育等。④学术讨论、执行卫生防疫等法律政治责任、承担部分课题研究等工作。

按照医生的工作特点，学术代表在拜访中需侧重传递以下药品相关信息：①与药品有关的最新医学信息和前沿动态。②本学科领域最先进、最前沿的治疗方案、循证医学的相关证据。③国际治疗指南和行业最新动态。④帮助医生实施药品的临床试验观察，调查药品的不良反应，归纳相关信息和医生进行沟通。

2. 针对药师的药品信息传递重点

在我国，药师必须严格执行《中华人民共和国药品管理法》及国家有关药品研究、生产、经营、使用的各项法规及政策，负责对医生所开处方进行审核及监督调配，提供用药咨询与信息，指导合理用药，开展治疗药物的监测及药品疗效的评价等临床药学工作。

按照药师的工作特点，学术代表在拜访中需侧重传递以下药品相关信息：①药品的成分、适应证及禁忌证、主要不良反应和处理方式，及药品的储存条件等药品信息。②自己产品与同类竞争产品的异同点和优劣势。③最新的药品相关信息。

3. 针对护理人员的药品信息传递重点

在我国，护理人员的工作职责包括以下内容：①按照病人护理级别进行晨、晚间护理，认真填写护理记录，做好交接班。②巡视病房，严密观察病情变化，了解治疗反应,如发现异常须立即通知医师,做好应急抢救并详细记录。③执行有关临床护理的临时医嘱。④负责接待新入院病人,了解病人心理状态及生活习惯;对出院病人做好出院指导。

按照护理人员的工作特点,学术代表在拜访中需侧重传递以下药品相关信息:①药品的临床应用特点和使用过程中的注意事项。②药物(尤其有特殊储存要求的药物)的储存条件。

4. 药品信息传递技巧

药品信息传递过程中可以借鉴前面项目介绍过的费比销售模式,将药品的特性归纳整理成满足医务工作者在为病患者提供医疗用药服务中的优势,找出药品如何满足医生或患者核心需求的途径。

(1)药品的特性归纳　指药品可以用感官和相关研究资料来证实的特征,如药品的疗效、耐受性、副作用、服用方法、化学成分、外观、颜色、剂型、包装等。此外,药品生产企业的某些特性也可以归纳进去,如企业的历史是否悠久、企业品牌知名度、研发能力、资金实力、生产特长、供应链网络等。

(2)特性能转换的利益点分析　即企业和药品的特性能带给患者、医务工作者的好处。包括能如何提高治疗效果、改进病人的生存和生活质量、给患者带来安全感、提高患者对治疗的依从性、提高医生的治疗水平、降低医生的劳动强度、减少医生的治疗风险、降低护士的劳动强度、提高护士的护理质量、提高药师的业务水平等。

(3)特性-利益展示中的注意事项

①要将利益形象化:在展示利益时,要充分运用同理心,将自己想象成医务工作者或患者,充分地描述和渲染药品能够给医务工作者或患者带来什么样的益处,并尽可能地形象化,能让对方真实地感受到利益的存在。

②利益呈现要有侧重点:侧重点呈现不仅要根据医生、护士、药师、患者等不同对象的特点展示药品特点与利益的不同侧重面,即使是同样的对象,在不同的工作场景中所展示的特性利益侧重点也不相同。例如,在病房里应呈现的侧重点是病人在使用后如何尽快治愈出院,而在门诊则应侧重呈现药品能如何实现方便使用。

③要反复强调:反复强调才能让沟通对象明晰地了解药品可能带来的好处。第一次描述,不足以引起医生心中的共鸣;第二次强调,能引起医生兴趣;第三次强调,能加深医生对产品的印象;第四次强调,能让医生开始尝试接受。

④提供证据对特性利益进行证明:学术代表应事先准备好完备的证据材料,如药品的临床研究资料、不良反应监测资料、其他医生处方情况、患者使用案例材料等,为利益说明提供强有力的证据支撑。

表 8-1 是某降血压控释片剂的特性利益转换分析表,针对药品的某一项特性,从不同侧面进行了利益转换。

表 8-1　　某降血压控释片剂的特性利益转换分析表

产品特性	针对患者的利益	针对医生的利益	针对护士的利益
药片通过控释衣膜定时、定量、匀速地向外释放药物	使血药浓度恒定，控制了血压忽高忽低的“峰波-峰谷”现象，感觉更舒适	平稳降压，减少其他并发症，提高患者依从性	减少不良反应发生情况，护理更方便

5. 客观告知局限性

药品的局限性是药品可能的副作用，任何药品都既有治疗疾病的积极作用，也有不良的副作用，许多医生在开处方时比较重视药品可能带来的副作用。在药品介绍时，承认药品有局限性，可以使医生对药品产生正确的期望值，对学术代表产生信任。回避药品的局限性，则医生会对产品产生错误的期望值，认为学术代表在隐瞒一些风险，从而降低信任度，因此要客观告知药品的局限性。

陈述药品局限性通常使用的是负正说明法，即先说出产品的缺点，然后再根据这个缺点进行说明，以证明这个缺点并非不可弥补。例如虽然我们的药品使用不方便，但是我们的疗效是非常好的。

此外，在陈述药品局限性时还要注意以下两点。

(1)尽量描述成是这一类产品的特点，表明此局限是这类产品所共有，而非我们产品所独有。

(2)要尽量使用药物的通用名，而非商品名。

(五)处理异议

处理异议是每位学术代表日常工作的一部分。异议的产生，从积极方面来看说明医生认真听了学术代表的介绍并感兴趣，学术代表通过异议可以及时发现介绍药品中存在的不足，明白医生做决定的障碍，只要消除异议，医生会更加信赖所介绍的药品。异议的出现也可能是医生对学术代表及其公司还不信任，对这些情况只要正确处理，也有可能发生转化。

1. 处理异议的基本策略

(1)认真倾听　沟通对象产生疑问、抱怨和否定意见，总是有一定原因的，可能是对药品的性能、质量不尽满意，或者考虑到患者的经济条件。无论医生异议有无道理和事实依据，学术代表都应该认真倾听、温和对待，要表现出对医生的重视和尊重。这样在进一步沟通时，才会有一个良好的气氛让医生畅所欲言。通过认真倾听也可从医生的谈话中察知真实意图，为解决问题寻找对策。

(2)避免争论和冒犯　沟通过程本质上是一个人际交往的过程。学术代表应该与医生保持良好的、融洽的关系，使医生觉得你是他们的助手和顾问，可以向他们提供许多帮助和建议。争论或冒犯是洽谈的一大禁忌，争论往往会使双方不欢而散。一旦争吵，无论谁胜谁负都只能表明沟通的失败。我们需要的是优秀的沟通人员,而不是一个辩论家。

(3)预防和扼要处理异议　学术代表针对特定的环境,应该能预先了解或意识到某些特定的反对意见,然后在医生尚未提出时,即领先一步适当地回答;或者先想好答案,等合适的机会再给予回答。

对于医生的异议,学术代表不要夸大,或在某个异议上纠缠太长的时间,简明扼要地回答完异议后,继续你的正常交流,对那些次要异议和无效异议可以策略性地不予处理。有时异议是随口说的,你越对它关注,他越认为有问题。

2. 识别出真实异议

异议可以简单地分为两大类:真实异议和虚假异议。如果医生明确表示不适合科室使用、患者难以负担、使用不安全或对产品存在误解等,都属于真实的异议。判断出真实的异议,可以让学术代表及时中止交流过程或者是解决异议后达成共识。虚假的异议则是潜藏于医务工作者心中、未进行真实表达的异议,如搪塞、偏见、无兴趣或怀疑等。学术代表可通过以下几种方法判断异议的真假。

(1)观察法　在认真倾听医生讲述的过程中观察其眼神和态度进行判断。例如,当你为医生提出的异议提供肯定确凿的答案时,如果对方无动于衷的话,往往没有告诉真实的异议。

(2)逻辑判断法　分析医生所提出的异议,当医生在短时间提出一系列毫不相干的异议时,他们很可能是在掩饰那些真正困扰他们的原因。

(3)直接提问法　当已经判断出医生所提出的异议是假的,但又无法知道他内心真实的想法,也可以大胆直接地发问。

(4)全面分析法　全面分析局势,必要时对医生做一些引导,发现对方的真实意图。

3. 虚假异议的处理方法

虚假异议的表现形式及产生的原因如下所示。

(1)医生偏向竞争产品　医生可能正在使用竞争对手的产品,或者对竞品很感兴趣,很熟悉竞品。在这种情况下医生可能会找些理由来搪塞其他产品的学术代表。

(2)无兴趣　兴趣是主观性特别强的个人爱好,医生也许对某些东西特别有偏好,对学术代表介绍的产品没有兴趣,进而找理由应付。

(3)偏见　医生对学术代表的公司产生偏见,这是拜访过程中经常碰到的问题。如果前一位代表在某家医院进行销售时没有把专业形象很好地体现出来,那么医生很可能认为公司不行,进而对后来的学术代表产生偏见。

(4)怀疑　怀疑通常是学术代表对产品没有介绍清楚,或者在介绍的过程中没有全部转化为临床优势,造成医生的怀疑。

对于明确识别出的虚假异议,一般采用忽略法,即充分满足对方的表达欲望,但对其所说的话题迅速引开。如微笑、点头，但对所说的不置可否，或者装作没听见，或者转移话题等。

4. 处理真实异议的步骤

(1)缓冲　每一个人在向他人提出反对意见的时候都会感受到压力，这种压力可以来自不愿批评他人的情绪，也可以来自批评恐怕遭到别人拒绝的担心。总之，医生在提出异议时并不像表面看起来那么轻松。缓冲就是通过理解医生的语言使其压力放松，使其平静下来。缓冲最理想的状态是直接切中顾虑的根源，设身处地地为他的关键需求着想。

案例 8-3

缓冲前后拜访效果的比较

1. 没有实施缓冲技巧的拜访效果

小李是一位工作半年的学术代表，从一开始小李就做好了回答医生关于产品价格昂贵问题的准备。果然，王医生在同意了小李产品的疗效不错之后问道："这种药听起来疗效是不错，可就是太贵了，我的病人没几个用得起。"这时，小李从容地拿出了产品经理帮助准备好的，王医生正在使用的同类产品与自己公司产品的综合治疗费用经济学比较表，"王医生，请您参考这张卫生经济学的分析结果，您会发现我们的产品并不贵。"但王医生似乎对小李的解释不以为然，"每个药厂都会做出有利于自己的价格比较。"小李再怎么辩解也没用。走出王医生办公室，小李百思不得其解：自己的讲解如此专业，怎么王医生就是不买账呢？

2. 采用缓冲技巧后的拜访结果

经过产品经理的指点，小李决定在王医生提出产品价格太贵之后实施缓冲技巧。

医生："这种药听起来疗效是不错，可就是太贵了，我的病人没几个用得起。"

小李："王医生，您真是一位全心为患者考虑的好医生。的确，像您希望的一样，一个理想的药品除了高效、安全、方便，还要考虑它的经济性。"

王医生的确是在替患者的经济负担考虑，这就是他的需要。学术代表小李适当的赞美先缓解了王医生的不满情绪，缓冲之后再探询王医生的价格评估标准。随着王医生理性思维的启动，再来逐步讨论事先准备好的卫生经济学分析表，探讨该药品的每日花费、预期治疗效果等，说服王医生接受"经济合算不单纯是看每盒药的价格，还要综合考虑性价比"的结论就不成问题了。

学术代表如果无法马上了解医生问题的关键之处，也可以进行一般性缓冲，例如使用这样的句子："您的意见的确重要，能否详细介绍一下……""您考虑得特别仔细,我想多听您介绍一下您的观点……”这样的语言也会缓解医生异议带来的紧张气氛,同时也表现出学术代表愿意为医生解决问题的诚恳和自信。

(2)探询医生对于药品的真正需求　仍以上例分析,医生认可药品疗效,也有治疗需求,但认为太贵的除了替患者考虑,也有可能存在医院管理中对他的科室药物费用总量控制的要求。或者他本人的处方权限不够,也可能正在使用的同类品种价格低廉。找出异议背后的理由后,就可以采取相应的处理方法。

(3)聆听　处理异议过程中的聆听尤为重要,因为异议本身就来自信息传递过程中的丢失或者误解。异议本身易被曲解,正是需要学术代表仔细聆听的最佳时机。学术代表若不善于聆听,有可能造成一个异议尚未处理好,由于聆听不当又带来了新的异议。

(4)答复　在发现了医生的真正需求后,现在就来运用前面学到的特性转化为优势的方法来满足医生的需求。但有些异议的确是很难克服,或者超出了学术代表的知识范围。这时候,医药销售人员切不可不懂装懂,或者敷衍了事。最好的解决办法是明确地告诉医生“您的这个问题, 我也是第一次碰到,让我咨询一下这方面的专家,下一次我一定给您最后的答复。”

(六)达成共识

医生花了那么多的时间与学术代表沟通并不是只为搜集信息,他们是想解决临床治疗需要的问题。因此,在沟通的最后阶段,学术代表还要主动验证双方的沟通是否达成共识,及时发现错误认知或遗漏的问题。

1. 识别沟通中的各种信号

医生对某些观点是否理解或认同,常常会通过其行为、语言、表情等多种外在渠道泄露出来,学术代表只要细心观察便可辨认出各种信号。

(1)当医生重述你提供的优势或称赞你的产品时,例如:

“A 产品的阴性症状治疗效果确实不错。”

“B 产品的起效的确很快。”

“换用 C 产品,癌痛患者的睡眠真的有改善。”

“D 产品的最大好处就是方便。”

(2)当医生的异议得到满意答复时,例如:

“要是这样分析,A 产品的确不算贵。”

“可能您讲的调整剂量的方法会减轻患者的头晕。”

“我倒没想到携带方便,这一点确实重要。”

“看来,仍需要增加剂量才行。”

(3)当医生问及使用方法等细节时,例如:

“你介绍的这种药多少钱一盒?”

“一盒能用几天?”

“这个药物的安全性怎样?”

“治疗甲癣一个疗程共需几盒这种药?”

“用在儿童患者身上的剂量是多少?”

“我们医院已经进了吗?”

“有没有样品可以给我试试。”

“这种药可以用于治疗脑膜炎吗?”

“这种药的疗程有多长?”

(4)表现出积极的身体语言　表 8-2 对积极的和消极的身体语言进行了一些简单的比较,在实际工作中,学术代表要善于识别医生透过面部表情和身体姿势流露出的情感和想法。

表 8-2　　有无达成共识身体语言的对比

积极的身体语言	消极的身体语言
点头	摇头
上身前倾地坐着	用手指轻敲桌子
身体倾向代表一侧	身体倾向远离代表一侧
指出促销资料中产品的优点	坐立不安
微笑	叹气
眼神交流	随意翻看资料或做别的事

2. 强化共识的方法

(1)总结性强化　有时医生没有明确流露出对学术代表沟通内容的认可,可能是过多的信息让他很难判断自己需要的重点,这时学术代表应主动把方才讨论的产品的特性与优势做一总结,确认满足了医生最关键的需求。例如:

“赵医生,经过刚才的介绍,您会发现更年康是一种纯天然植物药,能有效刺激卵巢组织的分泌,减缓更年期女性体内雌激素水平下降过程,从而有效缓解更年期综合征的各种症状,安全,没有长期使用雌激素类药物的不良反应。每天两次口服,使用也很方便。鉴于以上理由,可否请您给几例患者试用?”

(2)引荐性强化　有的医生因为担心新药的安全性,即便看到临床文献也还不能完全消除疑虑。学术代表如能提供某些医生熟悉的权威人物的意见,有利于医生认同。例如:

医生:“这药听起来不错,但我从来没有用过同类产品。”

代表:“您用药的确很严谨,但对这个产品的安全性不用过于担心,肿瘤医院的李教授已经观察了 500 多例患者,没有出现严重的不良反应。您也可以先试用几个病例。”

(3)强调发展,促成共识　这里的发展是指从医生的职业发展或者患者的长期诊疗效果出发强调产品在临床试验、使用中的各方面优势,促成医生更加认同前期沟通内容。例如：

“参加这项多中心试验,可有机会与全国同行交流经验。”

“这个新药的临床试验在全国还是首次进行。”

“对这类患者的观察有助于为您的课题收集更多案例。”

“这种药可能对这位难治性患者来说是一个新的希望。”

(4)渐进性达成共识　有些医生的思考方式属于被动型,似乎很难得出完整的总结,这时学术代表需要习惯医生的思维模式,逐步和医生确认达成的共识。例如：

代表:“A 抗生素的第一个特点就是口服给药,这样患者非常容易接受,您是否同意?”

医生:“不错。”

代表:“A 抗生素的第二大优点就是半衰期长达 20 小时,所以可以采取每日一次的方法,大大减少了患者的服药次数,您的患者肯定会更愿意接受是吗?”

医生:“的确。”

代表:“A 抗生素第三个优点是广谱抑菌,您在门诊遇到的普通感染基本上都可以用它有效控制,所以您处方起来也很方便。”

医生:“可能是。”

代表:“那么,请您多处方一些病例就可以更多地感受它的好处了。”

以上只是介绍了一些常用的方法,实际情况千变万化,无论选用何种方法,均应依照具体情况而定。应该说,达成共识方法的选择在洽谈之前是很难进行预先设计的,这就要求学术代表具有很好的应变能力。

(七)拜访后的复盘与跟进

当完成一次拜访后,学术代表应该进行充分的场景还原,复盘整个拜访过程,总结本次拜访成功的经验与失败的教训,制订下一次的拜访计划。

1. 成功拜访后的跟进

当完成一次有效拜访后,你与医务工作者的关系已经正式开始,此时就应立即制订下一次的拜访计划,跟进的原则是越早越好。无论是医生交办的事情,还是资料的传递,如果能在一次次的跟进中赢得信任,就能建立和医务工作者的持续合作关系。跟进内容主要包括:①约定下次拜访的时间。②通过电话、微信、邮件等方式保持继续交流。如将拜访中提到的某篇文章发给医生等,采用线上线下多种形式进行跟进,是一种节约时间的高效方式。③对问题立即解决。跟进的过程就是解决拜访中提到的问题的过程,如帮助查询资料和文献等,问题解决得越快越好,越能提高满意度。④让医生随时能联络到你。给医生留下自己的多种联系方式,并实时在线,保证医生在有急事时能随时联络上。

2. 失败拜访的跟进

当某次拜访失败后,更应该及时跟进,只有不断地总结失败的原因,不断地跟进改变,才能真正达成目标。此时的跟进应该尽可能地改变医生的不满或妥善解决医生的异议。

实践训练 8-1

拜访医生情景剧表演

同学们分成若干表演小组,每个同学分别扮演医生、学术代表等角色。事先设定进行拜访医生的情景剧表演。老师和其他同学则使用评分表对情景剧表演过程进行评分,表演结束进行复盘和讨论。

任务二　组织科室会与患者宣教活动

除一对一地拜访医务工作者外,组织医院相关科室医务工作者进行演讲培训(科室会)、在医院或医院附近社区组织患者宣传教育活动也是学术代表的日常工作。和学术拜访是一对一开展不同,该项工作任务往往由同一工作小组的数个学术代表一起完成,同时还需要取得公司市场部等相关部门的大力支持与协助。

一、小型科室会的组织与实施

小型科室会是由学术代表组织的,以某些科室的医生为主要参加对象的小型会议,其目的是向相关医务工作者系统全面地介绍药品及相关学术信息,弥补一对一学术拜访的不足。科室会的规模虽然不大,但也是一项系统工程,在征得医院同意后,需要结合医务工作者的需求和产品的特点制订会议主题和目标;然后就会议如何开展、每一环节的程序制订详细的策划书;实际组织中按照各环节的计划有步骤地执行;最后,会议结束后一段时期内还要对会议效果进行评价。总之,充分的准备是保证会议成功的基础。

(一)前期准备工作

1. 会议主题的确定

会议主题影响学术推广的效果,因此必须谨慎确定。确定的原则应当符合企业整体处方药营销策划的目的和与会医生的需求。一般参会者都希望学习到对工作有帮助的内容,因此,学术代表在确定会议主题时就要有双赢的思维,即在传递最新的相关临床信息的同时,巧妙地将企业产品需要推广的信息融入其中。

2. 产品概念的提炼

产品具有突出优势,是处方药学术推广的必备条件。药品的信息涉及面广,为了让医生能够迅速准确地了解药物的优点,对产品的记忆更深刻,学术代表必须抓住医生的需求焦点,在药品疗效、安全性等各方面进行提炼,用简洁的语言使医生了解药物的独特优势。例如,雷贝拉唑钠肠溶片就将产品的独特优势归纳为几句话:①作用强,雷贝拉唑钠比第一代质子泵抑制剂的抗胃酸分泌作用强 2~10 倍。②起效快,雷贝拉唑钠的解离常数值高,活化范围增大,可快速聚集、快速起效。③作用持久,夜间抑酸作用好,可持续 24 小时抑酸。④安全性高,不依赖于肝 P450 酶系中的 CYP2C19 酶进行代谢,无明显个体差异。

3. 邀请参会人员

科内会的参加人员都是与药品使用相关的医务工作者,以医生为主体,为了提高参会率,可请医院医务科或者是相关科室在医院内部发布通知,学术代表再一对一跟进,提醒相关人员参会。对重要的医生,学术代表还需在会议开始前再次确认,以便做好相应的准备。

4. 场地准备

科内会一般在医院的会议室、示教室等地方开展,会议场所同时也是一个企业及产品宣传的阵地,学术代表应通过场地布置展示企业形象和产品信息,如设置展板、投影背景、将各种企业产品资料装袋发放、摆放模型等。

5. 制订会议议程

会议每一阶段的具体流程,会议主持人应烂熟于胸。

6. 突发事件应对计划

会议中很有可能会出现诸如音响问题等突发事件,在会前准备的策划中应归纳可能出现的突发事件,制订每一项突发事件的详细变通方案,保证在会议现场能做到随机应变。

(二)现场组织工作

会议组织者应提前到达场地,检查会议所需要的资料、会议用品、会议演讲稿等相关物品是否到位,场地布置各方面设施有没有问题。

会议中则要注意收集参会人员的现场反馈,收集其对产品的各种疑问、意见、建议,并做出合理的解答。

(三)演讲技巧

医院内或科室内的学术推广会因规模小,参加人数少,通常采用幻灯片讲解的方式,由学术代表直接讲解,演讲内容由开场白、正文、结束语三部分构成。为了提高参会率,科室会也可邀请业内专家或技术骨干来进行演讲。

1. 开场白

科室内学术推广会适用简洁明了的目的性开场白,首先学术代表向与会者简单致意,然后对企业及本人进行介绍,最后介绍本次演讲的主题后就直接进入正式演讲。有时候为了活跃会议气氛,也可以采用播放一段与主题相关的精彩影片,讲一则与主题相关的幽默趣闻,介绍一个与主题相关的戏剧性故事等方式导入正题,但要注意时间不可过长。

2. 正文

演讲正文内容一般包括：药物名称、规格、化学结构、药物成分、作用机制、体内吸收代谢清除过程、适应证及临床应用举例、安全性及不良反应注意事项、使用方法等内容。在进行讲解时，要注意几点。

（1）通过产品概念提炼，将药品的功能特点充分转换成医生和患者的利益　每一个药品的特性都可以转换成一个或多个不同的利益，而且这个利益一定是针对医生和患者的。在特性利益转换中时常引述一些研究成果及文献资料，如疾病的相关背景资料及发展趋势、药物的作用原理及其理论基础、临床试验数据、药物经济学数据印证等，可起到事半功倍的效果。针对不同情况要有侧重点地推介产品的特性与利益，对于重点利益要反复强调。

（2）为引起医生重视，最好将推广药物与目前临床药物进行比较分析　在和同类产品的巧妙比较中要有科学数据支撑，并注意保持客观、公正的态度，以获得医生的信任与认可。

（3）对产品的局限性要技巧地告知　例如，说法1“我们的药品疗效是非常好的，不过使用比较不方便。”和说法2“虽然我们的药品使用比较不方便，但是疗效是非常好的。”中，说法2将重点放在优点上，所取得的效果就比说法1要好。

3. 结束语

演讲主题陈述完毕后，学术代表要对演讲要点进行回顾和总结，展示各种临床数据资料。然后要求参会医生提问，并回答各种提问，最后对所有参会医生表示感谢。

（四）会后的评估与跟进工作

1. 评估会议效果

（1）设计各种表格对会议组织及演讲者的演示进行总结，具体可参考表8-3及表8-4。

表8-3　科内学术推广会议组织效果评分细则

考核项目	分值	评分项目	评分细则
会前准备	0~10	会场选择与布置，投影仪、电脑操作	选择合适会场（2分）；独立操作投影仪（4分）；独立操作笔记本电脑及使用相应软件（4分）
资料礼品准备	0~10	特定场合下产品资料、礼品/品牌提示物的设计和准备、派发	准备相应科室的产品资料（2分）；适当时间的派发（8分）
仪态风貌	0~10	穿着、行为得体，符合公司个人行为规范，能体现公司风貌	正式西装（职业套装）/长袖衬衣（2分）；领带（2分）；皮鞋（1分）；风貌及得体的行为（5分）

续表

考核项目	分值	评分项目	评分细则
语言表达	0~15	清晰、流利、重点突出、异议引导	发音标准,吐字清晰,语速不宜过快(2分);能突出产品在该科室的推广重点使客户加强印象(7分);讲解结束后能有效回答客户的提问,暂时不能解决的问题带回公司处理的技巧(6分)
PPT讲解	0~45	药理、药效、用法用量等	根据事先准备的产品PPT各关键点的讲解程度评分
时间控制	0~10	以10分钟科室会为标准,可以看表把握时间进程	9~11分钟给10分,8~12分钟给9分,7~13分钟给8分,6~14分钟给6分,其余递减

表8-4　　产品幻灯片讲解演示评分细则

内容安排	考核分项	分值	建议时间/分钟	评分细则
开场白		5	0.5	自我介绍,会议说明,感谢等
PPT讲演	企业简介	5	1~2	几个主要时间段的大事件,企业品牌,销售构架,产品销售历史
	药物成分	5	0.5~2	第二页幻灯片的各点,重点强调主要成分的常规含量,根据其熟练及完整程度给分
	类别介绍	10	1	能准确说出产品基本要素4分,适当举例该药竞争品种2分,若属于中药保护品种并能正确说出的加2分,准确说出保护期的加2分
	重点药理	25	3~5	有重点地介绍药理,其余的串讲给20分,结合实验举例给5分
	适应范围	5	0.5	叙述完全给5分,说出主要适应证的给4分
	不良反应	5	0.5	叙述完全给5分,说出主要不良反应给4分
	用法用量	15	0.5~2	叙述完全给10分,能回答客户关于药费的询问给2分,能回答科研咨询费用与零售价概念给3分
	注意事项	5	0.5	叙述完全给5分,说出主要注意事项给4分
	其他	5		根据内容编排、临场发挥等机动打分
处理异议	随机应变的技巧	10	不计入标准10分钟内	各幻灯片之间的合理串讲3分,会后提问的处理7分

(2)会议质量反馈信息收集　借助学术代表在会后的拜访,以向参会人员发放会议效果调查问卷等形式收集有关会议质量信息。

(3)通过收集会议前后处方量变化等信息,通过客观指标变化反映会议效果。

2. 会后客户回访

会后学术代表要及时回访关键人物,针对会中达成的共识要求医生解决,推进医生用药。

实践训练 8-2

进行一次科室演讲会情景模拟

教师选择一个或几个处方药品,指定一个或几个医院,同学们分组对该药品及医院相关科室进行全面调查,分组制订一份组织院内科室会的计划,并进行实际演讲。老师和其他同学则使用评分表对演讲过程进行评分,同时扮演参会医务工作者提问。

二、患者宣教会的组织与实施

健康宣教是医院维护病人健康的重要手段,它面向患者及其家属开展,根据不同疾病的特点,宣教内容包括疾病知识、不同疾病的饮食管理方案、正确的运动方式、用药知识、自我管理方法等。健康宣教实质是贯穿于疾病的预防、治疗、护理整个过程,每种疾病都有对应的健康宣教。学术代表可协助医院开展相关患者宣教活动,重点介绍与疾病相关的药物知识。

(一)前期准备工作

1. 宣教主题的确定

根据药品所治疗的疾病特点,设定相关的宣教主题,与科室会不同,患者宣教的主题要做到通俗易懂,便于患者理解和传播。例如,某治疗高血压的控释制剂,其核心优势就是避免降压中产生的峰波峰谷,做到平稳降压,提高治疗效果,可将主题设为“降血压,不要坐过山车”,以形象化的语言激发患者的好奇心,提高其参与宣教的兴趣。

2. 宣教内容设计

根据宣教主题,抓住患者缺乏医药学专业知识,受教育背景参差不齐的特点,对药品疗效、安全性、服用注意事项等各方面内容进行提炼,用简洁的语言使患者了解用药特点、本药品的独特优势等。例如,前述的治疗高血压控释制剂,以《降血压,不要坐过山车》为主题,其内容可以归纳为:(1)治疗高血压必须长期坚持服药。(2)既然长期服药,平稳降压尤其重要。(3)降压不平稳的风险。(4)控释制剂中的控释衣膜如何定时、定量、匀速地向外释放药物。

3. 邀请参会人员

信息化时代,医院及社康中心都建立有完善的患者档案,可由医院采用群发短信等形式邀请患者参加,也可在相关科室候诊区域直接进行宣教,感兴趣的患者自觉参加。

(二)宣教形式

和科室会一样,患者宣教也以演讲形式为主,但患者毕竟不是专业医药人员,理解能力、知识水平差异很大,为了便于患者理解,在宣讲过程中可综合利用动画、视频、情景剧等多种形式进行宣教,并穿插有奖竞答等多种互动活动,达到寓教于乐的效果。

实践训练 8-3

进行一次患者宣教情景模拟

教师选择一个或几个处方药品,同学们分组调查该药品所治疗的疾病范围、患者生理特征等,分组制订一份在社康中心内开展患者宣教的计划,并进行实际宣教。老师和其他同学则使用评分表对宣教过程进行评分,同时扮演患者参与抢答和提问互动。

任务三　其他学术推广策略

一对一学术拜访、小型科室会和患者宣教是处方药推广中的常规操作内容。此外,制药企业还会联合经销商、医院、科研院所等各个机构,不定期开展一些较大型的学术推广活动。如高级别学术会议、权威演讲、临床试验、学术征文、调研活动、资料直邮、科普宣传、继续教育、热线咨询、专题广播、知识竞赛、巡回演讲、网站建设等。这些活动企业投入大、涉及范围广,综合采用公共关系、广告等营销策略,不仅是针对某个具体药品的推广,还是一次企业形象提升策略,往往由市场部、销售部、研发部等多个部门协同开展,学术代表在其中仅承担部分工作。

一、专业媒体学术推广

医药企业与学术机构和临床医师合作,进行产品学术研究,在国内外具有较高影响力的医药专业期刊等媒体发表学术论文,及时报告产品最新研究成果、上市后临床研究成果,或针对竞争产品比较研究的结论,为企业和产品做好舆论铺垫和学术宣传。或者是在相关疾病的科普手册、科普书籍中融入产品知识。

二、公益推广

为树立良好的企业形象,许多药品企业都非常看重企业社会责任,开展设立专项救助基金、开展患者教育和培训等各种公益事业活动，通过增强公众的信任度获取长期效益。

三、学术支持

作为处方药学术推广中非常重要的一种推广方式，举办学术会议推广，其形式是多种多样的。

（一）药品学术推广会

药品学术推广会，即以药品本身的各种信息为基础，激发医务工作者的兴趣、认知，并掌握药品使用的学术型市场推广活动。从医院内的科室会到全国研讨会，在不同级别的会议上，将药品在医药领域的研究成果和临床实践的最新信息及时提供给医师，使医师了解产品的特点。同时，医师将临床工作中遇到的问题反馈给企业，使企业在价格、剂型、包装、规格等方面对产品进行改进，有利于提升企业产品的竞争力。企业也可以了解到本地区患者的经济状况、常见疾病种类，以及竞争产品销售信息等，为制订产品销售策略提供参考。药品学术推广会很好地在企业、医师及患者之间架起了沟通的桥梁，主要形式包括以下几类。

1. 新药发布会

在新药上市之前，可以举办各种新药发布会，通过问答的方式介绍自己药品的优点，吸引各类媒体的关注，能够起到不错的宣传效果。

2. 产品学术交流会

产品学术交流会是指针对某一新药进行专门的学术交流会，由各位专家、产品研发人员及企业高层经理组成，共同探讨药物的治疗效果及应用领域等问题。

3. 医学专题论坛年会

很多药学会举办的各种类型的年会，也是进行学术推广的平台。药品生产经营企业可以邀请医生参加此种类型的会议，为医生进行相关药物临床效果的研究提供数据和实验条件，支持医生的医学科研工作。同时在会议的某些时段，邀请知名专家、学者做一个与药品研制或临床应用研究有关的题目，促使医、药界同行从不同角度交流药品。

4. 学术研讨会

学术研讨会主要分为三种，一是主题式研讨会，主要是讨论特定主题的小型研讨会；二是普通研讨会，主题较大，并拥有较多子议题，这种研讨会经常是各级药学会或医学会定期主办；三是专业研讨会，是指不受限的大型学术研讨会。还有很多药学会举办的专门针对某些问题的学术研讨会，医生也是比较愿意参加的。但限于资金问题，积极性可能不是很大，但若得到企业的支持，可以实现双赢，医生能够增长学术水平，企业能够赢得医生的支持与信赖。

5. 定期举办的医（药）学会议

以中华医学会为主体举办的各种学术会议都可以成为企业进行学术推广的机

会，这些会议的参加者主要由医学科学技术工作者和医学管理工作者构成，与医院的各科医生都有一定的联系，尤其重要的是医(药)学会的会长、学会负责人多是医药界的名人，或者本身就是著名的医生，他们有能力、条件为医药企业推广新药提供咨询和帮助。同时，医(药)学会的相关会议也是医(药)师自己组织的医(药)学知识学习、学术交流活动，并且每年要举办多次。因此，企业把握这些机会可以更好地进行学术推广。

6. 大医院论坛

大医院论坛是指以省内某家在某一专科领域全国知名的医院为主办方，企业选定一个领域与大医院的合作，选择客户感兴趣的学术主题，邀请该院专家进行专题学术报告。同时邀请许多曾经在该医院进修的医生参加会议，并做好医院科室的参观交流，借助大医院的学术影响力，更好地推广药物使用、研制等学术信息。

(二)临床试验

制药企业可挑选有代表性的医院，进行大规模、多中心、随机双盲的药物临床试验，通过临床试验，让医生直接参与，直观地感受到药品的效果，是非常有效的学术推广方式。

实践训练 8-4

某药品某市场的推广策略规划

教师选择一个处方药品，划定一个目标市场范围，同学们分组对该范围内的医院分布情况进行全面调查，明确重点医院，熟悉竞争情况。在综合分析的基础上制定产品的学术推广策略，分组讨论及交流。

在线测试及课后思考题

项目九　药品商务代表工作实务

药品商务代表工作内容介绍

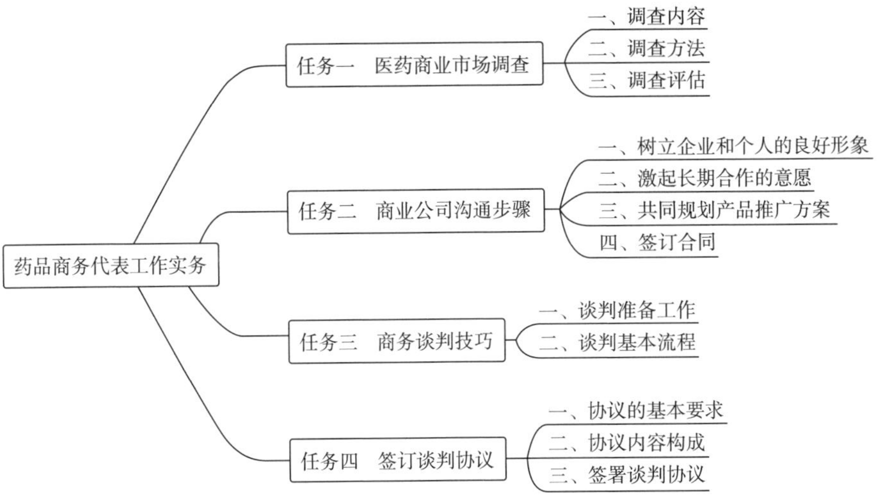

任务一　医药商业市场调查

商务代表负责开发的商业客户包括药品批发公司、代理商、物流配送公司等，不同公司的实力、经营范围、相对优势区别很大，因此商务代表需要关注市场变化，捕捉与公司项目相关的一切信息；在海量收集客户信息的基础上，深入研究客户所在行业动态、客户自身情况及相关客户情况，建立客户资料档案。

一、调查内容

(一)商业客户总体情况调查

商业客户按照其业务覆盖范围大小可以分为全国级别、区域级别和小微商业批发代理公司等。全国级别商业客户是指全国范围内的总经销或总代理商，专门推广和销售药品生产企业的一种或多种品牌药品；区域级别商业客户则是在一定区域市场内具有相对优势的公司。全国级别商业客户的优势在于市场覆盖能力较强，可以覆盖全国市场，具有雄厚的资金和丰富的营销经验，营销过程中分工明确、利益明确。不仅有效帮助药品生产企业实现市场推广和品牌宣传，还负责产品的价格制订、实物配送、资金回笼、售后服务等工作，帮助生产企业降低产品风险和货款风险。但是，全国级别商业客户虽然整体实力强大，但在某些区域市场细分领域不一定有优势,在某些地域或者是特殊的细分产品领域,区域级别商业客户,甚至是小微企业反倒有独特的竞争优势。同时,还要考虑到对渠道的控制力度,如果生产企业本身实力一般,存在可能被全国总代理商胁迫的风险。因此,商务代表需要对所负责区域有哪些类型的商业客户进行总体调查,如:①该区域主要的商业公司有哪些?②能够全面覆盖整个区域的商业公司有哪些?……

(二)每个客户具体情况调查

1. 商业客户具体调查内容

(1)公司基础信息　如资金实力、信誉情况、销售规模、销售渠道、仓储配送能力、管理能力、业务开拓能力等。

(2)业务经营信息　如销售人员的能力、与客户的关系等情况。

(3)竞品信息　如同类产品的厂家信息、价格体系、营销策略与激励政策、市场占有率等。

(4)采购流程调查　商业公司采购的目的并非企业自用,而是为了转售给医院、药店等终端,其内部多个部门均能对采购决策过程施加影响。因此,商务代表需通过调查,熟悉不同商业公司内部的采购流程,不同成员在采购中的影响力,充分了解采购过程中谁是关键的决策人。

2. 需重点识别的"伪客户"

商业客户既有资本雄厚的大客户,也有缺乏任何知名度的一般客户,大客户、小客户只要是合法经营的正规企业,都有自己的相对竞争优势,生产企业可根据实际情况选择,需要重点识别的是以下几类客户,避免上当受骗。

(1)专门从事交易中介的中间商　这类客商无法人资格,只是为了收取佣金而为交易双方牵线搭桥。例如没有注册资本的贸易行、商行和洋行等,他们仅有营业证明,不能提供法人资格、注册资本及法人地址等的公证书,而只能提供标有公司名称、职务及通讯地址的个人名片。对待这类客商,要防止他们打着中介的旗号进行欺骗活动。

(2)"借树乘凉"的客商　这类客商实属下属子公司或分公司,其母公司往往具有较高的知名度,资本雄厚;但子公司可能刚刚起步,资本较薄弱。母公司与子公司完全是两个自负盈亏的经济实体,根本无任何连带责任关系,这种子公司客商常常打着母公司的招牌做大生意,对待这类客商应当持谨慎的态度。

(3)利用本人身份搞非其所在公司及非法经营贸易业务的客商　这类客商往往在某公司任职,但他往往是以个人身份进行活动,关键时刻打出其所在公司的招牌,干着纯属自己额外的买卖,以谋求暴利或巨额佣金。这类专门干"私活"的客商国内外皆有,对待这类客商,我们应当严加提防,否则一旦上当,追悔莫及。

(4)"骗子"客商　这类客商无固定职业,专门靠欺骗从事交易,以拉关系、行贿赂等手段实施欺骗活动。对待这类客商,我们一定要调查清楚其真实面目,谨防上当,尤其不要被对方虚假的招牌、优惠的条件所迷惑,使自己误入圈套。

二、调查方法

商业客户都具有一定的规模，适合采用“以点带面”的调查方法，即通过走访行业组织、同行，检索行业媒体资料，发现商业客户以及切入商业客户的方式。如每个地方的医药企业一般都是当地的药学会会员单位，走访药学会可以快速获取当地医药企业分布情况资料；同行既是竞争关系，在有些方面也是合作关系，如某些药品可以联合用药，联合用药的同行可以共享客户资源；药品监督管理部门、药品检测机构、科研院所、各类药品企业的官网，媒体资料等往往有相关链接或报道，筛选以上资源可以发现客户；校友介绍、行业联谊会、展会收集等方式了解情况后重点跟进调研等。

三、调查评估

每个企业的实力、市场定位情况不同，整体实力最强、品牌知名度最高的商业公司不一定就是最适合本企业的商业公司。在充分进行市场调查基础上，商务代表还需采用优劣势分析法（SWOT 分析法），考虑本企业的市场地位和产品定位、对渠道的控制能力等多种因素，通过内外部分析选择最适合的商业公司，明确重点销售的批发公司。如两广地区居民一直有用天然药材煮凉茶清热解毒的习惯，某中药生产企业根据传统凉茶配方生产一种中药冲剂，为 OTC 药品，基本在两广销售。这时选择商业公司就不需要全国影响力的大公司，在当地有一定的实力和客户资源，能共同规划未来的公司更合适。

任务二　商业公司沟通步骤

商业客户采购量大，决策牵涉到的部门多，一旦达成合作将持续较长时间，因此与商业公司沟通不能一蹴而就，往往要经过循环往复的多次接触，接触过程基本分为四个阶段。根据合作项目的复杂程度，也有可能一次洽谈完成四个阶段，走向签约。

一、树立企业和个人的良好形象

与商业公司打交道不能抱着一接触就签约的想法，尤其是初到一个陌生市场，第一次接触往往是暖场，寒暄之后并不过多谈合作细节，往往都是先谈一些行业概况、发展趋势等泛泛的话题，甚至还要有意识地准备一些生意外的话题，如社会热点话题等。在此过程中，商务代表要注意从音容笑貌、行为举止等多方面树立职业形象，准备好各种资料。同时通过观察对前期市场调查结果进行验证，修正或完善事先拟定的策略，为后续洽谈开个好头。

二、激起长期合作的意愿

这是接触的关键阶段,要充分运用项目八已阐述的 SPIN 探询技巧,分析客户的关键需求,必要时帮助客户发现需求,然后运用费比模式将企业及产品特征与客户需求进行关联,激发出客户的合作意愿。

(一)SPIN 对话策略在商业客户中的具体运用

1. 状况性询问(S 阶段,Situation Question)

针对商业公司的状况性询问主要是了解客户经营管理各方面的一般情况,通过询问确认客户的问题点,通过对问题点的讨论,顺利自然地将销售与客户的购买流程结合在一起。询问过程中商务代表可事先站在客户的立场设想出各种问题点,随着谈话的深入对问题点进行不断挖掘。商务代表只有不断关注行业发展现状,设想的问题点才能引起客户的兴趣,为下一步做好铺垫。如现在行业及国家在推动 DRGS(精细化管理)改革,对商业公司成本控制提出了更高的要求,公司现在有没有什么改革措施?精细化管理要求采购部门精选品种,对每个品种的绩效进行大数据分析,公司现在采取哪些措施?目前政府和公众对产品品质提出更高的要求,公司对优化产品结构有哪些措施?公司如何对采购员进行考核等。

2. 问题性询问(P 阶段,Problem Question)

状况性询问的问题多而泛,商务代表需要边询问边对问题进行筛选,将筛选出的问题点进一步引向深入,使商务代表与客户的思维模式逐渐靠近,找到双方的共同点,最终逐渐达成共识。如前一阶段提到精细化管理改革对商业公司整体管理水平提出了更高的要求,此时则可突出本公司是一家跨国制药企业,能为国内医药公司提供市场资讯、管理培训等服务;提到商业公司成本控制的问题,本公司付款期限比其他公司长,可以减少客户资金压力;精选采购品种,本公司高品质、高知名度的产品与客户提高市场定位相结合;是否培养出新品种是商业公司对采购员的一个考核指标,本公司产品为新品种,培养成功既能提升企业经营绩效,还可与某个采购角色升职相结合等。

3. 暗示性询问(I 阶段,Implication Question)

前两个阶段挖掘出的问题点也就是客户的痛点和难点,此一阶段需要通过持续沟通,扩散客户的痛点,逐渐关联到本企业及产品能够解决痛点,顺利过渡到产品的特征能够转换的利益(费比模式)。

4. 需求确认询问(N 阶段,Need-pay off Question)

此一阶段是对前三个阶段问题的总结,让客户意识到解决问题的价值,充分理解对策的重要性。客户如果能直接决策,销售过程就告一段落,如不能直接决策,也能去游说其他部门,促进购买决策。

(二)在聆听中鉴别客户的需求

探询的过程同时也是聆听的过程,商务代表在聆听中一方面对客户在购买决策中的角色进行鉴别评估，尽量与采购决策中的关键人员进行洽谈；找出每位关键人员面临的痛苦或重要的业务问题；在聆听中思考问题的原因，形成价值提案思路。

三、共同规划产品推广方案

商业公司在整个供应链上处于承上启下的环节，它采购后还需进一步面向药店终端销售或者配送给医院，采购是为了销售推广。因此，药品生产企业在面向商业公司进行推广时，如能提出有吸引力的产品推广方案，将极大地增强商业公司的合作信心，提高合作可能性。因此，商务代表还要具备一定的市场策划知识，能结合商业公司的实际情况，提出产品推广思路，并与市场部、公关部等多个部门充分沟通，使方案能在企业内部获得通过，增加与商业公司洽谈的筹码。

四、签订合同

前期沟通如有成效，就进入签订经销或配送合同阶段，这是对整个前期沟通成果的具体反映，本部分内容将在本项目任务 4 中详述。

任务三　商务谈判技巧

商务代表开发客户的过程分析

药品生产企业与商业公司合作，涉及品种多、金额大、合作时间长、对物流配送及产品培训等各项售后服务要求高，为了促成交易，沟通洽谈过程往往是多人一起开展的商务谈判活动。

一、谈判准备工作

（一）谈判信息准备

谈判信息的数量和质量决定着谈判的质量和主动权。谈判人员只有掌握整体市场趋势，摸清对手的具体情况，熟知自身所具备的条件，才能在谈判中处于主动地位，谈判信息情报主要包括以下几方面的内容。

1. 市场信息

市场供求力量的对比，在很大程度上决定了交易各方所具备的谈判实力。在分析市场信息时，我们不仅要看市场分布的大势，还要看谈判当时的具体情况，有的可能从总体上来看不利，但在谈判当时却有一些有利因素可供利用。

（1）国内外市场分布的信息　主要指市场的分布情况、地理位置、运输条件、政治经济条件、市场潜力和容量、某一市场与其他市场的经济联系等。

随着科技进步和生产力的发展，国内、国际分工都将不断扩大和深化；同时由于交通运输和金融手段的日趋现代化，以及国内和国际贸易中交换的商品品种增多，交易量和交易额不断扩大，在一定程度上扩大了国内和国际市场。因此，应通过调查,摸清本企业产品可以在什么市场上销售,确定长期、中期及短期的销售发展计划,从而有助于谈判目标的确立。

(2)市场需求方面的信息　如产品(资金或劳务)的需求量、潜在需求量、本企业产品的市场覆盖率和市场占有率,及市场竞争形势对本企业销售量的影响等。

(3)产品销售方面的信息　如果是卖方,则要调查本单位产品及其他企业同类产品的销售情况;如果是买方,则要调查所购产品的销售情况,包括:该类产品过去几年的销售量、销售总值及价格变动;该类产品的长远发展趋势、拥有该类产品的家庭所占比率;消费者对该类产品的需求状况;购买该类产品的决定者、购买频率;季节性因素;消费者对这一企业新老产品的评价及要求。通过对产品的销售方面的调查,可以使谈判者大体掌握市场容量、销售量,有助于确定未来的谈判对手及产品销售(或购买)数量。

(4)产品竞争方面的信息　这类信息主要包括生产或购进同类产品的竞争者数目、规模与该类产品的种类;生产该类商品的各主要生产厂家的市场占有率及未来变动趋势;各厂牌商品所推出的形式与售价幅度;消费者偏爱的厂牌、价格水平、竞争产品的性能与设计;各主要竞争对手所能提供的售后服务的方式,顾客及中间商对此类服务的满意程度;当地经销该类产品的批发商和零售商的毛利率与各种津贴行情;当地制造商与中间商的关系;各主要竞争者所使用的销售组织的形态,是生产者的机构推销,还是中间商负责推销;各主要竞争者所使用的销售组织的规模与力量;各主要竞争对手所使用的广告类型与广告支出额。

通过对产品竞争情况的调查,使谈判者能够掌握己方同类产品竞争者的情况,找出对手的弱点,更好地争取己方产品的广阔销路,有利于在谈判桌上击败竞争对手,也能使谈判者预测己方的竞争力,使自己保持清醒的头脑,在谈判桌上灵活掌握价格弹性。

2. 谈判对手的信息资料

对于谈判对手主要应收集审查对方的资信情况(资本、信用及履约能力),具体谈判人员的权限、时限及其他情况。

(二)谈判组织准备

一次谈判,常常需要掌握很多信息和各种专业知识,而这些信息和专业知识又非一个人可以全部掌握。因此除了一些简单的交易谈判可以只派一个人参与外,对于一些比较复杂、重要的谈判活动则必须组建一个谈判小组,以形成成员之间优势互补来赢得成功。一个谈判小组由以下几方面人员构成,就可以做到知识互补。

1. 商务人员

商务人员由熟悉商业贸易、市场行情、价格形势的贸易专家担任,要负责合同价格条件的谈判,整理出合同文本,负责经济贸易的对外联络工作。

2. 技术人员

技术人员由熟悉生产技术、产品标准和科学发展动态的人员担任,在谈判中负责对有关生产技术、产品性能、质量标准、产品验收、技术服务等问题的谈判，也可作为商务谈判中的价格决策技术顾问。

3. 财务人员

财务人员由熟悉财会业务和金融知识，具有较强的财务核算能力的人员担任。主要职责是对谈判中的价格核算、支付条件、支付方式、结算货币等与财务相关问题的把关。

4. 法律人员

法律人员由精通经济贸易各种法律条款，以及法律执行事宜的专职律师、法律顾问或本企业熟悉法律的人员担任。职责是做好合同条款的合法性、完整性、严谨性的把关工作，也负责涉及法律方面的谈判。

除了以上几类人员之外，还可配备一些其他辅助人员。但是，谈判小组人员数量要适当，要与谈判规模、谈判内容相适应，尽量避免不必要的人员设置。此外，还要考虑谈判人员的性格特点、文化程度、工作经验、应变能力、事业心与责任感，是否具有合作精神等多项因素，尽可能使谈判队伍形成群体优势。

（三）拟订谈判计划

在全面分析研究谈判信息的基础上，根据谈判双方的实力对比，就可以制订详细的谈判计划，制订谈判计划是谈判准备工作的重要内容。

1. 谈判目标

如前所述，谈判目标是通过谈判要解决的问题。它具体分为三个层次：理想目标、可接受目标和最低目标。谈判者事先对这些目标要十分清楚。并且，对于谈判目标底数要严格保密，除参加谈判的己方人员外，绝不能透露给其他人。谈判目标如要改动，要经过商定。如果是没有授权的谈判者必须向有关领导请示，即使是有决定权的谈判者，也要与参加谈判的其他人员协商，取得一致意见后再加以改动。

2. 谈判议程

谈判议程即谈判的程序，包括所谈事项的次序和主要方法。如先谈什么问题后谈什么问题，每个问题大体谈多久，用什么方式谈，最后达到什么目的等。谈判议程合理与否，决定着谈判效率的高低。所以，科学地安排好谈判议程是非常重要的。谈判议程的具体安排，可分为三种。

（1）先易后难　即先安排讨论较容易解决的问题，营造出一种友好的谈判气氛后，再讨论较困难的问题。

（2）先难后易　即先集中精力讨论重要的或困难的问题，主要问题谈透了，以主带次，推动其他问题解决。

（3）混合型　即不分主次先后，把所有要讨论的问题摆出来一块加以讨论，然后再归纳统一，对未解决的问题重点讨论，最后取得统一意见。

以上议程安排各有利弊，有经验的谈判者在谈判前就应该估计到哪些问题双方较容易达成协议。一般而言，有争议的问题最好不要最先讨论，这样会影响双方的情绪,破坏了谈判的气氛,对以后再讨论其他问题不利,甚至会使整个谈判一开始就"卡壳"。当然,有争议的问题也不要放在最后讨论,以免因时间不充分谈不出结果,并且还会给双方造成不好的印象。最好的办法是把有争议的问题放在中间阶段,这样安排,谈判成功率较高。并且,还能给双方都留下一个较好的印象,以利于以后双方的继续合作。

3. 谈判策略安排

谈判策略是指谈判人员为取得预期谈判效果而实施的各种行为的方案。策略是谈判的武器和手段,正确运用谈判策略,有助于双方在共同利益的基础上达成协议,或者取得某些特殊的利益。计划中,应对所要采取的策略事先做出安排,明确规定在什么时间、什么情况下应当采用什么样的策略,以便谈判人员在出现这种情况时能事先有所准备,从容应对。

4. 谈判进度安排

谈判进度是对谈判所需时间的估计。其长短主要由谈判双方时间的充裕程度和具体内容来决定。一般说来,在确定谈判进度时,要本着效率与目的及具体谈判目标一致的原则,适当控制谈判进度。

5. 谈判成本预算

谈判成本包括从谈判准备开始一直到双方产生协议签字生效与善后处理工作结束为止全过程的费用,如差旅费、通信费、资料费、谈判人员工资等。一般来讲,当一项谈判所获得的收益如果不能补偿为谈判所支付的成本时,那么这样的谈判是不合算的。此处所指的收益,不仅要看当期收益如何,还要看谈判所带来的长远利益和社会效益,从定性和定量两个方面结合起来进行分析。

6. 替代方案

尽管在制订计划时,设想了种种可能,制订了各种措施,但还是难免会有一些意外情况发生。如果出现了这种情况事先又毫无准备,必然会使谈判变得十分被动。为了避免出现这种局面,在做好主体方案的同时,还要设计一些替代方案,以做到有备无患。

7. 其他事项

谈判计划确定后,一般都应编写书面的谈判计划,以作为指导谈判活动的纲领,谈判计划可以用文字进行描述,也可以用图表进行表示。

(四)模拟谈判

模拟谈判是正式谈判前的"彩排",是商务谈判准备工作的最后一项内容。它是从己方人员中选出某些人扮演谈判对手的角色,提出各种假设和臆测,从对手的谈判立场、观点、风格等出发,和己方主谈人员进行谈判的想象练习和实际表演,其形式主要有两种。

1. 即兴讨论会

即兴讨论会是指谈判者聚在一起对谈判方案进行充分讨论,自由发表意见,共同想象交易谈判的全过程。由于即兴讨论会的气氛比较轻松,从而能够活跃人的思想,产生出许多新的看法和建设性意见,可以为原方案提供许多有益的参考。即兴讨论会除了组织谈判小组的人员参加以外,还可邀请一些具有专门知识或具有丰富谈判经验的人员参加,使讨论会的内容更加丰富,想象的问题更加全面,使准备工作更加成熟。

2. 小组剧

小组剧又称为排演式会议。这种方式是把谈判小组的成员一分为二,其中一部分扮演谈判对手,以对手的立场、观点和谈判风格来与扮演己方的另一部分谈判人员进行交锋,预演谈判过程。不仅如此,小组剧还可以进行角色互换,通过扮演不同的角色使小组成员之间更好地互相了解,从而在真正的谈判中配合得更加默契。

模拟谈判的好处是显而易见的,但组织模拟谈判需要花费一定的时间和费用,如果无法安排一次较正式的模拟谈判。那么,谈判小组也应坚持让一位同事来扮演对手,对己方所提出的交易条件进行反复磋商和盘问,通过刨根问底的盘问,可以暴露己方在谈判中可能存在的不足之处,对实际谈判的开展是非常有益的。

二、谈判基本流程

(一)开局

开局阶段是指谈判双方第一次见面后,进入具体谈判内容之前,双方相互介绍、寒暄,以及就具体内容以外的话题进行交谈的阶段。开局阶段所占用的时间较短,讨论的内容除去阐明议题与有关程序外,大多与谈判的主题关系不大或根本无关。

开局阶段是为整个谈判奠定基础的阶段,此阶段双方交谈的态度与情绪,将会直接影响日后的相互关系,如果双方能在相识或开谈之初保持一种轻松愉快的关系,谈判就能比较顺利地深入下去。

开局的话题及其形式的确定,为正式会谈的议题做出了选择,对谈判的步骤、内容、要求也做了界定。所以,整个谈判的方式在开局阶段就会确定下来,谈判将据此展开。

等级观念在开局阶段即已形成,这无疑会影响对不同谈判人员作用的评价,进而影响整个谈判进程。开局阶段,双方的谈判人员谁主谁次,各处于什么位置,拥有什么样的权力与优势,有多大的控制力,这是双方都十分关心的问题。

因此,谈判人员应尽量使开局阶段的形势向着有利于己方的方向发展,主要解决以下问题。

1. 通过简短介绍形成良好的第一印象

在开局阶段,谈判人员首先要主动通过介绍与自我介绍与对方认识熟悉,从简短的介绍中,可以了解参与谈判人员的姓名、职务、简历,以及在谈判对手中的背景与地位。同时,谈判者还需要精心设计自我形象,注意一言一行,争取给对方留下一个良好的印象。

2. 营造融洽的开场气氛

开局是左右谈判气氛的关键时机,因为开局阶段人们的精力最为充沛,注意力也最集中,所有的谈判人员都在专心倾听别人的发言,注意观察对方的一举一动。谈判者应注意把握住这一关键时机,力争创造良好的谈判气氛。

首先,要以友好坦诚的态度出现在对方面前。

其次,开场之初最好站着交谈。因为站着的时候比较容易改变同对方接触的角度,发挥体态语言的优势,从而有助于创造融洽的气氛,以感染对方。

同时,要注意选择中性话语破题。素不相识的谈判双方走到一起谈判,在最初极易出现停顿和冷场。因此,双方坐下后,一般不要急于切入正题,应留出一定的时间谈些非业务性的轻松话题来活跃气氛。

(二)协商并确定谈判议程

谈判议程就是谈判将要讨论内容的清单,是谈判活动的各种事项安排和时间安排。一般来说,谈判双方总是先讨论解决问题的框架和准则,在达成共识的基础上,再来讨论细节性的问题。只要谈判的基本框架确定了,即使双方在细节问题上存在分歧,也会受框架的制约,而努力达成协议。

(三)谈判摸底

谈判摸底是实质性谈判的开始阶段,它是指在正式开始谈判以后,没有报价之前,谈判双方通过交谈,相互了解各自的立场观点和意图的阶段。

1. 表明己方意图

(1)己方认为本次谈判应解决的主要问题　依据己方确定的谈判目标,对于谈判中可能涉及的主要问题,如商品交易的主要条件,表明己方的看法,提出己方所关心和重视的主要问题。

(2)陈述己方通过谈判应取得的利益　交易的主要目的是获得己方的利益,因此,要把商务谈判的重点放在利益问题上,要让对方清楚己方的利益要求,考虑己方的利益满足问题。

(3)表明己方的首要利益　即本次谈判中哪些条款对己方来讲是至关重要、难以变更的。比如商品质量、款式、规格、价格、数量或者支付方式、违约责任等。

(4)陈述己方对对方某些问题的事先考虑　即己方通过各种资料的分析、考察,为对方做出考虑,在此基础上,己方可以运用哪些方式,为双方共同达到目标,实现利益分享做出努力。

(5)表明己方在此次商务谈判中的立场、坚持的原则　己方的商业信誉度,并对双方合作可能出现的良好前景或可能发生的障碍做出推测。

案例 9-1

开场陈述突出己方的利益

某高档减肥保健食品拟进入深圳市场，在与某连锁药店谈判摸底阶段做如下陈述：

“根据我们的调查，深圳白领女性非常认可均衡减肥的概念，我们打算在珠三角地区先进入深圳市场。经过周密的调查，我们已经制订了拉动市场的整体营销策划，并与深圳各大媒体在公关、广告合作上达成了协议。现在关键的问题是终端铺货与推广，我们认为贵方“健康美丽”药房的市场定位非常适合我方产品的销售。以前我方与贵方从未打过交道，不过据业内人士介绍，你们一向是很合作的。这就是我们的立场——不知我说的是否清楚？”

2. 探测对方信息

要想取得谈判的胜利，仅靠谈判前所收集的谈判信息是远远不够的，在谈判中，如果对变化中的谈判信息不能及时捕捉、分析，己方就无法及时制订相应的对策，在继续深入的谈判进程中就会失去主动权。反之，若能在谈判中及时地探测和捕捉新的谈判信息，并做出正确的分析判断，适时调整谈判策略，就可根据情势需要，改变不利境况，将谈判导向成功。探测信息既可以采取直接提问探询的方式，也可以通过旁敲侧击的方法套出真相来。一般来说，所探测的谈判信息如果与谈判的主题很密切，且不怕摆到桌面上来，那就采用直接提问的方法；倘若不宜直接询问或担心暴露自己的意图，则最好采用间接的方法。

3. 谨防对方窥测

谈判者在探测、收集对方谈判信息的同时，对方往往也在想方设法地搜寻着己方的信息。因此，切不可忽略自己随时都有被刺探的可能性。防范对手的窥测，需要注意以下几个环节。

(1)搞好自我保密　在谈判中，对于随身携带的谈判资料一定要妥善保管，不能随意丢放，特别是谈判方案和关键性的数据资料，即使谈判时摊放在自己的桌面上，也要防止被对方看到。

应尽量避免在谈判现场协调内部行动，以防对方从自己的表情、眼神、口型上判断出己方的信息内容。谈判中己方人员若必须对需要马上做出答复的问题在现场交换意见，可以用交换纸条的方法，或请求退场协调。

即使是在谈判间歇或休息期间，己方在交谈时也应防止被对方窃听，在公共场所更不应讨论与谈判业务有关的事宜，以防无意中泄露了谈判机密。

(2)巧妙应对对方的直接探问　在谈判中，谈判者可能时常会遇到对方直接向你提出一些你不愿意回答的、关乎到己方谈判机密的问题。对此，除了正面向对方明确表示这是过分的或不公正的要求而予以正面拒绝外,还可采取诸如转移话题、偷换概念、假装不知、避实就虚,或超量披露信息,造成鱼目混珠,混淆视听等手法进行应对。

(3)防止落入场外陷阱　在谈判中采用直接的方法探测谈判信息,势必会引起对方的警觉与防范,特别是在一些涉及重要内容的谈判中,双方的警惕性都很高,为避免打草惊蛇,谈判的组织者们便将注意力转移到谈判场外。精心设计、安排一系列热情的场外活动,如欢迎、欢送宴会、参观、游览、娱乐、礼节性拜访等,希望通过这些热情的场外活动使对方放松警惕。因此,谈判者必须随时保持高度的警惕性,尤其是在客场谈判时,更要处处留心,谨防陷入对方的场外陷阱。否则,一旦被对方摸到了"底牌",就会给谈判造成难以想象的损失。

(四)磋商过程

谈判磋商中所有的交易条件不论是否直接以价格形式表现出来,最终都可以归结为价格问题。所以,谈判磋商首先就是报价与还价。

1. 报价

报价是指谈判过程中提出自己的价格和其他交易条件,报价得当与否对实现己方既定的经济利益有着重要的作用。

(1)报价内容　谈判者在报价前综合考虑各种内外部因素,内部因素主要包括:产品的生产经营成本;产品成交的条件如品质条件、价格、付款方式、数量、交货期、包装、运输、交货地点等;己方的商品经营策略及期望利益获得的程度和让步程度等。外部因素包括:产品的货源情况、市场供求状况、经营竞争对手情况、谈判对手的心理状况及可能的讨价还价幅度等。在综合考量的基础上,报价内容不仅是一个价格数字,还要包括交货条件、支付条件、质量标准等一系列影响到价格评价的内容。

(2)报价时机　报价时机即报价的先后次序。先报价还是后报价,应视谈判的具体情况而定。如果己方对谈判准备得比较充分,对对方的情况了解得比较透彻,就可以抢先报价,以抢得先机;如果对谈判了解不足,行情不熟,则应让对方先报价,以静制动,后发制人;如果是在高度冲突的谈判场合,先报价可以使己方处于有利的地位;而在高度合作的场合,先报价还是后报价就没有什么实质性差别;如果对方是行家,自己也是行家,那么先后报价均可;如果对方是行家,自己是"门外汉",则应让对方先报价,可以趁机扩大自己的视野,及时调整自己的报价策略;如果对方是外行,自己不论是行家还是外行,都应先报价,因为自己的报价可对对手产生诱导作用。

(3)报价原则　首先要合乎情理。谈判中买卖双方都要争取己方利益最大化,因此报价要"高",但这并非毫无道理的"狮子大开口"。如果开价太离谱,高得(或低得)连自己都不能自圆其说,就有可能使己方陷入不被信任的被动局面,甚至导致谈判的破裂。

其次报价态度要坚决。由于报价是最终协议的基调，所以谈判者在确定报价水平之后，报价的态度一定要坚定果断，毫不犹豫，不能流露出信心不足，以免被对方视为不自信或让对方从中找出破绽与突破口。不能有歉意的表示，对所报价格也不要主动解释和评论。对方若有不清楚之处，会主动提问，如果自己急于解释，则有可能暴露己方的意图，对方会观察到你所关心或有所顾忌的问题所在。

最后报价内容要清晰。报价的语言要明白、正确，概念、条理要清楚，不能使对方产生误解和歧义，以免对方有空可钻，趁机给己方制造麻烦；价格数字经过精心计算，要有零有整。

2. 还价

还价是指一方根据对方的报价和自己的谈判目标，主动或应对方要求提出自己的价格条件。

(1)还价原则

①认真倾听对方的报价，但不要擅加评论：在对方报价时，己方一定要认真倾听，完整、准确地把握对方报价的内容，对不清楚的地方要及时要求对方予以解答。同时，根据己方对报价的理解，对报价进行总结和归纳，并复述给对方，使其确认无误。然后要求对方对所报价格的标准、构成及计算方法等进行详细解释，从中了解对方报价的实质和真实意图，以便找出实施反击的破绽。但己方不得对报价随意评论，更不可主观地猜度对方的动机和意图，以免给对方反击提供机会。同时，还价应掌握在双方谈判的协议区内，超过此界线，谈判便难以获得成功。

②如果对方的报价超出谈判协议区的范围，与己方要提出的还价条件相差太大时，不必草率地提出自己的还价，而应先拒绝对方的还价，必要时可以中断谈判，给对方一个出价，让对方在重新谈判时另行报价。

③切勿直接答应对方的报价：根据报价的原则，谈判者的首次报价一般都选取自己的高限目标，如果不打任何折扣就答应这个报价，报价方既不会产生快速取得谈判结果的成就感，也不会感激你的爽快，反而会认为自己的报价太低，萌生吃亏的感觉，严重的还会因此而产生长久的困扰与自责，哪怕这个价格实际是很合理的。

(2)还价的具体方法

①暂缓还价法：这是针对对方报价与己方看法悬殊的一种做法。在分析基础上，找出对方报价条款中的不合理处，逐条与对方磋商，目的在于使对方撤回原盘，重新考虑比较实际的报价。有时也可采用先拟订提问顺序表，把握好提问顺序，在逐渐取得一致看法后，才抛出还价的价格条款。

②低还价法：这是与高报价完全针锋相对的一种策略。只要有充分理由，还价应尽可能低，这可起到限制对方期望值、纠正讨价还价起点的作用。有时也可不考虑对方的发盘，而由己方采用口头或书面重新递价，探测对方反应。讨价还价实际上是一场紧张的斗智活动，除应确定正确的还价步骤、方案外，还要善于观察，从对

方的谈吐、举止、神情及姿态中去捕捉其内心活动,分析谈判对方的潜在意图,采取相应的对策。

③列表还价法:这是冲突性较小的一种还价法。由于双方已有长期的合作关系,彼此信任度较高,采用列表还价法可加快谈判进程。其具体做法可列成两张表:一张是己方不能让步的问题和交易条件,常可写成合同条款形式;一张是己方可以考虑让步或给予优惠的具体项目,最好附上数字,表明让步的幅度和范围。

④条件还价法:即以让步换取让步。如对方不肯在价格上再做变动,则在同意这种价格的同时,要求对方放宽其他条件。在实际的商务谈判中,有经验的人员在对方反复多次要求让步的条件下,为争取较好的经济效果还常用权限不足,以诚恳态度告诉对方,自己已无权再做让步,或用"国家牌价"等方式阻止对方的要求。老练的谈判者,在这种情况下,还会运用"想抑故扬"的技巧,用轻松、真诚的语调,赞扬对方是讨价还价能手,自己远远不及等。

3. 对抗策略

报价之后,双方是否存在利益上的差距已一目了然。多数情况下,双方的交易条件会存在分歧,这也就形成了一种事实上的对抗关系。所谓对抗,实际上就是对利益的争夺。在对抗面前,要么一方做出妥协,要么双方都做出妥协,否则就难以达成交易。对于谈判者来讲,很少有心甘情愿在对抗面前做出单方面让步的,总是竭尽所能要求对方能做出让步,只有在不得已的情况下才会考虑己方的让步。

企业实力是选择与运用对抗策略的基点。谈判中的对抗通常就是企业之间实力的较量,这种实力不仅仅是指企业拥有的经济实力,还包括谈判者的谈判水平、谈判者掌握的信息量、谈判者的职位,以及交易内容对各方的重要性和迫切性、信誉、竞争状况等多种因素。受这些因素的影响,谈判双方的实力对比呈现三种状态:主动地位、被动地位和平等地位,实力不同,对抗策略也有区别。

(1)主动地位的对抗策略　当谈判中己方实力强大,对手实力弱小,己方处于谈判主动地位时,采取对抗策略的核心就是使对方做出让步,从而谋求更大的利益,这时可选取的策略有以下几类。

①平铺直叙策略:这种策略是指在谈判内容比较简单、技术要求不高的情况下,己方直接向谈判对手列出所要求的各项条件,并要求对方尽快给予答复。当然,己方所列的各项条件应当比较合理,即在正常情况下,与其他谈判对手的交易结果也大体如此。这种策略可以避免双方的"拉锯战",速战速决,为己方争取时间,适合在己方没有足够的谈判时间的情况下使用。

②吊胃口策略:这种策略是指实力占有优势的一方,只是反复说明谈判如果成功能给对方带来的好处,而自己却不肯让步,通过吊谈判对手的胃口来为己方争取更多的利益。这种策略对于在实力上占有优势、时间又比较充裕的企业较为适用。

(2)被动地位的对抗策略　当谈判对手实力强,而己方实力弱,己方处于谈判的被动地位时,正面对抗显然占不到什么便宜。因此,采取对抗策略的核心就是要设法改变谈判力量的对比,变被动为主动,尽量保护自己,可选取的策略有以下几类。

①团队力量策略:这种策略就是谈判小组的全体成员,集中一个目标或一个提案,轮番向对方进攻,通过"造势"来壮大自己的力量,改变谈判对手的态度,达到谋取利益的目的。在己方实力不强时,本来已经处于弱势地位,如果单兵独斗,则会使己方的力量更加分散,只有集中力量才可以形成局部优势,在谈判中争取到较多的利益。

②软化个别对手策略:这种策略是指通过软化对方的某个关键人物,使对方不能从思想上统一起来,内部产生意见分歧,达到瓦解对手的目的。

③寸土必争策略:就是坚持己方的每一块阵地,在对方不做出相应让步的情况下,决不主动让步,让对方感觉到每前进一步都是不容易的。这种策略应该说是一种正面对抗,在己方实力较弱的情况下,正面对抗很难把握,但只要用心操作,避免失误,还是可以取得较好效果的。在运用这一策略时,要特别注意保护好自己的"底牌",保持小组成员的行动一致,对于己方所做的让步,在谈判中要不断反复提起,并适当夸大,让对手感觉到他们取得了一个很大的胜利,因而做出一些让步也是应该的。

④迂回进攻策略:这种策略是指谈判人员将自己的条件转换一种形式表达出来,给对手造成一种自己已经让步的错觉,从而使谈判摆脱困境,进一步向前发展。

(3)平等地位的对抗策略　在地位平等时的基本对抗策略就是扬长避短,就是尽可能将对方控制在自己的优势范围内,用自己的长处来迫使对方让步。

4. 让步策略

在谈判中,若一味坚持本方的立场观点、利益目标和行为方式,毫不退让,谈判中的分歧就无法弥合,对抗就无法缓和。即使双方利益目标一致,也会发生主要与次要、整体与局部、长期与近期等矛盾,造成力量分散的局面。因此,在商务谈判中,让步是必然的、普遍的现象。明智的让步是一种非常有力的谈判工具,但让步往往又是谈判中颇费神思的棘手工作,若处理不当将前功尽弃。在使用让步策略时,应注意把握以下原则。

(1)己方的让步要能够同时换回对方的回报,不可做无谓的让步。

(2)坚持让步的基本哲理,以小换大,以轻换重。

(3)尽量争取做到于己方无损的让步。

(4)不要无条件地接受对方的首次让步,也不可一开始就在重要议题上让步,以免使自己处于危险之中。

(5)让步的幅度应越来越小,避免对方"得寸进尺"。

(6)尽量不让对方产生太大的心理预期,要使其对每一次让步都要费点劲。

值得注意的是,在让步阶段,没有也不可能会有一个固定的模式,而往往是有些方法对甲次谈判非常有效,而用于乙次谈判时则又适得其反。因此,作为一个谈判者不要过多束缚于某种让步的经验,而应根据具体情况具体分析,然后在参照他人成功经验的基础上决定其所采用的方法和对策。

5. 突破僵局的策略

商务谈判僵局,是指谈判双方所谈判的问题出现了较大的争议,双方都不做任何让步的僵持局面。僵局对谈判双方都是不利的,如果处理不当,僵局会成为"死局",最终导致整个谈判破裂。因此,谈判者首先要在谈判过程中尽量避免出现僵局;在僵局出现以后,谈判双方则要认真分析造成分歧的原因,采取有效的策略打破僵局。

(1)提供多种解决方案　提出多种选择方案,是使陷入僵局的谈判得以起死回生的重要途径。即使方案不被对方所接受,也会使行将破裂的谈判气氛缓和下来。

(2)撤换谈判代表　在谈判出现僵局时,撤换谈判代表是一种简单快捷的解决办法。撤下态度强硬、具有进攻性、易于激动的"黑脸",换上态度温和、善于调解矛盾的"白脸"。撤换代表之后,不用做任何解释对方就明白了己方的态度。

(3)制造竞争　所谓制造竞争就是让对方知晓,除了达成协议以外,己方还有其他完成谈判目标的途径和手段。这种策略是一种既可避免受制于对方,又能给对方施压,迫使对方让步,使谈判走出僵局的有效方法。制造竞争是买方谈判者惯常使用的一种策略。即便这个制造竞争是虚拟的,也能起到一定的作用。如果对方真怕有"第三者"挤进来抢了自己的生意就会马上改变以前的强硬态度。

(4)揭示僵局的结果　如果谈判者清楚谈判破裂会给对方造成什么样的严重后果,那么在谈判陷入僵局时,将这种结果揭示出来让对方自己去权衡其中的利弊,也是一种促使对方让步、打破僵局的办法。

(5)最后通牒　也称规定最后期限。在谈判异常紧张、双方意见差距很大、长时间处于僵持局面时,提出谈判的最后期限,向对方施加压力,迫使对方在规定日期到来之前改变原先的立场,以满足己方的要求。谈判中的最后通牒态度极其强硬,很有可能造成谈判的破裂。因此,不到迫不得已一般不要轻易使用这一方法,一旦决定使用,就应对可能造成的后果有充分的心理准备。这种方法成功的可能性大,但负面效应也很大,风险性较高。

(6)寻求调停　调停是指通过一个为谈判双方共同接受,对矛盾处理不拥有决策处置权力的公正、中立的第三者介入谈判过程中的争议,协助矛盾双方自愿达成解决方案的一种方法。在谈判陷入僵局、双方的力量难以解决,或双方都不愿主动采取行动时,寻求调停是一种有效的方法。

6. 制造僵局的技巧

如果一方实力较强,另一方实力较弱,那么实力较强的一方可能对实力较弱的一方不屑一顾,更不会愿意与其对面谈判。这时,就需要制造一个僵局,即把一方的问题变成双方所共同面对的问题,这个问题必须同时困扰着双方,且使双方都无法回避。到了这时，实力较弱的一方才会被对方所重视，他所期望的谈判才有可能发生。

案例9-2

巧妙制造僵局，赢得谈判成功

20世纪80年代中期，中国某公司到南美某国与一家公司谈判购买木材事宜。采购小组到达后，对方借口公司老板外出无法赶回，将其晾在一边。待中方采购人员回国日期临近，对方却夜以继日与中方谈判，弄得大家筋疲力尽，而价格又老谈不下来，中方提出意见，对方却置若罔闻。于是中方负责人向其郑重表示："我们万里迢迢来到这里，是事先与你们商定好的。看看你们对此次谈判的安排和报价，似乎无意做这笔交易，因此我们决定提前离开，我们还要到××去办些事情。待你们有了新的考虑，你们再到我们公司去谈，不过要有诚意。"说完，就礼貌而略显不满地告别了对方，从而制造了一个僵局。其实，中方代表团提前离开，一方面是想到另一个国家看看情势，另一方面主要还是避免匆匆忙忙签约而出现疏漏。对方不了解中方的底细，更担心中方公司到别的国家去后会向另外的公司购买木村，于是当天下午就打电话到中方采购人员下榻的旅馆，一方面表示道歉，一方面要求第二天重开谈判。结果以有利于中方的报价完成了那次谈判。

制造僵局的方法有以下三种。

(1)小题大做　指将原来相对较小的议题或不太重要的问题作为较大的议题或重要的问题来讨论，将原来可以在下级管理人员或业务人员解决的问题上升为必须经决策人员亲自过问才能解决的问题。小题大做的关键是在"做"字上下功夫，把事态扩大，造成非决策人员不能解决的态势。

(2)增加议题　指将原来可以取得共识的议题与另外的一时无法取得共识的议题"挂钩"，并使之互为条件，以此来增加协商的难度，并使自己在谈判中的地位和实力得到加强。

(3)结盟　指在谈判中实力较弱的一方联络与双方都有利益关系的第三方或更多的相关方，并在特定的议题上结成利益同盟，从而与实力较强的一方在力量对比上达到势均力敌，迫使实力较强的一方坐在谈判桌前认真与其协商。

任务四　签订谈判协议

谈判协议是交易双方为明确各自的权利和义务，以书面形式确定下来的合同。协议一经谈判双方签字确认，就成为对双方具有约束力的法律文件，双方既可享受协议中规定的权利,也必须履行协议中规定的义务,否则,就必须承担法律责任。

一、协议的基本要求

(一)条理清晰

谈判协议必须围绕谈判各方的目的,有条有理地把各条款内容组织起来。

(二)内容具体、准确

由于协议的法律效力,要求拟订时持谨慎态度。协议内容要具体、明确、周密,字迹清楚,标点正确,措辞准确、恰当,要字斟句酌,严防出现表达疏漏,给协议履行留下隐患。

(三)权利义务条款全面、详细、对等

签订协议的双方实力可能有差距,但双方作为独立法人的地位是平等的。因此,整个协议要体现对等原则,对签约双方都有详细全面的权利义务条款,以避免不全、不细、不公平的协议引起矛盾。

(四)违约责任具体明确

应针对双方当事人实际履行协议的能力,并认真考虑违约后可能造成的后果对违约责任做出详细具体的规定。违约责任规定得好,能很好地促使当事人履行协议。

二、协议内容构成

商务谈判协议通常由约首、正文和约尾三部分组成。

(一)约首

约首即协议的首部,一般包括协议的名称、编号、订立协议的时间和地点、签订协议双方的名称等内容。有时还须注明据以签订协议的有关函电的日期及编号,协议中有关概念的定义与解释等内容。

(二)正文

正文是表述协议的重要条件和实质性内容的部分,是协议的核心。根据我国合同法的规定,其内容主要应包括:合同标的、数量、价款及交(提)货时间、质量标准、结算方式、履行的期限、地点和方式、违约责任等条款。

1. 产品名称、商标、型号、厂家、数量、金额、供货时间及数量条款的表述

这一条款的内容较为简单、清楚,但仍要注意仔细检查,以免因疏漏带来较严重的后果。细节检查主要包括:计量单位的选择是否恰当;规格型号、计量单位和单价是否一致;交货时间是否具体;有无笔误等。

2. 质量要求、技术标准、供方对质量负责的条件和期限条款的表述

该类条款,无论内容多少,均需详尽予以表达。倘若内容较多,在合同中表述不方便,可以在附件中加以说明。附件与正文具有同等法律效力。

3. 交(提)货地点、方式条款的表述

交(提)货地点的选择可以是供方单位,也可以是需方单位,或是双方约定的

其他地点。但无论如何选择，均需在合同中明确加以表述。

4. 运输方式和费用负担条款的表述

运输方式的表述较为简单，但除了在合同中要将运输的方式表述清楚外，对于由谁来承办运输也要表述清楚，否则就可能产生扯皮现象。

5. 包装标准、包装物的供应与回收和费用负担条款的表述

该条款的表述需注意以下几点：包装材料的性质要写清楚，如纸箱、木箱、麻袋、纸袋，是双层还是单层等；包装形式的描述一般为从外到内，即先写外包装，后写内包装。

6. 验收标准、方法及提出异议期限条款的表述

这一条款极易出现纠纷，在填写时应特别注意：第一，验收标准同质量要求的技术标准要一致，不能质量要求是一个标准，验收又是另外一个标准，使合同本身出现矛盾。第二，验收方法不单纯指方法，还包括验收地点、验收者等多项内容在内。第三，提出异议的期限应该说主要是针对需方而言的，如没有期限的限制，从理论上来讲，需方在任何时候都可提出异议，这对供方是一个很大的威胁，因此必须在合同中加以明确，而且对时限的地点界限一定要清楚、合理。第四，为了避免供需双方对检验结果产生争议，合同条款中可规定由权威检测机构来出具证明，或在产生争议后，由权威检测部门来执行仲裁等。同时为了体现公平的原则，合同中不仅对需方提出异议要有时间限制，而且对供方答复也要有时间限制。

7. 结算方式及期限条款的表述

结算方式有现金结算、委托收款、托收承付、汇兑结算、支票结算、汇票结算、本票结算、信用卡结算等，依双方约定的方式在合同中予以表述；重要的是对于付款期限要做出制约性的规定，是全部还是部分、一次性付清还是分期付款皆需在条款中予以明确表述。

8. 违约责任条款的表述

合同在履行过程中出现违约时有发生，而且情况多样，合同中当然可以对可能出现的各种违约情况来约定违约的责任，但即使考虑得再周全，也难以将所有的情况一一列举，总还有一些情况会出乎意料。对此，可通过在合同中规定："如有违约，按合同法之规定处理"来规避此种风险。

9. 解决合同纠纷方式条款的表述

合同一旦出现纠纷，一般先由双方协商解决，这样既有利于双方保持合作的关系，又可节省经济支出。如果协商不成，可通过仲裁裁决或诉讼进行解决。但如果采用仲裁方式，必须双方自愿，最好在合同中预先予以约定。如果通过诉讼解决，则无需征得对方同意，任何一方均有权提起诉讼。

（三）约尾

约尾是合同的最后一部分，主要载明合同双方的住所、电话、传真、开户银行、账号、邮政编码等，并标明双方当事人的签字之处。

三、签署谈判协议

(一)审核协议

通常而言,谈判协议是以法律效力形式对谈判结果的记录和确认,它们之间应该完全一致。但是,却常常有人有意无意地在起草协议时更改谈判结果,在数字、日期、关键性的概念上搞小动作,甚至推翻谈判中达成的共识。因此,谈判人必须特别警惕,十分谨慎地对待最后的签约,认真仔细地审核协议,以免某一个疏漏影响协议的实际履行,甚至造成无法挽回的经济损失。

谈判协议的审核,包括审核签约当事人的签约资格,审查其证明合法资格的法律文件,如营业执照副本,“委托书”或“授权书”等;审核协议条款是否完备、细致,内容是否合法具体,责任是否明确;审核协议文字、概念的确切性,译文的一致性;核对各种批件,如项目批件、许可证、用汇证明等。

(二)签署协议

当正式的谈判协议审核通过之后,谈判双方就可以由代表正式签署。由于谈判的类型、内容、影响力各异,相应地,协议的签字也有所区别。普通的谈判协议只需首席代表与对方签字即可,仪式可从简,多安排在谈判地点直接进行。但大型的贸易谈判协议,则必须精心安排隆重、热烈的签字仪式。如果是通过函电往来成交,一般由己方签署后,将正本一式两份或一式多份寄交对方,经对方签署后退回一份或几份,以作为履行合同的法律依据。至此,双方所进行的谈判工作告一段落。

实践训练 9-1

开展一次模拟谈判

将全班学生分组后,将每组学生分为人数基本相等的两部分,一部分充任供方,另一部分充任需方,形成一对一的洽谈局面,进行商务谈判的模拟实训,具体要求如下所示。

1. 实训课题:药品的购销合同洽谈。

药品要求是学生较为熟悉的产品,而且有关资料要便于查找;为让学生得到充分的锻炼,每个组的课题应有所不同,或产品不同,或购销条件不同,经抽签后分别发给学生。

为了使模拟训练更贴合实际,指导教师应事先设定洽谈的约束条件,主要应当明确两点:一是洽谈者的身份,是生产企业还是流通企业。对需方来讲,还应指明购买产品的用途。二是销售或采购的政策限定,如价格、数量、交货时间、结算办法、运输费用等。给定的政策条件属商业机密,谈判一方不知道另一方的条件。

2. 实训要求

学生应完成以下工作项目。

(1)明确洽谈的关键项目　学生应通过查找资料,分析确定本次交易所涉及的各个项目,并明确关键项目、重要项目和一般项目。

(2)收集各种谈判信息。

(3)制订谈判方案　包括谈判目标的设定及对谈判过程的说明。

(4)现场模拟洽谈。

(5)签订合同文件　对合同文件的基本要求是准确、具体、严密、规范、合法。

在线测试及课后思考题

参考文献

[1]严振．药品市场营销技术(第三版)[M]．北京:化学工业出版社,2016.
[2]侯胜田．医药营销调研[M]．北京:中国医药科技出版社,2009.
[3]汤少梁．药品市场营销学(第2版)[M]．北京:人民卫生出版社,2018.
[4]刘黎红,乔德阳．药品市场营销技术[M]．北京:化学工业出版社,2018.
[5]甘湘宁,周凤莲．医药市场营销实务[M]．北京:中国医药科技出版社,2017.
[6]鄢圣安．医药代表药店开发与维护[M]．北京:中华工商联合出版社,2014.
[7]丛淑芹．医药市场营销实务[M]．济南:山东人民出版社,2016年．
[8]卢友志．医药代表速成精品手册[M]．北京:中华工商联合出版社,2013.
[9]汤少梁,申俊龙．药品学术推广实务[M]．北京:化学工业出版社,2012.
[10]曾智,申俊龙．医药销售行为学[M]．北京:化学工业出版社,2013.
[11](美)B·F·巴纳汉．徐冰,郭莉莎,汤光,等译．向药剂师营销[M]．北京:化学工业出版社,2009.
[12]高琳．医药销售技巧[M]．北京:北京理工大学出版社,2011.
[13](美)大卫·科利尔,杰伊·弗罗斯特．医药代表实战指南[M]．季纯静,译．北京:电子工业出版社,2013.
[14]聂振江．药品营销技术[M]．北京:中国轻工业出版社,2012.
[15]付晓娟．医药市场营销[M]．北京:高等教育出版社,2020.